普通高等教育新形态教材

ZHONGJI CAIWU KUAIJI ◀

中级财务会计

赵川云　刘思远　刘建国 ◎ 主　编

邱　婕　黄　翀　杜永川　◎ 副主编
陈爱玉　濮兆平

清华大学出版社
北　京

内 容 简 介

中级财务会计是高等院校会计学、财务管理、审计学等工商管理类专业的必修课程，本教材以企业（公司）为背景，以"决策有用观""受托责任观"为基础，以企业会计准则（包括国际会计准则）、新税法为依据，以会计确认、计量、记录和报告为主线，以会计信息的披露为终点，侧重阐述企业（公司）发生的基本经济业务与特殊经济业务"后续计量"的理论基础和实务操作。

本教材的内容主要包括金融资产、投资性房地产、长期股权投资、外币折算、或有事项、收入、递延所得税、会计政策估计变更和差错更正、资产负债表日后事项、政府补助10个章节。每章均精心设计了难易适中的思考题、知识点及难点视频微课及教学PPT等，有效提升了教材的可操作性。

本教材适用于会计学、财务管理、审计学专业本科生的教学，也是非会计专业学生进一步学习财务会计的参考资料，还可用作会计人员的培训和自学教材。

本书封面贴有清华大学出版社防伪标签，无标签者不得销售。
版权所有，侵权必究。举报：010-62782989，beiqinquan@tup.tsinghua.edu.cn。

图书在版编目(CIP)数据

中级财务会计/赵川云，刘思远，刘建国主编. —北京：清华大学出版社，2022.1(2024.7重印)
普通高等教育新形态教材
ISBN 978-7-302-59829-9

Ⅰ.①中… Ⅱ.①赵… ②刘… ③刘… Ⅲ.①财务会计-高等学校-教材 Ⅳ.①F234.4

中国版本图书馆 CIP 数据核字(2022)第 004476 号

责任编辑：刘志彬
封面设计：汉风唐韵
责任校对：宋玉莲
责任印制：沈 露

出版发行：清华大学出版社
网　　址：https://www.tup.com.cn, https://www.wqxuetang.com
地　　址：北京清华大学学研大厦A座　　　邮　　编：100084
社 总 机：010-83470000　　　　　　　　邮　　购：010-62786544
投稿与读者服务：010-62776969，c-service@tup.tsinghua.edu.cn
质量反馈：010-62772015，zhiliang@tup.tsinghua.edu.cn
印 装 者：三河市天利华印刷装订有限公司
经　　销：全国新华书店
开　　本：185mm×260mm　　　印　　张：13　　　字　　数：307千字
版　　次：2022年1月第1版　　　　　　　印　　次：2024年7月第4次印刷
定　　价：39.80元

产品编号：087334-01

前　言

中级财务会计是高等院校财会类专业的主干核心课程，也是中级会计职称考试的核心科目，在整个会计教学体系中起到了承前启后的重要作用。

从课程衔接的角度来看，中级财务会计是初级财务会计的延伸；从课程内容侧重的角度来看，中级财务会计侧重的是会计要素的后续计量。因此，我们将本教材内容定位为论述"日常业务存续期间的后续计量"的会计理论与实务。

随着新修订的《企业会计准则》体系的建立和完善，特别是近年来新《收入准则》、新《债务重组准则》《非货币性资产交换准则》《金融资产与金融负债准则》的相继颁布与修订，会计要素的后续计量、核算、报告的理论与实务发生了重大变化。同时，教育部《关于在院校实施"学历证书＋若干职业技能等级证书"制度试点方案》的颁布，也对应用型本科会计学及相关专业提出了"1＋X"的战略要求。

为适应新准则、新税法、新战略要求，满足"以学生为中心、以就业为导向"的应用型本科人才培养需求，我们组织编写了"课、证"结合的"新业态"《中级财务会计》教材，弥补了会计学及相关专业本科应用型、复合型人才培养"新业态"教材缺乏的空白。

本教材的编写体现了"内容新颖、链接实务、课证一体、提升快速"等特色，也是高等职业院校学生及有志于从事会计工作的自学人士更快、更好地学习和掌握新准则，参加会计类职称应试的重要参考书籍。

在编写过程中，主要参阅了全国会计职称考试、注册会计师考试指定用书等教材和其他同类教材及相关文献资料，对此向上述资料的作者表示诚挚的感谢。

由于编写时间所限，加之编者水平有限，难免存在错漏和不妥之处，敬请批评指正。

编　者

目 录

第一章　金融资产 …………………………………………………………… 1
 第一节　金融资产的分类 ………………………………………………… 1
 第二节　金融资产的确认和终止确认 …………………………………… 7
 第三节　金融资产的计量 ………………………………………………… 8
 本章知识点小结 …………………………………………………………… 24
 课后训练题 ………………………………………………………………… 25
 在线测试 …………………………………………………………………… 30

第二章　投资性房地产 ……………………………………………………… 31
 第一节　投资性房地产概述 ……………………………………………… 31
 第二节　投资性房地产的确认和初始计量 ……………………………… 33
 第三节　投资性房地产的后续计量 ……………………………………… 37
 第四节　投资性房地产的转换和处置 …………………………………… 40
 本章知识点小结 …………………………………………………………… 45
 课后训练题 ………………………………………………………………… 46
 在线测试 …………………………………………………………………… 49

第三章　长期股权投资 ……………………………………………………… 50
 第一节　长期股权投资的范围和初始计量 ……………………………… 50
 第二节　长期股权投资的后续计量 ……………………………………… 54
 本章知识点小结 …………………………………………………………… 67
 课后训练题 ………………………………………………………………… 68
 在线测试 …………………………………………………………………… 71

第四章　外币折算 …………………………………………………………… 72
 第一节　记账本位币的确定 ……………………………………………… 72
 第二节　外币交易的会计处理 …………………………………………… 74
 第三节　外币财务报表折算 ……………………………………………… 79

本章知识点小结 ·· 83
　　课后训练题 ·· 83
　　在线测试 ·· 85

第五章　或有事项 ·· 86
　　第一节　或有事项概述 ·· 86
　　第二节　或有事项的确认和计量 ································ 90
　　第三节　或有事项会计处理的具体运用 ·························· 93
　　本章知识点小结 ·· 97
　　课后训练题 ·· 97
　　在线测试 ··· 100

第六章　收入 ··· 101
　　第一节　收入概述 ··· 101
　　第二节　收入的确认和计量 ··································· 102
　　第三节　合同成本 ··· 114
　　第四节　关于特定交易的会计处理 ····························· 115
　　本章知识点小结 ··· 123
　　课后训练题 ··· 124
　　在线测试 ··· 130

第七章　递延所得税 ··· 131
　　第一节　计税基础与暂时性差异 ······························· 131
　　第二节　递延所得税负债、资产的确认与计量 ··················· 140
　　第三节　所得税费用的确认和计量 ····························· 145
　　本章知识点小结 ··· 150
　　课后训练题 ··· 151
　　在线测试 ··· 158

第八章　会计政策、会计估计变更和差错更正 ······················· 159
　　第一节　会计政策及其变更 ··································· 159
　　第二节　会计估计及其变更 ··································· 163
　　第三节　前期差错更正 ······································· 165
　　本章知识点小结 ··· 168
　　课后训练题 ··· 168
　　在线测试 ··· 171

第九章 资产负债表日后事项 … **172**
  第一节 资产负债表日后事项概述 … 172
  第二节 资产负债表日后调整事项 … 174
  第三节 资产负债表日后非调整事项 … 181
  本章知识点小结 … 181
  课后训练题 … 182
  在线测试 … 187

第十章 政府补助 … **188**
  第一节 政府补助概述 … 188
  第二节 政府补助的会计处理 … 190
  本章知识点小结 … 196
  课后训练题 … 196
  在线测试 … 198

主要参考文献 … **199**

第一章 金融资产

学习要点

金融资产的分类
金融资产的公允价值计量模式
金融资产的确认条件、金融资产终止条件
交易性金融资产的确认、后续计量及处置
以摊余成本计量的金融资产的确认和后续计量
以公允价值计量且变动计入其他综合收益的金融资产的确认和后续计量以及处置
金融资产重分类的会计处理

学习目标

通过对本章的学习，掌握金融资产的类型，熟练掌握交易性金融资产的确认以及公允价值变动和处置该资产的会计处理，掌握以摊余成本计量的金融资产的确认和后续计量，掌握以公允价值计量且变动计入其他综合收益的金融资产的确认和后续计量及处置，掌握金融资产重分类的会计处理。

第一节 金融资产的分类

一、金融资产的分类概述

金融工具是指形成一方的金融资产并形成其他方的金融负债或权益工具的合同。一般来说，金融工具包括金融资产、金融负债和权益工具，也可能包括一些尚未确认的项目。企业的金融资产主要包括库存现金、银行存款、应收账款、应收票据、其他应收款、贷款、垫款、债权投资、股权投资、基金投资、衍生金融资产等。

企业应当根据其管理金融资产的业务模式和金融资产的合同现金流量特征，将金融资产划分为以下三类：①以摊余成本计量的金融资产；②以公允价值计量且其变动计入其他综合收益的金融资产；③以公允价值计量且其变动计入当期损益的金融资产。上述分类一经确定，不得随意变更。

【重要提示】金融资产分类一经确定，不得随意变更，但不是绝对不能变更，在符合规定的前提下可以进行重新分类。

二、企业管理金融资产的业务模式

▶ 1. 业务模式评估

企业管理金融资产的业务模式，是指企业如何管理其金融资产以产生现金流量。业务模式决定企业所管理金融资产现金流量的来源是收取合同现金流量、出售金融资产，还是两者兼有。

企业确定其管理金融资产的业务模式时，应当注意以下方面。

（1）企业应当在金融资产组合的层次上确定管理金融资产的业务模式，而不必按照单个金融资产逐项确定业务模式。金融资产组合的层次应当反映企业管理该金融资产的层次。在有些情况下，企业可能将金融资产组合分拆为更小的组合，以合理反映企业管理该金融资产的层次。例如，企业购买一个抵押贷款组合，以收取合同现金流量为目标管理该组合中的一部分贷款，以出售为目标管理该组合中的其他贷款。

（2）一个企业可能会采用多个业务模式管理其金融资产。

【重要提示】例如，企业持有一组以收取合同现金流量为目标的投资组合，同时还持有另一组既以收取合同现金流量为目标又以出售该金融资产为目标的投资组合。

（3）企业应当以企业关键管理人员决定的对金融资产进行管理的特定业务目标为基础，确定管理金融资产的业务模式。其中，"关键管理人员"是指《企业会计准则第36号——关联方披露》中定义的关键管理人员。

（4）企业的业务模式并非企业自愿指定，通常可以在企业为实现其目标而开展的特定活动中得以反映。

（5）企业不得以按照合理预期不会发生的情形为基础确定管理金融资产的业务模式。例如，对于某金融资产组合，如果企业预期仅会在压力情形下将其出售且企业合理预期该压力情形不会发生，则该压力情形不得影响企业对该类金融资产的业务模式的评估。

此外，如果金融资产实际现金流量的实现方式不同于评估业务模式时的预期，只要企业在评估业务模式时已经考虑了当时所有可获得的相关信息，那么，这一差异就不会构成企业财务报表的前期差错，也不会改变企业在该业务模式下持有的剩余金融资产的分类。但是，企业在评估新的金融资产的业务模式时，应当考虑这些信息。

▶ 2. 以收取合同现金流量为目标的业务模式

在以收取合同现金流量为目标的业务模式下，企业管理金融资产旨在通过在金融资产存续期内收取合同付款来取得现金流量，而不是通过持有并出售金融资产产生整体回报。

【例1-1】 A企业购买了一个贷款组合，且该组合包含已发生信用减值的贷款。如果贷款不能按时偿付，A企业将通过各种方式尽可能实现合同现金流量，例如，通过邮件、电话或其他方法与借款人联系催收。同时，A企业签订了一项利率互换合同，将贷款组合的利率由浮动利率转换为固定利率。

【解析】

在本例中，A企业管理该贷款组合的业务模式是以收取合同现金流量为目标。即使A

企业预期无法收取全部合同现金流量(部分贷款已发生信用减值),但并不影响其业务模式。此外,该企业签订利率互换合同也不影响该贷款组合的业务模式。

▶ 3. 以收取合同现金流量和出售金融资产为目标的业务模式

在同时以收取合同现金流量和出售金融资产为目标的业务模式下,企业的关键管理人员认为,收取合同现金流量和出售金融资产对实现管理目标而言都是不可或缺的。与以收取合同现金流量为目标的业务模式相比,此业务模式涉及的出售通常频率更高、金额更大。因为出售金融资产是此业务模式的目标之一,在该业务模式下不存在出售金融资产的频率或者价值的明确界限。

【例1-2】 A银行持有金融资产组合以满足其每日流动性需求。A银行为了降低其管理流动性需求的成本,高度关注该金融资产组合的回报,包括收取的合同现金流量和出售金融资产的利得或损失。

【解析】

在本例中,A银行管理该金融资产组合的业务模式是以收取合同现金流量和出售金融资产为目标。

▶ 4. 其他业务模式

如果企业管理金融资产的业务模式既不是以收取合同现金流量为目标,也不是以收取合同现金流量和出售金融资产为目标,则该企业管理金融资产的业务模式是其他业务模式。例如,企业持有金融资产的目的是交易性的或者基于金融资产的公允价值做出决策并对其进行管理。在这种情况下,企业管理金融资产的目标是通过出售金融资产以取得现金流量。即使企业在持有金融资产的过程中会收取合同现金流量,企业管理金融资产的业务模式也不是以收取合同现金流量和出售金融资产为目标,因为收取合同现金流量对实现该业务模式目标来说只是附带性质的活动。

三、金融资产的合同现金流量特征

金融资产的合同现金流量特征,是指金融工具合同约定的、反映相关金融资产经济特征的现金流量属性。金融资产的合同现金流量特征与基本借贷安排相一致,是指金融资产在特定日期产生的合同现金流量仅为支付的本金和以未偿付本金金额为基础的利息(以下简称"本金加利息的合同现金流量特征")。金融资产的法律形式无论是否为一项贷款,都可能是一项基本借贷安排。

本金是指金融资产在初始确认时的公允价值,本金金额可能因提前还款等原因在金融资产的存续期内发生变动。利息包括对货币时间价值、与特定时期未偿付本金金额相关的信用风险,以及其他基本借贷风险(如流动性风险)、成本(如管理费用)和利润的对价。在基本借贷安排中,利息的构成要素中最重要的通常是货币时间价值和信用风险的对价。例如,甲银行有一项支付逆向浮动利率(即贷款利率与市场利率呈负相关性)的贷款,该贷款的利息金额不是以未偿付本金金额为基础的货币时间价值的对价,则不符合本金加利息的合同现金流量特征。

但是,如果金融资产合同包含与基本借贷安排无关的合同现金流量风险敞口或波动性敞口(如权益价格或商品价格变动敞口)的条款,则此类合同不符合本金加利息的合同现金流量特征。例如,甲企业持有一项可转换成固定数量的发行人权益工具的债券,则该债券不符合本金加利息的合同现金流量特征,因为其回报与发行人的权益价值挂钩。又如,如果贷款的利息支付金额与涉及债务人业绩的一些变量(如债务人的净收益)挂钩或者与权益指数挂钩,则该贷款不符合本金加利息的合同现金流量特征。

【重要提示】货币时间价值是利息要素中仅因为时间流逝而提供对价的部分,不包括为所持有金融资产的其他风险或成本提供的对价。货币时间价值要素有时可能存在修正,在货币时间价值要素存在修正的情况下,企业应当对相关修正进行评估,以确定其是否满足上述合同现金流量特征的要求。

此外,金融资产包含可能导致其合同现金流量的时间分布或金额发生变更的合同条款(如包含提前还款特征)的,企业应当对相关条款进行评估(如评估提前还款特征的公允价值是否非常小),以确定其是否满足上述合同现金流量特征的要求。

【例1-3】A企业持有一项具有固定到期日且支付浮动市场利率的债券。合同规定了利率浮动的上限。对于固定利率或浮动利率特征的金融工具,只要利息反映了对货币时间价值、与特定时期未偿付本金金额相关的信用风险,以及其他基本借贷风险、成本和利润的对价,则其符合本金加利息的合同现金流量特征。

【解析】

在本例中,合同条款设定利率上限,可以将其看作固定利率和浮动利率相结合的工具,通过合同设定利率上限可能降低合同现金流量的波动性。

四、金融资产的具体分类

▶ 1. 以摊余成本计量的金融资产

金融资产同时符合下列条件的应当将其归类为以摊余成本计量的金融资产。

企业管理该金融资产的业务模式是以收取合同现金流量为目标。

该金融资产的合同条款规定,在特定日期产生的现金流量,仅为支付的本金和以未偿付本金金额为基础的利息。

【重要提示】例如,银行向企业客户发放的固定利率贷款,在没有其他特殊安排的情况下,贷款通常可能符合本金加利息的合同现金流量特征。如果银行管理该贷款的业务模式是以收取合同现金流量为目标,则该贷款可以归类为以摊余成本计量的金融资产。

普通债券的合同现金流量是指到期收回本金及按约定利率在合同期间按时收取固定或浮动利息。在没有其他特殊安排的情况下,普通债券通常符合本金加利息的合同现金流量特征。如果企业管理该债券的业务模式是以收取合同现金流量为目标,则该债券可以归类为以摊余成本计量的金融资产。

因企业正常商业往来形成的具有一定信用期限的应收账款,如果企业拟根据应收账款的合同现金流量收取现金,且不打算提前处置应收账款,则该应收账款可以归类为以摊余成本计量的金融资产。

▶ **2. 以公允价值计量且其变动计入其他综合收益的金融资产**

金融资产同时符合下列条件的,应当归类为以公允价值计量且其变动计入其他综合收益的金融资产。

企业管理该金融资产的业务模式是,既以收取合同现金流量为目标又以出售该金融资产为目标。

其他权益工具投资

该金融资产的合同条款规定,在特定日期产生的现金流量,仅为支付的本金和以未偿付本金金额为基础的利息。

【例1-4】 A企业在销售中通常会给予客户一定期间的信用期。为了盘活存量资产,提高资金使用效率,A企业与银行签订应收账款无追索权保理总协议,银行向A企业一次性授信10亿元人民币,A企业可以在需要时随时向银行出售应收账款。历史上A企业频繁向银行出售应收账款,且出售金额重大,上述出售满足终止确认的规定。

【解析】

在本例中,应收账款符合"既以收取合同现金流量为目标又以出售该金融资产为目标"的业务模式,且该应收账款符合本金加利息的合同现金流量特征,因此应当归类为以公允价值计量且其变动计入其他综合收益的金融资产。

▶ **3. 以公允价值计量且其变动计入当期损益的金融资产**

金融资产除了以摊余成本计量的金融资产和以公允价值计量且其变动计入其他综合收益的金融资产之外,还包括以公允价值计量且其变动计入当期损益的金融资产。例如,企业常见的下列投资产品通常应当归类为以公允价值计量且其变动计入当期损益的金融资产。

交易性金融资产

(1)股票。股票的合同现金流量包括源自收取被投资企业未来的股利分配及其清算时获得剩余收益的权利。由于股利及获得剩余收益的权利均不符合本章关于本金和利息的定义,因此股票不符合本金加利息的合同现金流量特征。在不考虑特殊指定的情况下,企业持有的股票应当归类为以公允价值计量且其变动计入当期损益的金融资产。

(2)基金。常见的股票型基金、债券型基金、货币基金或混合基金,通常投资于动态管理的资产组合,投资者从该类投资中取得的现金流量,既包括投资期间基础资产产生的合同现金流量,也包括处置基础资产产生的现金流量。基金在一般情况下不符合本金加利息的合同现金流量特征。企业持有的基金通常应当归类为以公允价值计量且其变动计入当期损益的金融资产。

(3)可转换债券。可转换债券除了按一般债权类投资的特性到期收回本金、获取约定利息或收益之外,还嵌入了一项转股权。通过嵌入衍生工具,企业获得的收益在基本借贷安排的基础上,会产生基于其他因素变动的不确定性。可转换债券作为一个整体进行评估,由于其不符合本金加利息的合同现金流量特征,企业持有的可转换债券投资应当归类为以公允价值计量且其变动计入当期损益的金融资产。

【重要提示】此外,在初始确认时,如果能够消除或显著减少会计错配,企业可以将金融资产指定为以公允价值计量且其变动计入当期损益的金融资产。该指定一经做出,不得撤销。

五、金融资产分类的特殊规定

权益工具投资一般不符合本金加利息的合同现金流量特征，因此应当归类为以公允价值计量且其变动计入当期损益的金融资产。但在初始确认时，企业可以将非交易性权益工具投资指定为以公允价值计量且其变动计入其他综合收益的金融资产，并按照规定确认股利收入。该指定一经做出，不得撤销。企业投资其他上市公司股票或者非上市公司股权的，都可能属于这种情形。

金融资产满足下列条件之一的，表明企业持有该金融资产的目的是交易性的。

（1）取得相关金融资产的目的，主要是近期出售或回购。例如，企业以赚取差价为目的从二级市场购入的股票、债券和基金等，或者发行人根据债务工具的公允价值变动计划在近期回购的、有公开市场报价的债务工具。

（2）相关金融资产在初始确认时属于集中管理的可辨认金融工具组合的一部分，且有客观证据表明近期实际存在短期获利目的。在这种情况下，即使组合中某个组成项目持有的期限稍长也不受影响。其中，"金融工具组合"是指金融资产组合。

（3）相关金融资产属于衍生工具，但符合财务担保合同定义的衍生工具以及被指定为有效套期工具的衍生工具除外。例如，未作为套期工具的利率互换或外汇期权。

符合上述条件的非交易性权益工具投资仍然可以指定为交易性金融资产。

六、不同类金融资产之间的重分类

企业改变其管理金融资产的业务模式时，应当对所有受影响的相关金融资产进行重分类。

企业对金融资产进行重分类，应当自重分类日起采用未来适用法进行相关会计处理，不得对以前已经确认的利得、损失（包括减值损失或利得）或利息进行追溯调整。重分类日，是指导致企业对金融资产进行重分类的业务模式发生变更后的首个报告期间的第一天。

【重要提示】例如，甲上市公司决定于2020年3月22日改变其管理某金融资产的业务模式，则重分类日为2020年4月1日（即下一个季度会计期间的期初）；乙上市公司决定于2020年10月15日改变其管理某金融资产的业务模式，则重分类日为2021年1月1日。

企业管理金融资产业务模式的变更是一种极其少见的情形。该变更源自外部或内部的变化，必须由企业的高级管理层进行决策，且其必须对企业的经营非常重要，并能够向外部各方证实。因此，只有当企业开始或终止某项对其经营影响重大的活动时（如当企业收购、处置或终止某一业务线时），其管理金融资产的业务模式才会发生变更。例如，某银行决定终止其零售抵押贷款业务，该业务线不再接受新业务，并且该银行正在积极寻求出售其抵押贷款组合，则该银行管理零售抵押贷款的业务模式发生了变更。

【例1-5】 A公司持有拟在短期内出售的某商业贷款组合。A公司近期收购了一家资产管理公司（B公司），B公司持有贷款的业务模式是以收取合同现金流量为目标。A公司决定，对该商业贷款组合的持有不再以出售为目标，而是将该组合与资产管理公司持有的其他贷款一起管理,以收取合同现金流量为目标,则 A 公司管理该商业贷款组合的业务模式发生了变更。

以下情形不属于业务模式变更。

(1) 企业持有特定金融资产的意图改变。即使在市场状况发生重大变化的情况下,企业改变对特定资产的持有意图,也不属于业务模式变更。

(2) 金融资产特定市场暂时性消失从而暂时影响金融资产出售。

(3) 金融资产在企业具有不同业务模式的各部门之间转移。

【重要提示】如果企业管理金融资产的业务模式没有发生变更,而金融资产的条款发生变更但未导致终止确认的,不允许重分类。如果金融资产条款发生变更导致金融资产终止确认的,不涉及重分类问题,企业应当终止确认原金融资产,同时按照变更后的条款确认一项新金融资产。金融资产终止确认,是指企业将之前确认的金融资产从其资产负债表中予以转出。

第二节 金融资产的确认和终止确认

一、金融资产的确认条件

企业在成为金融工具合同的一方时,应当确认一项金融资产。当企业尚未成为合同一方时,即使企业已有计划在未来交易,不管其发生的可能性有多大,都不是企业的金融资产。

二、金融资产的终止确认

(1) 金融资产满足下列条件之一的,应当终止确认。

1) 收取该金融资产现金流量的合同权利终止。例如,企业买入一项期权,企业直到期权到期日仍未行权,那么企业在合同权利到期后应当终止确认该期权形成的金融资产。

2) 该金融资产已转移,且该转移满足《企业会计准则第 23 号——金融资产转移》关于金融资产终止确认的规定。

(2) 金融资产的一部分满足下列条件之一的,企业应当将终止确认的规定适用于该金融资产部分,除此之外,企业应当将终止确认的规定适用于该金融资产整体。

1) 该金融资产部分仅包括金融资产所产生的特定可辨认现金流量。例如,企业就某债务工具与转入方签订一项利息剥离合同,合同规定转入方有权获得该债务工具利息现金流量,但无权获得该债务工具本金现金流量,终止确认的规定适用于该债务工具的利息现金流量。

2) 该金融资产部分仅包括与该金融资产所产生的全部现金流量完全成比例的现金流量部分。例如,企业就某债务工具与转入方签订转让合同,合同规定转入方拥有获得该债务工具全部现金流量一定比例的权利,终止确认的规定适用于该债务工具全部现金流量一定比例的部分。

3) 该金融资产部分仅包括与该金融资产所产生的特定可辨认现金流量完全成比例的现金流量部分。例如,企业就某债务工具与转入方签订转让合同,合同规定转入方拥有获得该债务工具利息现金流量一定比例的权利,终止确认的规定适用于该债务工具利息现金流量一定比例的部分。

第三节　金融资产的计量

一、金融资产的初始计量

企业初始确认金融资产,应当按照公允价值计量。

【重要提示】对于以公允价值计量且其变动计入当期损益的金融资产,相关交易费用应当直接计入当期损益;对于其他类别的金融资产,相关交易费用应当计入初始确认金额。

企业初始确认的应收账款未包含重大融资成分或不考虑不超过一年的合同中的融资成分的,应当按照交易价格进行初始计量。

交易费用,是指可直接归属于购买、发行或处置金融工具的增量费用。增量费用是指企业没有发生购买、发行或处置相关金融工具的情形就不会发生的费用,包括支付给代理机构、券商、证券交易所、政府有关部门等的手续费、佣金、相关税费以及其他必要支出,不包括债券溢价、折价、融资费用、内部管理成本和持有成本等与交易不直接相关的费用。

【重要提示】企业取得金融资产所支付的价款中包含的已宣告但尚未发放的现金股利或已到付息期但尚未领取的利息,应当单独确认为应收项目处理。

二、公允价值的确定

公允价值,是指市场参与者在计量日发生的有序交易中,出售一项资产所能收到或者转移一项负债所须支付的价格。

企业应当将公允价值计量所使用的输入值划分为3个层次,并首先使用第一层次输入值,其次使用第二层次输入值,最后使用第三层次输入值。

(一) 第一层次输入值(第一估计值)

第一层次输入值是指在计量日能够取得的相同资产在活跃市场上未经调整的报价。

活跃市场,是指相关资产的交易量和交易频率足以持续提供定价信息的市场。在活跃市场中,交易对象具有同质性,可随时找到自愿交易的买方和卖方,且市场价格信息是公开的。

(二) 第二层次输入值(第二估计值)

第二层次输入值是指除了第一层次输入值之外相关资产直接或间接可观察的输入值。对于具有合同期限等具体期限的金融资产,第二层次输入值应当在整个期限内几乎是可观察的。第二层次输入值包括以下方面。

（1）在活跃市场中类似金融资产的报价。

（2）在非活跃市场中相同或类似金融资产的报价。

（3）除了报价以外的其他可观察输入值，包括在正常报价间隔期间可观察的利率和收益率曲线、隐含波动率和信用利差等。

（4）市场验证的输入值等。市场验证的输入值，是指通过相关性分析或其他手段获得的主要源于可观察市场数据或者经过可观察市场数据验证的输入值。

（三）第三层次输入值（第三估计值）

第三层次输入值是指相关资产或负债的不可观察输入值，主要包括不能直接观察和无法由可观察市场数据验证的利率、股票波动率、企业使用自身数据做出的财务预测等。

企业只有在金融资产不存在市场活动或者市场活动很少导致相关可观察输入值无法取得或取得不切实可行的情况下，才能使用第三层次输入值，即不可观察输入值。

三、金融资产的后续计量

（一）金融资产的后续计量

▶ 1. 金融资产后续计量的原则

金融资产的后续计量与金融资产的分类密切相关。企业应当对不同类别的金融资产，分别以摊余成本、以公允价值计量且其变动计入其他综合收益或以公允价值计量且其变动计入当期损益进行后续计量。

▶ 2. 以摊余成本计量的金融资产的会计处理

1）实际利率法

实际利率法是指计算金融资产的摊余成本以及将利息收入或利息费用分摊计入各会计期间的方法。

债权投资

实际利率是指将金融资产或金融负债在预计存续期的估计未来现金流量，折现为该金融资产账面余额（不考虑减值）或该金融负债摊余成本所使用的利率。在确定实际利率时，应当在考虑金融资产所有合同条款（如提前还款、展期、看涨期权或其他类似期权等）的基础上估计预期现金流量，但不应当考虑预期信用损失。

【重要提示】合同各方之间支付或收取的、属于实际利率组成部分的各项费用，交易费用，以及溢价或折价等，应当在确定实际利率时予以考虑。

2）摊余成本

金融资产的摊余成本，应当以该金融资产的初始确认金额经下列调整后的结果确定。

（1）扣除已偿还的本金。

（2）加上或减去采用实际利率法将该初始确认金额与到期日金额之间的差额进行摊销形成的累计摊销额。

（3）扣除计提的累计信用减值准备（仅适用于金融资产）。

【重要提示】企业对以摊余成本计量的金融资产和以公允价值计量且其变动计入其他综合收益的金融资产计提信用减值准备时，应当采用"预期信用损失法"。在预期信用损失法下,减值准备的计提不以减值的实际发生为前提,而是以未来可能的违约事件所造成的损失的期望值来计量当前(资产负债表日)应当确认的减值准备。

【例1-6】 A公司是一家制造业企业,其经营地域单一且固定。2021年,A公司应收账款合计为30 000 000元。考虑到客户群由众多小客户构成,A公司根据代表偿付能力的客户共同风险特征对应收账款进行分类。将上述应收账款归类为以摊余成本计量的金融资产,不包含重大融资成分。

A公司使用逾期天数与违约损失率对照表确定该应收账款组合的预期信用损失。对照表以此类应收账款预计存续期的历史违约损失率为基础,并根据前瞻性估计予以调整。在每个资产负债表日,A公司都会分析前瞻性估计的变动,并据此对历史违约损失率进行调整。

【解析】

在本例中,假定下一年的经济情况预期将恶化。

A公司的逾期天数与违约损失率对照如表1-1所示。

表1-1　A公司的逾期天数与违约损失率对照

逾期情况	未逾期	逾期1~30日	逾期31~60日	逾期61~90日	逾期>90日
违约损失率/%	0.3	1.6	3.6	6.6	10.6

资产负债表日,A公司应计提的坏账准备如表1-2所示。

表1-2　A公司应计提的坏账准备　　　　　　　　　　　单位:元

逾期情况	账面余额(A)	违约损失率(B)/%	预期信用损失(坏账准备)(C=A×B)
未逾期	15 000 000	0.3	45 000
逾期1~30日	7 500 000	1.6	120 000
逾期31~60日	4 000 000	3.6	144 000
逾期61~90日	2 500 000	6.6	165 000
逾期>90日	1 000 000	10.6	106 000
合计	30 000 000	—	580 000

3) 具体会计处理

以摊余成本计量的金融资产的会计处理,主要包括该金融资产实际利率的计算、摊余成本的确定、持有期间的收益确认及将其处置时损益的处理。以摊余成本计量的金融资产产生的利得或损失,应当在终止确认、按照规定重分类、按照实际利率法摊销或确认减值时,计入当期损益。

以摊余成本计量的债权投资相关的账务处理如下。

(1)企业取得的以摊余成本计量的债权投资,应按该投资的面值,借记"债权投资——成本"科目,按支付的价款中包含的已到付息期但尚未领取的利息,借记"应收利息"科目,按实际支付的金额,贷记"银行存款"等科目,按其差额,借记或贷记"债权投资——利息调整"科目。

借：债权投资——成本　　　　　　　（投资的面值）
　　应收利息　　　　　　　　　　　（支付价款中包含的已到付息期但尚未
　　　　　　　　　　　　　　　　　　领取的利息）
　　贷：银行存款　　　　　　　　　（实际支付的金额）
　　贷（借）：债权投资——利息调整　（差额）

（2）资产负债表日，以摊余成本计量的债权投资为分期付息、一次还本的债券投资，应按票面利率计算确定的应收未收利息，借记"应收利息"科目，按该金融资产摊余成本和实际利率计算确定的利息收入，贷记"投资收益"科目，按其差额，借记或贷记"债权投资——利息调整"科目。

【重要提示】以摊余成本计量的债权投资为一次还本付息债券投资的，应按票面利率计算确定的应收未收利息，借记"债权投资——应计利息"科目，按该金融资产摊余成本和实际利率计算确定的利息收入，贷记"投资收益"科目，按其差额，借记或贷记"债权投资——利息调整"科目。

借：应收利息　　　　　　　　　　　（按票面利率计算）
　　贷：投资收益　　　　　　　　　（按摊余成本和实际利率计算）
　　贷（借）：债权投资——利息调整　（差额）

（3）出售以摊余成本计量的债权投资，应按实际收到的金额，借记"银行存款"等科目，按其账面余额，贷记"债权投资——成本、应计利息"科目，贷记或借记"债权投资——利息调整"科目，按其差额，贷记或借记"投资收益"科目。已计提信用减值准备的，还应同时结转信用减值准备。

借：银行存款　　　　　　　　　　　（实际收到的金额）
　　信用减值准备
　　贷：债权投资——成本　　　　　（账面余额）
　　　　债权投资——应计利息　　　（账面余额）
　　　　债权投资——利息调整（或贷）（账面余额）
　　贷（借）：投资收益　　　　　　（差额）

【重要提示】企业持有的以摊余成本计量的应收款项、贷款等的账务处理原则，与债权投资大致相同，企业可使用"应收账款""贷款"等科目进行核算。

【例1-7】 20×3年1月1日，A公司（制造业企业）支付价款1 000万元（含交易费用），从上海证券交易所购入B公司同日发行的5年期公司债券12 500份，债券票面价值总额为1 250万元，票面年利率为4.72%，于年末支付本年度债券利息（即每年利息为59万元），本金在债券到期时一次性偿还。合同约定，该债券的发行方在遇到特定情况时可以将债券赎回，且不需要为提前赎回支付额外款项。A公司在购买该债券时，预计发行方不会提前赎回。A公司根据其管理该债券的业务模式和该债券的合同现金流量特征，将该债券归类为以摊余成本计量的金融资产。

【解析】

情形 1

假定不考虑所得税、减值损失等因素,计算该债券的实际利率 r

$59 \times (1+r)^{-1} + 59 \times (1+r)^{-2} + 59 \times (1+r)^{-3} + 59 \times (1+r)^{-4} + (59+1250) \times (1+r)^{-5} = 1\,000$(万元)

采用插值法,计算得出 $r=10\%$。

根据表 1-3 中的数据,A 公司的账务处理如下。

表 1-3 各年摊余成本计算表　　　　　　单位:万元

年 份	期初摊余成本 (A)	实际利息收入 (B=A×10%)	现金流入 (C)	期末摊余成本 (D=A+B-C)
20×3	1 000	100	59	1 041
20×4	1 041	104	59	1 086
20×5	1 086	109	59	1 136
20×6	1 136	114	59	1 191
20×7	1 191	118*	1 309	0

注:*尾数调整:1 250+59-1 191=118(万元)

(1) 20×3 年 1 月 1 日,购入 B 公司债券。

借:债权投资——成本　　　　　　　　　　　　　　　　　　　12 500 000
　　贷:银行存款　　　　　　　　　　　　　　　　　　　　　10 000 000
　　　　债权投资——利息调整　　　　　　　　　　　　　　　2 500 000

(2) 20×3 年 12 月 31 日,确认 B 公司债券实际利息收入,收到债券利息。

借:应收利息　　　　　　　　　　　　　　　　　　　　　　　590 000
　　债权投资——利息调整　　　　　　　　　　　　　　　　　410 000
　　贷:投资收益　　　　　　　　　　　　　　　　　　　　　1 000 000
借:银行存款　　　　　　　　　　　　　　　　　　　　　　　590 000
　　贷:应收利息　　　　　　　　　　　　　　　　　　　　　590 000

(3) 20×4 年 12 月 31 日,确认 B 公司债券实际利息收入,收到债券利息。

借:应收利息　　　　　　　　　　　　　　　　　　　　　　　590 000
　　债权投资——利息调整　　　　　　　　　　　　　　　　　450 000
　　贷:投资收益　　　　　　　　　　　　　　　　　　　　　1 040 000
借:银行存款　　　　　　　　　　　　　　　　　　　　　　　590 000
　　贷:应收利息　　　　　　　　　　　　　　　　　　　　　590 000

(4) 20×5 年 12 月 31 日,确认 B 公司债券实际利息收入,收到债券利息。

借:应收利息　　　　　　　　　　　　　　　　　　　　　　　590 000
　　债权投资——利息调整　　　　　　　　　　　　　　　　　500 000
　　贷:投资收益　　　　　　　　　　　　　　　　　　　　　1 090 000

借：银行存款 590 000
  贷：应收利息 590 000

(5) 20×6年12月31日，确认B公司债券实际利息收入，收到债券利息。

借：应收利息 590 000
  债权投资——利息调整 550 000
  贷：投资收益 1 140 000

借：银行存款 590 000
  贷：应收利息 590 000

(6) 20×7年12月31日，确认B公司债券实际利息收入，收到债券利息和本金。

借：应收利息 590 000
  债权投资——利息调整 590 000
  贷：投资收益 1 180 000

借：银行存款 590 000
  贷：应收利息 590 000

借：银行存款 12 500 000
  贷：债券投资——成本 12 500 000

情形2

假定在20×5年1月1日，A公司预计本金的一半（即625万元）将会在该年年末收回，而其余的一半本金将于20×7年年末付清。则A公司应当调整20×5年年初的摊余成本，计入当期损益，调整时采用最初确定的实际利率。据此，调整的相关数据如表1-4所示。

表1-4 各年摊余成本计算表   单位：万元

年　份	期初摊余成本 （A）	实际利息收入 （B=A×10%）	现金流入 （C）	期末摊余成本 （D=A+B−C）
20×3	1 000	100	59	1 041
20×4	1 041	104	59	1 086
20×5	1 139*	114	684	569
20×6	569	57	30**	596
20×7	596	59***	655	0

注：*$(625+59)\times(1+10\%)^{-1}+30\times(1+10\%)^{-2}+(625+30)\times(1+10\%)^{-3}=1\,139$（万元）（四舍五入）；**$625\times4.72\%=30$（万元）（四舍五入）；***$625+30-596=59$（万元）（尾数调整）。

根据上述调整，A公司的账务处理如下。

(1) 20×5年1月1日，调整期初账面余额。

借：债权投资——利息调整 530 000
  贷：投资收益 530 000

(2) 20×5年12月31日，确认实际利息收入，收回本金。

借：应收利息 590 000

| | 债权投资——利息调整 | 550 000 |
| | 贷：投资收益 | 1 140 000 |

(3) 20×6年12月31日，确认实际利息收入等。

	借：应收利息	300 000
	债权投资——利息调整	270 000
	贷：投资收益	570 000
	借：银行存款	300 000
	贷：投资收益	300 000

(4) 20×7年12月31日，确认实际利息收入，收回本金。

	借：应收利息	300 000
	债权投资——利息调整	290 000
	贷：投资收益	590 000
	借：银行存款	300 000
	贷：投资收益	300 000
	借：银行存款	6 250 000
	贷：债券投资——成本	6 250 000

情形 3

假定甲公司购买的B公司债券不是分次付息，而是到期一次还本付息，且利息不以复利计算。此时，A公司购买B公司债券的实际利率 r 计算如下：

$$(59+59+59+59+59+1\,250)\times(1+r)^{-5}=1\,000(万元)$$

由此计算得出 $r=9.05\%$。

据此，调整表1-3中相关数据后如表1-5所示。

表1-5　各年摊余成本计算表　　　　　　　　　　　　　　单位：万元

年　份	期初摊余成本 （A）	实际利息收入 （B＝A×9.05%）	现金流入 （C）	期末摊余成本 （D＝A＋B－C）
20×3	1 000	90.5	0	1 090.5
20×4	1 090.5	98.69	0	1 189.19
20×5	1 189.19	107.62	0	1 296.81
20×6	1 296.81	117.36	0	1 414.17
20×7	1 414.17	130.83*	1 545	0

注：*尾数调整：1 250＋295－1 414.17＝130.83(万元)。

根据表1-5中的数据，A公司的有关账务处理如下。

(1) 20×3年1月1日，购入B公司债券。

借：债权投资——成本	12 500 000
	贷：银行存款	10 000 000
	债权投资——利息调整	2 500 000

(2) 20×3 年 12 月 31 日，确认 B 公司债券实际利息收入。

借：债权投资——应计利息　　　　　　　　　　　　　590 000
　　　　　　——利息调整　　　　　　　　　　　　　315 000
　　贷：投资收益　　　　　　　　　　　　　　　　　　　　　905 000

(3) 20×4 年 12 月 31 日，确认 B 公司债券实际利息收入。

借：债权投资——应计利息　　　　　　　　　　　　　590 000
　　　　　　——利息调整　　　　　　　　　　　　　396 900
　　贷：投资收益　　　　　　　　　　　　　　　　　　　　　986 900

(4) 20×5 年 12 月 31 日，确认 B 公司债券实际利息收入。

借：债权投资——应计利息　　　　　　　　　　　　　590 000
　　　　　　——利息调整　　　　　　　　　　　　　486 200
　　贷：投资收益　　　　　　　　　　　　　　　　　　　　1 076 200

(5) 20×6 年 12 月 31 日，确认 B 公司债券实际利息收入。

借：债权投资——应计利息　　　　　　　　　　　　　590 000
　　　　　　——利息调整　　　　　　　　　　　　　583 600
　　贷：投资收益　　　　　　　　　　　　　　　　　　　　1 173 600

(6) 20×7 年 12 月 31 日，确认 B 公司债券实际利息收入，收回债券本金和票面利息。

借：债权投资——应计利息　　　　　　　　　　　　　590 000
　　　　　　——利息调整　　　　　　　　　　　　　718 300
　　贷：投资收益　　　　　　　　　　　　　　　　　　　　1 308 300
借：银行存款　　　　　　　　　　　　　　　　　　15 450 000
　　贷：债权投资——成本　　　　　　　　　　　　　　　12 500 000
　　　　　　　　——应计利息　　　　　　　　　　　　　2 950 000

▶ 3. 以公允价值计量且其变动计入其他综合收益的金融资产的会计处理

以公允价值计量且其变动计入其他综合收益的金融资产的会计处理，与以公允价值计量且其变动计入当期损益的金融资产的会计处理存在类似之处，如均要求按公允价值进行后续计量。但是，也有一些不同之处，以公允价值计量且其变动计入其他综合收益的金融资产所产生的利得或损失，除了减值损失或利得和汇兑损益之外，均应当计入其他综合收益，直至该金融资产终止确认或被重分类。

【重要提示】采用实际利率法计算的该金融资产的利息应当计入当期损益。终止确认时，之前计入其他综合收益的累计利得或损失应当从其他综合收益中转出，计入当期损益。

相关的账务处理如下。

(1) 企业取得以公允价值计量且其变动计入其他综合收益的金融资产，应按该金融资产投资的面值，借记"其他债权投资——成本"科目，按支付的价款中包含的已到付息期但尚未领取的利息，借记"应收利息"科目，按实际支付的金额，贷记"银行存款"等科目，按其差额，借记或贷记"其他债权投资——利息调整"科目。

借：其他债权投资——成本　　　　　（按面值）

  应收利息   （已到付息期尚未领取的利息）
   贷：银行存款   （实际支付的金额）
   贷（借）：其他债权投资——利息调整   （差额）

（2）资产负债表日，以公允价值计量且其变动计入其他综合收益的金融资产为分期付息的，应按票面利率计算确定的应收未收利息，借记"应收利息"科目，按债券的摊余成本和实际利率计算确定的利息收入，贷记"投资收益"科目，按其差额，借记或贷记"其他债权投资——利息调整"科目。

  借：应收利息   （按票面利率计算）
   贷：投资收益   （按摊余成本和实际利率计算）
   贷（借）：债权投资——利息调整   （差额）

（3）以公允价值计量且其变动计入其他综合收益的金融资产为一次还本付息债券投资的，应按票面利率计算确定的应收未收利息，借记"其他债权投资——应计利息"科目，按债券的摊余成本和实际利率计算确定的利息收入，贷记"投资收益"科目，按其差额，借记或贷记"其他债权投资——利息调整"科目。

  借：其他债权投资——应计利息   （按票面利率计算）
   贷：投资收益   （按摊余成本和实际利率计算）
   贷（借）：其他债权投资——利息调整   （差额）

（4）资产负债表日，以公允价值计量且其变动计入其他综合收益的金融资产的公允价值高于其账面余额的差额，借记"其他债权投资——公允价值变动"科目。贷记"其他综合收益——其他债权投资公允价值变动"科目。公允价值低于其账面余额的差额做相反的会计分录。

  借：其他债权投资——公允价值变动   （公允价值高于账面余额的差额）
   贷：其他综合收益——其他债权投资公允价值变动
  或者做相反会计分录。

（5）确定以公允价值计量且其变动计入其他综合收益的金融资产发生减值的，应按减记的金额，借记"信用减值损失"，贷记"其他综合收益——信用减值准备"科目。

  借：信用减值损失   （按减记的金额）
   贷：其他综合收益——信用减值准备

（6）出售以公允价值计量且其变动计入其他综合收益的金融资产，应按实际收到的金额，借记"银行存款"等科目，按其账面余额，贷记"其他债权投资——成本、应计利息"科目，贷记或借记"其他债权投资——公允价值变动、利息调整"科目；应按从其他综合收益中转出的公允价值累计变动额，借记或贷记"其他综合收益——其他债权投资公允价值变动"科目；应按从其他综合收益转出的信用减值准备累计金额，借记"其他综合收益——信用减值准备"，按其差额，贷记或借记"投资收益"科目。

  ① 借：银行存款
    贷：其他债权投资——成本   （实际收到的金额）
         ——应计利息   （账面余额）

——公允价值变动(或贷) （账面余额）

——利息调整(或贷) （账面余额）

——其他综合收益——其他债权投资公允价值变动(或贷)

（账面余额）

贷(借)：投资收益

② 借：其他综合收益——信用减值准备

贷：投资收益

或做相反分录。

【例1-8】 20×3年1月1日，A公司(制造业企业)支付价款1 000万元(含交易费用)，从公开市场购入B公司同日发行的5年期公司债券12 500份，债券票面价值总额为1 250万元，票面年利率为4.72%，于年末支付本年度债券利息(即每年利息为59万元)，本金在债券到期时一次性偿还。合同约定，该债券的发行方在遇到特定情况时可以将债券赎回不需要为提前赎回支付额外款项。A公司在购买该债券时，预计发行方不会提前赎回。A公司根据其管理该债券的业务模式和该债券的合同现金流量特征，将该债券分类为以公允价值计量且其变动计入其他综合收益的金融资产。其他资料如下：

(1) 20×3年12月31日，乙公司债券的公允价值为1 200万元(不含利息)。

(2) 20×4年12月31日，乙公司债券的公允价值为1 300万元(不含利息)。

(3) 20×5年12月31日，乙公司债券的公允价值为1 250万元(不含利息)。

(4) 20×6年12月31日，乙公司债券的公允价值为1 200万元(不含利息)。

(5) 20×7年1月20日，通过公开市场出售了乙公司债券12 500份，取得价款1 260万元。

【解析】

假定不考虑所得税、减值等因素，计算该债券的实际利率 r：

$59 \times (1+r)^{-1} + 59 \times (1+r)^{-2} + 59 \times (1+r)^{-3} + 59 \times (1+r)^{-4} + (59+1\,250) \times (1+r)^{-5} = 1\,000$ (万元)

采用插值法，计算得出 $r=10\%$。

根据表1-6中的数据A公司的有关账务处理如下。

表1-6 各年公允价值变动表　　　　　　单位：万元

日 期	现金流入(A)	实际利息收入(B=期初D×10%)	已收回的本金(C=A-B)	摊余成本余额(D=期初D-C)	公允价值(E)	公允价值变动额(F=E-D-期初G)	公允价值变动累计金额(G=期初G+F)
20×3年1月1日				1 000	1 000	0	0
20×3年12月31日	59	100	-41	1 041	1 200	159	159
20×4年12月31日	59	104	-45	1 086	1 300	55	214
20×5年12月31日	59	109	-50	1 136	1 250	-100	114
20×6年12月31日	59	113	-54	1 190	1 200	-104	10

(1) 20×3年1月1日，购入B公司债券。

借：其他债权投资——成本　　　　　　　　　　　　　　　　　12 500 000
　　贷：银行存款　　　　　　　　　　　　　　　　　　　　　10 000 000
　　　　其他债权投资——利息调整　　　　　　　　　　　　　　2 500 000

(2) 20×3年12月31日，确认B公司债券实际利息收入、公允价值变动、收到债券利息。

借：应收利息　　　　　　　　　　　　　　　　　　　　　　　　590 000
　　其他债权投资——利息调整　　　　　　　　　　　　　　　　410 000
　　贷：投资收益　　　　　　　　　　　　　　　　　　　　　1 000 000
借：银行存款　　　　　　　　　　　　　　　　　　　　　　　　590 000
　　贷：应收利息　　　　　　　　　　　　　　　　　　　　　　590 000
借：其他债权投资——公允价值变动　　　　　　　　　　　　　1 590 000
　　贷：其他综合收益——其他债权投资公允价值变动　　　　　1 590 000

(3) 20×4年12月31日，确认B公司债券实际利息收入，公允价值变动，收到债券利息。

借：应收利息　　　　　　　　　　　　　　　　　　　　　　　　590 000
　　其他债权投资——利息调整　　　　　　　　　　　　　　　　450 000
　　贷：投资收益　　　　　　　　　　　　　　　　　　　　　1 040 000
借：银行存款　　　　　　　　　　　　　　　　　　　　　　　　590 000
　　贷：应收利息　　　　　　　　　　　　　　　　　　　　　　590 000
借：其他债权投资——公允价值变动　　　　　　　　　　　　　　550 000
　　贷：其他综合收益——其他债权投资公允价值变动　　　　　　550 000

(4) 20×5年12月31日，确认B公司债券实际利息收入，公允价值变动收到债券利息。

借：应收利息　　　　　　　　　　　　　　　　　　　　　　　　590 000
　　其他债权投资——利息调整　　　　　　　　　　　　　　　　500 000
　　贷：投资收益　　　　　　　　　　　　　　　　　　　　　1 090 000
借：银行存款　　　　　　　　　　　　　　　　　　　　　　　　590 000
　　贷：应收利息　　　　　　　　　　　　　　　　　　　　　　590 000
借：其他综合收益——其他债权投资公允价值变动　　　　　　　1 000 000
　　贷：其他债权投资——公允价值变动　　　　　　　　　　　1 000 000

(5) 20×5年12月31日，确认B公司债券实际利息收入，公允价值变动，收到银行利息。

借：应收利息　　　　　　　　　　　　　　　　　　　　　　　　590 000
　　其他债权投资——利息调整　　　　　　　　　　　　　　　　540 000
　　贷：投资收益　　　　　　　　　　　　　　　　　　　　　1 130 000
借：银行存款　　　　　　　　　　　　　　　　　　　　　　　　590 000

贷：应收利息	590 000
借：其他综合收益——其他债权投资公允价值变动	1 040 000
贷：其他债权投资——公允价值变动	1 040 000

(6) 20×7年1月20日，确认出售B公司债券实现的损益。

借：银行存款	12 600 000
其他综合收益——其他债权投资公允价值变动	100 000
其他债权投资——利息调整	600 000
贷：其他债权投资——成本	12 500 000
——公允价值变动	100 000
投资收益	700 000

【例1-9】 A公司于20×7年12月15日购入一项公允价值为1 000万元的债务工具，归类为以公允价值计量且其变动计入其他综合收益的金融资产。该工具合同期限为10年，年利率为5%，实际利率也为5%。20×7年12月31日，由于市场利率变动，该债务工具的公允价值跌至950万元，A公司计提信用减值损失30万元。为简化起见，本例不考虑利息。

20×8年1月1日，A公司决定以当日的公允价值950万元出售该债务工具。假定不考虑其他因素。

【解析】

A公司的相关账务处理如下。

(1) 购入该工具时。

借：其他债权投资——成本	10 000 000
贷：银行存款	10 000 000

(2) 20×7年12月31日。

借：信用减值损失	300 000
其他综合收益——其他债权投资公允价值变动	500 000
贷：其他债权投资——公允价值变动	500 000
其他综合收益——信用减值准备	300 000

(3) 20×8年1月1日。

借：银行存款	9 500 000
投资收益	200 000
其他综合收益——信用减值损失	300 000
其他债券投资——公允价值变动	500 000
贷：其他综合收益——其他债权投资公允价值变动	500 000
其他债权投资——成本	10 000 000

▶ 4. 以公允价值计量且其变动计入当期损益的金融资产的会计处理

以公允价值计量且其变动计入当期损益的金融资产的会计处理，着重于反映该类金融资产公允价值的变化，以及对企业财务状况和经营成果的影响。

相关的账务处理如下。

（1）企业取得以公允价值计量且其变动计入当期损益的金融资产，按其公允价值，借记"交易性金融资产——成本"科目，按发生的交易费用，借记"投资收益"科目，按已到付息期但尚未领取的利息或已宣告但尚未发放的现金股利，借记"应收利息"或"应收股利"科目，按实际支付的金额，贷记"银行存款"等科目。

借：交易性金融资产——成本　　　　　　（按公允价值）
　　投资收益　　　　　　　　　　　　　（交易费用）
　　应收股利　　　　　　　　　　　　　（已宣告尚未发放的现金股利）
　　应收利息　　　　　　　　　　　　　（已到付息期但尚未领取的利息）
　　贷：银行存款　　　　　　　　　　　（实际支付的金额）

（2）以公允价值计量且其变动计入当期损益的金融资产持有期间收到被投资单位发放的现金股利，或在资产负债表日按分期付息、一次还本债券投资的票面利率计算的利息，或上述股利或利息已宣告但未发放，借记"库存现金""银行存款""应收股利""应收利息"等科目，贷记"投资收益"科目。

① 告或到期时。
借：应收股利
　　应收利息
　　贷：投资收益

② 收到时。
借：银行存款等
　　贷：应收股利
　　　　应收利息

（3）资产负债表日，以公允价值计量且其变动计入当期损益的金融资产的公允价值高于其账面余额的差额，借记"交易性金融资产——公允价值变动"科目，贷记"公允价值变动损益"科目。公允价值低于其账面余额的差额做相反的会计分录。

借：交易性金融资产——公允价值变动　　（按高于账面的差额）
　　贷：公允价值变动损益

或低于账面做相反会计分录。

（4）出售以公允价值计量且其变动计入当期损益的金融资产，应按实际收到的金额，借记"银行存款"等项目，按该金融资产的账面余额，贷记"交易性金融资产——成本"科目，贷记或借记"交易性金融资产——公允价值变动"等科目，按其差额，贷记或借记"投资收益"科目。

借：银行存款　　　　　　　　　　　　　（实际收到金额）
　　贷：交易性金融资产——成本　　　　（账面余额）
　　　　　　　　　　——公允价值变动（或贷）　（账面余额）
　　贷（借）：投资收益　　　　　　　　（差额）

▶ 5. 指定为以公允价值计量且其变动计入其他综合收益的非交易性权益工具投资的会计处理

指定为以公允价值计量且其变动计入其他综合收益的非交易性权益工具投资的会计处理，与归类为以公允价值计量且其变动计入其他综合收益的金融资产的会计处理有相同之处，但也有明显不同。相同之处在于，公允价值的后续变动计入其他综合收益。不同之处在于，指定为以公允价值计量且其变动计入其他综合收益的非交易性权益工具投资不须计提减值准备，除了获得的股利收入（作为投资成本部分收回的股利收入除外）计入当期损益之外，其他相关的利得和损失（包括汇兑损益）均应计入其他综合收益，且后续不得转入损益；当终止确认时，之前计入其他综合收益的累计利得或损失应当从其他综合收益中转出，计入留存收益。

相关的账务处理如下。

(1) 企业取得指定为以公允价值计量且其变动计入其他综合收益的非交易性权益工具投资，应按该投资的公允价值与交易费用之和，借记"其他权益工具投资——成本"科目，按支付的价款中包含的已宣告但尚未发放的现金股利，借记"应收股利"科目，按实际支付的金额，贷记"银行存款"等科目。

借：其他权益工具投资——成本　　　　（公允价值与交易费用之和）
　　应收股利　　　　　　　　　　　　（已宣告尚未发放的股利）
　贷：银行存款　　　　　　　　　　　　（实际支付的金额）

(2) 资产负债表日，指定为以公允价值计量且其变动计入其他综合收益的非交易性权益工具投资的公允价值高于其账面余额的差额，借记"其他权益工具投资——公允价值变动"科目，贷记"其他综合收益——其他权益工具投资公允价值变动"科目。公允价值低于其账面余额的差额做相反的会计分录。

借：其他权益工具投资——公允价值变动　　（高于账面余额的差额）
　贷：其他综合收益——其他权益工具投资公允价值变动

低于账面余额做相反会计分录。

(3) 出售指定为以公允价值计量且其变动计入其他综合收益的非交易性权益工具投资，应按实际收到的金额，借记"银行存款"等科目，按其账面余额，贷记"其他权益工具投资——成本、公允价值变动"科目，按应从其他综合收益中转出的公允价值累计变动额，借记或贷记"其他综合收益——其他权益工具投资公允价值变动"科目，将其差额转入留存收益。

借：银行存款　　　　　　　　　　　　　　　（实际收到的金额）
　贷：其他权益工具投资——成本、公允价值变动　　（账面余额）
　　留存收益（盈余公积、未分配利润）　　　　（差额）
　贷（借）：其他综合收益——其他权益工具投资公允价值变动　（累计变动额）

【例1-10】 20×6年5月6日，A公司支付价款1 016万元（含交易费用1万元和已宣告发放现金股利15万元），购入B公司发行的股票200万股，占B公司有表决权股份的0.5%。A公司将其指定为以公允价值计量且其变动计入其他综合收益的非交易性权益工具投资。

20×6年5月10日，A公司收到B公司发放的现金股利15万元。

20×6年6月30日，该股票市价为每股5.2元。

20×6年12月31日，A公司仍持有该股票；当日，该股票市价为每股5元。

20×7年5月9日，B公司宣告发放股利4 000万元。

20×7年5月13日，A公司收到B公司发放的现金股利。

20×7年5月20日，A公司由于某特殊原因，以每股4.9元的价格将股票全部转让。

【解析】

假定不考虑其他因素，A公司的账务处理如下。

(1) 20×6年5月6日，购入股票。

借：应收股利　　　　　　　　　　　　　　　　　　　　　　　150 000
　　其他权益工具投资——成本　　　　　　　　　　　　　　　10 010 000
　　　贷：银行存款　　　　　　　　　　　　　　　　　　　　10 160 000

(2) 20×6年5月10日，收到现金股利。

借：银行存款　　　　　　　　　　　　　　　　　　　　　　　150 000
　　　贷：应收股利　　　　　　　　　　　　　　　　　　　　150 000

(3) 20×6年6月30日，确认股票价格变动。

借：其他权益工具投资——公允价值变动　　　　　　　　　　　390 000
　　　贷：其他综合收益——其他权益工具投资公允价值变动　　390 000

(4) 20×6年12月31日，确认股票价格变动。

借：其他综合收益——其他权益工具投资公允价值变动　　　　　400 000
　　　贷：其他权益工具投资——公允价值变动　　　　　　　　400 000

(5) 20×7年5月9日，确认应收现金股利。

借：应收股利　　　　　　　　　　　　　　　　　　　　　　　200 000
　　　贷：投资收益　　　　　　　　　　　　　　　　　　　　200 000

(6) 20×7年5月13日，收到现金股利。

借：银行存款　　　　　　　　　　　　　　　　　　　　　　　200 000
　　　贷：应收股利　　　　　　　　　　　　　　　　　　　　200 000

(7) 20×7年5月20日，出售股票。

借：留存收益　　　　　　　　　　　　　　　　　　　　　　　10 000
　　　贷：其他综合收益——其他权益工具投资公允价值变动　　10 000

借：银行存款　　　　　　　　　　　　　　　　　　　　　　　9 800 000
　　其他权益工具投资——公允价值变动　　　　　　　　　　　10 000
　　留存收益　　　　　　　　　　　　　　　　　　　　　　　200 000
　　　贷：其他权益工具投资——成本　　　　　　　　　　　　10 010 000

▶6. 金融资产之间重分类的会计处理

(1) 以摊余成本计量的金融资产的重分类。

① 企业将一项以摊余成本计量的金融资产重分类为以公允价值计量且其变动计入当

期损益的金融资产的,应当按照该金融资产在重分类日的公允价值进行计量。原账面价值与公允价值之间的差额计入当期损益。

② 企业将一项以摊余成本计量的金融资产重分类为以公允价值计量且其变动计入其他综合收益的金融资产的,应当按照该金融资产在重分类日的公允价值进行计量。原账面价值与公允价值之间的差额计入其他综合收益。该金融资产重分类不影响其实际利率预期信用损失的计量。

【例1-11】 20×6年10月15日,A银行以公允价值1 000 000元购入一项债券投资,并按规定将其归类为以摊余成本计量的金融资产,该债券的账面余额为1 000 000元。20×7年10月15日,A银行变更了其管理债券投资组合的业务模式,其变更符合重分类的要求,因此,A银行于20×8年1月1日将该债券从以摊余成本计量重分类为以公允价值计量且其变动计入当期损益。20×8年1月1日,该债券的公允价值为990 000元,已确认的信用减值准备为6 000元。假设不考虑该债券的利息收入。

【解析】
A银行的会计处理如下。

借:交易性金融资产　　　　　　　　　　　　　　　　　　　990 000
　　债权投资减值准备　　　　　　　　　　　　　　　　　　　6 000
　　公允价值变动损益　　　　　　　　　　　　　　　　　　　4 000
　贷:债权投资　　　　　　　　　　　　　　　　　　　　　1 000 000

(2) 以公允价值计量且其变动计入其他综合收益的金融资产的重分类。

① 企业将一项以公允价值计量且其变动计入其他综合收益的金融资产重分类为以摊余成本计量的金融资产的,应当将之前计入其他综合收益的累计利得或损失转出,调整该金融资产在重分类日的公允价值,并以调整后的金额作为新的账面价值,视同该金融资产一直以摊余成本计量。该金融资产重分类不影响其实际利率和预期信用损失的计量。

② 企业将一项以公允价值计量且其变动计入其他综合收益的金融资产重分类为以公允价值计量且其变动计入当期损益的金融资产的,应当继续以公允价值计量该金融资产;同时,企业应当将之前计入其他综合收益的累计利得或损失从其他综合收益转入当期损益。

【例1-12】 20×6年9月15日,A银行以公允价值1 000 000元购入一项债券投资,并按规定将其归类为以公允价值计量且其变动计入其他综合收益的金融资产,该债券的账面余额为500 000元。20×7年10月15日,A银行变更了其管理债券投资组合的业务模式,其变更符合重分类的要求,因此,A银行于20×8年1月1日将该债券从以公允价值计量且其变动计入其他综合收益的金融资产重分类为以摊余成本计量的金融资产。20×8年1月1日,该债券的公允价值为990 000元,已确认的信用减值准备为60 000元。假设不考虑利息收入。

【解析】
A银行的会计处理如下。

借:债权投资　　　　　　　　　　　　　　　　　　　　　1 000 000

其他债权投——公允价值变动		10 000
其他综合收益——信用减值准备		60 000
贷：其他债权投资——成本		1 000 000
其他综合收益——其他债权投资公允价值变动		10 000
债权投资减值准备		60 000

（3）以公允价值计量且其变动计入当期损益的金融资产的重分类。

① 企业将一项以公允价值计量且其变动计入当期损益的金融资产重分类为以摊余成本计量的金融资产的，应当以其在重分类日的公允价值作为新的账面余额。

② 企业将一项以公允价值计量且其变动计入当期损益的金融资产重分类为以公允价值计量且其变动计入其他综合收益的金融资产的，应当继续以公允价值计量该金融资产。

【重要提示】对以公允价值计量且其变动计入当期损益的金融资产进行重分类的，企业应当根据该金融资产在重分类日的公允价值确定其实际利率。同时，企业应当自重分类日起对该金融资产适用金融工具减值的相关规定，并将重分类日视为初始确认日。

本章知识点小结

1. 四大类金融资产

（1）以公允价值计量且其变动计入当期损益的金融资产；

（2）以摊余成本计量的金融资产；

（3）以公允价值计量且其变动计入其他综合收益的金融资产。

金融资产的分类，在很大程度上是考虑金融资产的持有意图。

2. 以公允价值计量且其变动计入当期损益的金融资产

满足下列条件之一的，应当划分为交易性金融资产：

（1）取得该金融资产的目的，主要是近期内出售或回购，比如企业购买的基金、股票、债券等；

（2）属于进行集中管理的可辨认金融工具组合的一部分，且有客观证据表明企业近期采用短期获利方式对该组合进行管理；

（3）属于衍生工具。

3. 以公允价值计量且其变动计入当期损益的金融资产的会计处理

取得时，初始入账金额包括买价，但不包括相关交易费用。发生的相关费用，直接计入当期损益。在购买价格中包含的已宣告发放但尚未支取的股利或已经形成但尚未领取的利息，应当单独确认为应收股利或应收利息。

4. 以摊余成本计量的金融资产

（1）一次还本分期付息、一次还本付息的债券投资；

（2）按摊余成本计量的贷款、应收账款等。

5. 以摊余成本计量的金融资产的会计处理

以摊余成本计量的金融资产应当采用实际利率法进行核算，在签订金融资产买卖合同各方之间支付或收取的、属于实际利率组成部分的各项费用、交易费用及溢价或折价等，应当在确定实际利率时予以考虑。

6. 以公允价值计量且其变动计入其他综合收益的金融资产的会计处理

以公允价值计量且其变动计入其他综合收益的金融资产按公允价值进行后续计量。该金融资产所产生的利得或损失，除了减值损失或利得和汇兑损益之外，均应当计入其他综合收益，直至该金融资产终止确认或被重分类。

以公允价值计量且其变动计入其他综合收益的金融资产其交易费用计入成本。

7. 金融资产之间重分类的会计处理

（1）以摊余成本计量的金融资产重分类为以公允价值计量且其变动计入当期损益的金融资产的，应当按照该金融资产在重分类日的公允价值进行计量。原账面价值与公允价值之间的差额计入当期损益。

（2）以摊余成本计量的金融资产重分类为以公允价值计量且其变动计入其他综合收益的金融资产，应当按照该金融资产在重分类日的公允价值进行计量。原账面价值与公允价值之间的差额计入其他综合收益。

（3）以公允价值计量且其变动计入其他综合收益的金融资产重分类为以摊余成本计量的金融资产的，应当将之前计入其他综合收益的累计利得或损失转出，调整该金融资产在重分类日的公允价值，并以调整后的金额作为新的账面价值，视同该金融资产一直以摊余成本计量。

（4）以公允价值计量且其变动计入其他综合收益的金融资产重分类为以公允价值计量且其变动计入当期损益的金融资产的，应当继续以公允价值计量该金融资产；同时，企业应当将之前计入其他综合收益的累计利得或损失从其他综合收益转入当期损益。

| 课后训练题 |

一、单项选择题

1. 甲股份有限公司于2020年4月1日购入面值为1 000万元的3年期债券，并划分为以摊余成本计量的金融资产，实际支付的价款为1 500万元，其中包含已到付息期但尚未领取的债券利息20万元，另支付相关税费10万元。该项债投资的初始入账金额为（　　）万元。

　　A. 1 510　　　　　　B. 1 490　　　　　　C. 1 500　　　　　　D. 1 520

2. 2020年1月1日，甲公司自证券市场购入面值总额为2 000万元的债券。购入时实际支付价款2 078.98万元，另外支付交易费用10万元。该债券发行日为2020年1月1日，系分期付息、到期还本债券，期限为5年，票面年利率为5%，实际年利率为4%，次年1月10日，支付上年利息。甲公司将该债券作为以摊余成本计量的金融资产核算。假定不考虑其他因素，该债权投资2020年12月31日的未来现金流量现值为1 900万元，则2021年12月31日应确认的利息收入为（　　）万元。

　　A. 76　　　　　　B. 172.54　　　　　　C. 2 072.54　　　　　　D. 2 083.43

3. 企业购入一项以公允价值计量且其变动计入当期损益的金融资产，支付的价款为206万元，其中包含已到期但尚未领取的利息6万元，另支付交易费用4万元。该项金融资产的入账价值为（　　）万元。

　　A. 206　　　　　　B. 200　　　　　　C. 204　　　　　　D. 210

4. 甲公司于2020年1月1日，购入面值为100万元，年利率为4%的A债券，支付价款为104万元（含已宣告尚未发放的利息4万元），另外支付交易费用0.5万元。甲公司将该项金融资产划分为以公允价值计量且其变动计入当期损益的金融资产。2020年1月5日，收到购买时价款中所含的利息4万元；2020年12月31日，A债券的公允价值为106万元；2021年1月5日，收到A债券2020年度的利息4万元；2021年4月20日，甲公司出售A债券，售价为108万元。甲公司出售A债券时确认投资收益的金额为（　　）万元。

　　A. 2　　　　　　　B. 6　　　　　　　C. 8　　　　　　　D. 1.5

5. 甲公司于2020年12月25日支付价款2 060万元（含已宣告但尚未发放的现金股利60万元）取得一项债券投资，另支付交易费用10万元，划分为以公允价值计量且其变动计入其他综合收益的金融资产。2020年12月28日，收到利息60万元。2020年12月31日，该项债券投资的公允价值为2 105万元。假定债券票面利率与实际利率相等，不考虑所得税等其他因素。甲公司2020年因该项金融资产应直接计入其他综合收益的金额为（　　）万元。

　　A. 95　　　　　　 B. 105　　　　　　C. 115　　　　　　D. 125

6. 2020年6月1日，企业将债权投资重分类为其他债权投资，重分类日该项金融资产的公允价值为700万元，账面价值为680万元；2020年6月20日，企业将该其他债权投资出售，所得价款为730万元，则出售时确认的投资收益为（　　）万元。

　　A. 30　　　　　　 B. 20　　　　　　 C. 50　　　　　　 D. 80

7. 甲公司于2020年2月10日购入某上市公司股票10万股，每股价格为15元（其中包含已宣告但尚未发放的现金股利每股0.5元），甲公司购入的股票暂不准备随时变现，直接指定为以公允价值计量且其变动计入其他综合收益的金融资产，甲公司购买该股票另支付手续费等10万元，则甲公司该项投资的入账价值为（　　）万元。

　　A. 145　　　　　　B. 150　　　　　　C. 155　　　　　　D. 160

8. 资产负债表日，其他权益工具投资的公允价值发生暂时性下跌，账务处理时，贷记"其他权益工具投资——公允价值变动"科目，应借记的科目是（　　）。

　　A. 营业外支出　　　B. 信用减值损失　　C. 其他综合收益　　D. 投资收益

9. 出售其他权益工具投资时，应按实际收到的金额，借记"银行存款"等科目，按其账面余额，贷记"其他权益工具投资"科目，按应从所有者权益中转出的公允价值累计变动额，借记或贷记"其他综合收益"科目，按其差额，计入（　　）。

　　A. 留存收益　　　　B. 资本公积　　　　C. 投资收益　　　　D. 营业外收入

10. 2020年12月11日，甲股份有限公司购入某股票20万股，直接指定为以公允价值计量且其变动计入其他综合收益的金融资产，购入时每股公允价值为17元，购买该股票另支付手续费等2.8万元。2020年年末,账面价值为408万元,包括成本342.8万元和公允价值变动65.2万元,企业于2021年6月2日以每股19.5元的价格将该股票全部出售,支付手续费12万元,假设该企业每年6月30日和12月31日对外提供财务报表,按净利润的10%提取盈余公积。则该业务对2021年半年度中期报表留存收益的影响是( )万元。

A. 35.2　　　　　B. 67.2　　　　　C. 30　　　　　D. 65.2

11. 就溢价发行债券的企业而言,所获债券溢价收入实质是( )。
A. 为以后少付利息而付出的代价　　B. 为以后多付利息而得到的补偿
C. 本期利息收入　　D. 以后期间的利息收入

12. 企业将债权投资重分类为其他债权投资,在重分类日该债券的公允价值为50万元,其账面余额为48万元(计提减值准备1万元)。不考虑其他因素,则该企业在重分类日应做的会计处理是( )。
A. 确认其他债权投资50万元　　B. 确认其他综合收益2万元
C. 确认投资收益2万元　　D. 确认其他债权投资48万元

二、多项选择题
1. 企业将金融资产划分为以摊余成本计量的金融资产时,需要符合的条件有( )。
A. 企业管理该金融资产的业务模式是以出售该金融资产为目标
B. 企业管理该金融资产的业务模式是以收取合同现金流量为目标
C. 企业管理该金融资产的业务模式是既以收取合同现金流量为目标又以出售该金融资产为目标
D. 该金融资产的合同条款规定,在特定日期产生的现金流量,仅为对本金和以未偿付本金金额为基础的利息的支付

2. 在下列各项中,关于债权投资处置的说法正确的有( )。
A. 处置时要将原确认的信用减值损失冲减
B. 按照处置价款与处置时点账面价值之间的差额计入利息收入
C. 处置时点要结转持有期间计提的减值准备
D. 摊余成本与账面价值相等

3. 关于以公允价值计量且其变动计入当期损益的金融资产的会计处理,下列各项表述正确的有( )。
A. 应当按照取得时的公允价值和相关的交易费用作为初始确认金额
B. 持有期间确认的利息或现金股利,应当确认为投资收益
C. 支付价款中包含已宣告但尚未发放的现金股利或已到期但尚未领取债券利息,应单独确认应收项目
D. 资产负债表日,企业应将其公允价值变动计入当期损益

4. 在下列各项资产中,取得时发生的交易费用应当计入初始入账价值的有( )。
A. 其他权益工具投资　　B. 交易性金融资产
C. 债权投资　　D. 其他债权投资

5. 处置金融资产时，下列会计处理方法不正确的有（　　）。

A. 处置其他债权投资时，原直接计入所有者权益的公允价值变动累计额不再调整

B. 企业收回或处置其他权益工具投资时，应将得价款与该金融资产账面价值之间差额计入投资收益

C. 处置债权投资时，应将取得价款与该投资账面价值之间的差额计入投资收益

D. 处置以公允价值计量且其变动计入当期损益的金融资产时，不需要调整原公允价值变动累计额

6. 在企业发生的下列事项中，不会影响"投资收益"科目金额的有（　　）。

A. 交易性金融资产在持有期间取得的现金股利

B. 交易性金融资产在期末确认的公允价值变动

C. 处置权益法核算的长期股权投资时，持有期间发生的其他权益变动金额

D. 取得其他债权投资发生的交易费用

7. 对于以摊余成本计量的金融资产，下列各项影响摊余成本的有（　　）。

A. 已偿还的本金

B. 初始确认金额与到期日金额之间的差额按实际利率法摊销形成的累计摊销额

C. 已计提的累计信用减值准备

D. 取得时所付价款中包含的应收未收利息

8. 预计资产未来现金流量现值时，对于折现率的预计，下列说法正确的有（　　）。

A. 折现率应当是反映当前市场货币时间价值和资产特定风险的税前利率

B. 折现率的确定应当首先以该资产的市场利率为依据

C. 企业在各个会计期间估计资产未来现金流量现值时均应当使用单一的折现率

D. 如果用于估计折现率的基础是税后的，则应当将其调整为税前的折现率

9. 下列事项须通过"其他综合收益"科目核算的有（　　）。

A. 可转换公司债券初始发行价格总额扣除负债成份初始确认金额后的金额

B. 债权投资重分类为其他债权投资时，重分类日该投资账面价值与公允价值之间的差额

C. 自用房地产转为采用公允价值模式计量的投资性房地产时，公允价值大于账面价值的差额

D. 交易性金融资产在资产负债表日的公允价值变动

10. 下列有关公允价值变动的账务处理，正确的有（　　）。

A. 资产负债表日，企业应按交易性金融资产的公允价值高于其账面余额的差额，借记"交易性金融资产——公允价值变动"科目，贷记"公允价值变动损益"科目

B. 资产负债表日，其他债权投资的公允价值高于其账面余额的差额，一般应借记"其他债权投资——公允价值变动"科目，贷记"其他综合收益"科目

C. 出售交易性金融资产时，将原计入该金融资产的公允价值变动转出，计入投资收益

D. 债权投资以摊余成本进行后续计量，不确认公允价值变动的金额

三、判断题

1. 企业对债权投资初始确认金额与到期日金额之间的差额既可以采用实际利率法进行摊销，也可采用直线法进行摊销。（ ）

2. 企业购入的债券投资如果作为交易性金融资产核算，在持有期间应当按照面值乘以票面利率计算的利息确认投资收益。（ ）

3. 处置交易性金融资产时，该金融资产的公允价值与处置时账面价值之间的差额应确认为投资收益。（ ）

4. 企业取得以公允价值计量且其变动计入其他综合收益的金融资产时，所支付的对价中包含的已宣告但尚未领取的债券利息，应当单独确认为应收项目进行处理。（ ）

5. 如果企业管理其金融资产的业务模式既以收取合同现金流量为目标，又有出售的动机，同时该金融资产的合同现金流量为本金及利息，则通常是将该金融资产归类为以公允价值计量且其变动计入当期损益的金融资产。（ ）

6. 处置其他债权投资时，应按取得的价款与原直接计入所有者权益的公允价值变动累计额对应处置部分的金额，与该金融资产账面价值之间的差额，确认为投资收益。（ ）

7. 其他债权投资与交易性金融资产不能随意重分类，但在满足一定条件下，可以重分类。（ ）

8. 如果企业管理其金融资产的业务模式既以收取合同现金流量为目标，又有出售的动机，同时该金融资产的合同现金流量为本金及利息，则通常是将该金融资产归类为以公允价值计量且其变动计入其他综合收益的金融资产。（ ）

四、计算分析题

A 公司于 2020 年 1 月 1 日从证券市场购入 B 公司 2019 年 1 月 1 日发行的债券，债券是 5 年期，票面年利率是 5%，每年 1 月 5 日支付上年度利息，到期日为 2024 年 1 月 1 日，到期日一次归还本金和最后一期利息。A 公司购入债券的面值为 1 000 万元，实际支付的价款是 1 005.35 万元，另外，支付相关的费用 10 万元，A 公司购入以后将其划分为以摊余成本计量的金融资产，购入债券实际利率为 6%，假定按年计提利息。

2020 年 12 月 31 日，B 公司发生财务困难，该债券的预计未来的现金流量的现值为 930 万元（不属于暂时性的公允价值变动）。

2021 年 1 月 2 日，A 公司将该以摊余成本计量的金融资产重分类为以公允价值计量且其变动计入其他综合收益的金融资产，且其公允价值为 925 万元。

2021 年 2 月 20 日，A 公司以 890 万元的价格出售所持有的 B 公司债券。

其他资料：A 公司按 10% 提取盈余公积，不考虑其他因素。

要求：

(1) 编制 2020 年 1 月 1 日 A 公司购入债券时的会计分录。

(2) 编制 2020 年 1 月 5 日收到利息时的会计分录。

(3) 编制 2020 年 12 月 31 日确认利息收入的会计分录。

(4) 计算 2020 年 12 月 31 日应计提的减值准备的金额，并编制相应的会计分录。

(5) 编制 2021 年 1 月 2 日以摊余成本计量的金融资产重分类为以公允价值计量且其变

动计入其他综合收益的金融资产的会计分录。

（6）编制 2021 年 2 月 20 日出售债券的会计分录。

在线测试

第二章　投资性房地产

学习要点

投资性房地产的初始计量
投资性房地产的后续计量
投资性房地产的转换和处置

学习目标

通过本章的学习，了解投资性房地产的基本概念和特征，掌握投资性房地产的初始计量及后续支出的账务处理，掌握投资性房地产采用成本模式进行后续计量以及公允价值模式进行后续计量的会计处理规定，掌握成本模式进行后续计量时以及公允价值模式进行后续计量时，投资性房地产与其他资产之间的转换和处置的基本理论与方法。

第一节　投资性房地产概述

一、投资性房地产的定义与特征

投资性房地产，是指为赚取租金或资本增值，或者两者兼有而持有的房地产。投资性房地产应当能够单独计量和出售。投资性房地产具有以下特征。

（一）投资性房地产是一种经营性活动

投资性房地产的主要形式是出租建筑物、土地使用权，这实质上属于一种让渡资产使用权行为。房地产租金是指让渡资产使用权取得的使用费收入，是企业为完成其经营目标所从事的经营性活动以及与之相关的其他活动形成的经济利益总流入。投资性房地产的另一种形式是持有并准备增值后转让的土地使用权，尽管其增值收益通常与市场供求、经济发展等因素相关，但目的是增值后转让以赚取增值收益，也是企业为完成其经营目标所从事的经营性活动以及与之相关的其他活动形成的经济利益总流入。

（二）投资性房地产区别于作为生产经营场所的房地产和用于销售的房地产

企业持有的房地产除了用作自身管理、生产经营活动场所和对外销售之外，还涉及将房地产用于赚取租金或增值收益的活动，甚至成为个别企业的主营业务。这就需要将投资性房地产单独作为一项资产核算和反映，与自用的厂房、办公楼等房地产和作为存货（已建完工商品房）的房地产加以区别，从而更加清晰地反映企业所持有房地产的构成情况和盈利能力。

二、投资性房地产的定义与特征

投资性房地产主要包括已出租的土地使用权、持有并准备增值后转让的土地使用权和已出租的建筑物。

（一）属于投资性房地产的项目

▶ 1. 已出租的土地使用权

已出租的土地使用权，是指企业通过出让或转让方式取得并以经营租赁方式出租的土地使用权。企业取得土地使用权通常既包括在一级市场上以缴纳土地出让金的方式取得的土地使用权，也包括在二级市场上接受其他单位转让的土地使用权。对于租入土地使用权再转租给其他单位的或企业计划用于出租但尚未出租的土地使用权，均不能确认为投资性房地产。

【例 2-1】2021 年 5 月 5 日，甲公司与乙公司签订了一项租赁合同，约定自 2021 年 6 月 1 日起，甲公司以年租金 6 000 000 元租赁使用乙公司拥有的一块 300 000 平方米的场地，租赁期为 6 年。2021 年 8 月 1 日，甲公司又将这块场地转租给丙公司，以赚取租金差价，租赁期为 4 年。以上交易假设不违反国家有关规定。

【解析】

在本例中，对甲公司而言，这项土地使用权不能予以确认，也不属于其投资性房地产。对乙公司而言，自租赁期开始日（2021 年 6 月 1 日）起，这项土地使用权属于投资性房地产。

▶ 2. 持有并准备增值后转让的土地使用权

持有并准备增值后转让的土地使用权，是指企业通过出让或转让方式取得并准备增值后转让的土地使用权。这类土地使用权很可能为企业带来资本增值收益，符合投资性房地产的定义。按照国家有关规定认定的闲置土地，不属于持有并准备增值的土地使用权。

▶ 3. 已出租的建筑物

已出租的建筑物，是指企业拥有产权并出租的房屋等建筑物，包括自行建造或开发活动完成后用于出租的建筑物。企业在判断和确认已出租的建筑物时，应当把握以下要点。

（1）用于出租的建筑物是指企业拥有产权的建筑物，企业租入再转租的建筑物不属于投资性房地产。

【例 2-2】2019 年 6 月 20 日，甲公司与乙公司签订了一项租赁合同，乙公司将其拥有产权的一栋办公楼出租给甲公司，租赁期为 5 年。甲公司将这该办公楼改装后用于自行经营餐馆。由于连续 2 年亏损，甲公司把餐馆转租给丙公司，以赚取租金差价。

【解析】

在本例中，对甲公司而言，这栋楼属于租入后又转租的建筑物，甲公司可赚取租金差价但并不拥有其产权，因此不能将其确认为投资性房地产。乙公司拥有这栋楼的产权并以经营租赁方式对外出租赚取租金,可以将其确认为投资性房地产。

(2) 已出租的建筑物是企业已经与其他方签订了租赁协议,约定出租的建筑物,一般应自租赁协议规定的租赁日期开始,租出的建筑物才属于已出租的建筑物。在通常情况下,对企业持有以备经营出租的空置建筑物,只有企业管理当局(董事会或类似机构)作出正式书面决议,明确表明将其用于经营出租且持有意图短期内不再发生变化的,即使尚未签订租赁协议,也可视为投资性房地产。

(3) 企业将建筑物出租,按租赁协议向承租人提供的相关辅助服务在整个协议中不重大的,应当将该建筑物确认为投资性房地产。例如,企业将其办公楼出租,同时向承租人提供维护、保安等日常辅助服务,企业应当将其确认为投资性房地产。

如果某项房地产,部分用于赚取租金或资本增值,部分用于生产商品、提供劳务或经营管理,能够单独计量和出售的、用于赚取租金或资本增值的部分,应当确认为投资性房地产。

(二) 不属于投资性房地产的项目

▶ 1. 自用房地产

自用房地产即为生产商品、提供劳务或者经营管理而持有的房地产,包括自用建筑物和自用土地使用权。例如,企业出租给本企业职工居住的房屋;企业拥有并自行经营的旅馆饭店;企业自用的办公楼、生产车间厂房等。

▶ 2. 作为存货的房地产

作为存货的房地产是指房地产开发企业在正常经营过程中销售的或为销售而正在开发的商品房和土地。这份房地产属于房地产开发企业的存货,不属于投资性房地产。

如果某项房地产部分自用或作为存货出售,部分用于赚取租金或资本增值,能够单独计量和出售的、用于赚取租金或资本增值的部分,应当确认为投资性房地产;不能够单独计量和出售的、用于赚取租金或资本增值的部分以及该项房地产自用的部分,应当确认为固定资产(或无形资产、存货)。例如,甲开发商建造了一栋商住两用楼盘,一层租给一家大型超市,已签订经营租赁合同;其余楼层均为普通住宅,正在公开销售中。在这种情况下,如果一层商铺能够单独计量和出售,则应当确认为甲企业的投资性房地产,其余楼层为甲企业的存货,即开发产品。

第二节　投资性房地产的确认和初始计量

一、投资性房地产的确认和初始计量

将某项资产确认为投资性房地产,首先应当符合投资性房地产的定义,其次要同时满足以下投资性房地产的两个确认条件。

(1) 与该投资性房地产相关的经济利益很可能流入企业。

(2) 该投资性房地产的成本能够可靠地计量。

投资性房地产应当按照成本进行初始计量。

(一) 外购投资性房地产的确认条件和初始计量

企业外购的房地产,只有在购入的同时开始对外出租(自租赁期开始日起,下同)或用于资本增值,才能作为投资性房地产加以确认。外购投资性房地产的实际成本,包括购买价款、相关税费和可直接归属于该资产的其他支出。

在采用成本模式计量下,外购的土地使用权或建筑物,应按照取得时的实际成本进行初始计量,借记"投资性房地产"科目,贷记"银行存款"等科目。在采用公允价值模式计量下,企业应当在"投资性房地产"科目下设置"成本"和"公允价值变动"两个明细科目,按照外购的土地使用权或建筑物,借记"投资性房地产——成本"科目,贷记"银行存款"等科目。

(1) 成本模式

借:投资性房地产　　　　　　　　　　　　　　　　(实际成本)
　　贷:银行存款等

(2) 公允价值模式

借:投资性房地产——成本　　　　　　　　　　　　(实际成本)
　　贷:银行存款

【例 2-3】 安信公司于 2020 年 4 月 10 日支付 2 000 万元价款和 180 万元增值税购入了 1 200 平方米商业用房,取得增值税专用发票,当日将房屋出租。

【解析】

其账务处理如下。

借:投资性房地产　　　　　　　　　　　　　　　　20 000 000
　　应交税费——应交增值税(进项税额)　　　　　　1 800 000
　　贷:银行存款　　　　　　　　　　　　　　　　21 800 000

若企业购入房地产自用一段时间之后再改为出租或用于资本增值的,应当先将外购的房地产确认为固定资产或无形资产,自租赁期开始日或用于资本增值之日起才能从固定资产或无形资产转换为投资性房地产。

【例 2-4】 安信公司于 2020 年 7 月 1 日支付 1 000 万元土地出让金和 90 万元增值税取得一块土地使用权,取得增值税专用发票。使用期限 50 年,准备在该土地上建造办公楼。2021 年 1 月 1 日,该土地使用权出租,安信公司将无形资产转入投资性房地产,采用成本模式计量。

【解析】

其账务处理如下。

(1) 取得土地使用权时。

借:无形资产——土地使用权　　　　　　　　　　　10 000 000
　　应交税费——应交增值税(进项税额)　　　　　　 900 000
　　贷:银行存款　　　　　　　　　　　　　　　　10 900 000

(2) 2020 年年末摊销土地使用权时。

借:管理费用	100 000	
贷:累计摊销		100 000

(3) 将土地使用权用于出租时。

借:投资性房地产	10 000 000	
累计摊销	100 000	
贷:无形资产——土地使用权		10 000 000
投资性房地产累计摊销		100 000

(二) 自行建造投资性房地产的确认条件和初始计量

企业自行建造(或开发,下同)的房地产,只有在自行建造活动完成(即达到预定可使用状态)的同时开始对外出租或用于资本增值,才能将自行建造的房地产确认为投资性房地产。自行建造投资性房地产的成本由建造该项房地产达到预定可使用状态前发生的必要支出构成,包括土地开发费、建筑成本、安装成本、应予以资本化的借款费用、支付的其他费用和分摊的间接费用等。建造过程中发生的非正常性损失,直接计入当期损益,不计入建造成本。

采用成本模式进行后续计量的,应按照确定的自行建造投资性房地产成本,借记"投资性房地产"科目,贷记"在建工程"或"开发产品"科目。采用公允价值模式进行后续计量的,应按照确定的自行建造投资性房地产成本,借记"投资性房地产——成本"科目,贷记"在建工程"或"开发产品"科目。

账务处理如下。

(1) 成本模式

借:投资性房地产
　　贷:在建工程或开发产品

(2) 公允价值模式

借:投资性房地产——成本
　　贷:在建工程或开发产品

企业自行建造房地产达到预定可使用状态后一段时间才对外出租或用于资本增值的,应当先将自行建造的房地产确认为固定资产、无形资产或存货,自租赁期开始日或用于资本增值之日开始,从固定资产、无形资产或存货转换为投资性房地产。

二、与投资性房地产有关的后续支出

(一) 资本化的后续支出

与投资性房地产有关的后续支出,满足投资性房地产确认条件的,应当计入投资性房地产成本。例如,企业为了提高投资性房地产的使用效能,对投资性房地产进行改建、扩建而使其更加坚固耐用,或者通过装修而改善其室内装潢,改扩建或装修支出满足确认条件的,应当将其资本化。

企业对某项投资性房地产进行改扩建等再开发且将来仍作为投资性房地产的,在再开

与投资性房地产相关的后续支出

发期间应继续将其作为投资性房地产,在再开发期间不计提折旧或摊销。

采用成本模式计量的,投资性房地产进入改扩建或装修阶段后,应当将其账面价值转入改扩建工程。借记"投资性房地产——在建""投资性房地产累计折旧"等科目,贷记"投资性房地产"科目。发生资本化的改良或装修支出,通过"投资性房地产——在建"科目归集,借记"投资性房地产——在建"科目,贷记"银行存款""应付账款"等科目。改扩建或装修完成后,借记"投资性房地产"科目,贷记"投资性房地产——在建"科目。

采用公允价值模式计量的,投资性房地产进入改扩建或装修阶段,借记"投资性房地产——在建"科目,贷记"投资性房地产——成本""投资性房地产——公允价值变动(也可能在借方)"等科目;在改扩建或装修完成后,借记"投资性房地产——成本"科目,贷记"投资性房地产——在建"科目。

【例2-5】2020年3月,安信公司与乙公司的一项厂房经营租赁合同即将到期。该厂房按照成本模式进行后续计量,原价为2 000万元,已计提折旧600万元。为了提高厂房的租金收入,安信公司决定在租赁期满后对厂房进行改扩建,并与丙公司签订了经营租赁合同,约定自改扩建完工时将厂房出租给丙公司。3月8日,与乙公司的租赁合同到期,厂房随即进入改扩建工程阶段。12月10日,厂房改扩建工程完工,共发生支出150万元,即日按照租赁合同出租给丙企业。假设安信公司采用成本计量模式。

【解析】

在本例中,改扩建支出属于资本化的后续支出,应当计入投资性房地产的成本。

安信公司的账务处理如下。

(1) 2020年3月8日,投资性房地产转入改扩建工程

借:投资性房地产——厂房——在建　　　　　　　　　　　　14 000 000
　　投资性房地产累计折旧　　　　　　　　　　　　　　　　 6 000 000
　　贷:投资性房地产——厂房　　　　　　　　　　　　　　　20 000 000

(2) 2020年3月8日—12月10日

借:投资性房地产——厂房——在建　　　　　　　　　　　　 1 500 000
　　贷:银行存款　　　　　　　　　　　　　　　　　　　　　 1 500 000

(3) 2020年12月10日,改扩建工程完工

借:投资性房地产——厂房　　　　　　　　　　　　　　　　15 500 000
　　贷:投资性房地产——厂房——在建　　　　　　　　　　　15 500 000

【例2-6】2020年3月,安信公司与乙公司的一项厂房经营租赁合同即将到期。为了提高厂房的租金收入,安信公司决定在租赁期满后对厂房进行改扩建,并与丙公司签订了经营租赁合同,约定自改扩建完工时将厂房出租给丙企业。3月8日,与乙公司的租赁合同到期,厂房随即进入改扩建工程阶段。11月10日,厂房改扩建工程完工,共发生支出150万元,即日起按照租赁合同出租给丙公司。3月8日,厂房账面余额为1 200万元,其中成本1 000万元,累积公允价值变动200万元。假设安信公司采用公允价值计量模式。

【解析】

安信公司的账务处理如下。

(1) 2020年3月8日，投资性房地产转入改扩建工程

借：投资性房地产——厂房——在建　　　　　　　　　12 000 000
　　贷：投资性房地产——成本　　　　　　　　　　　　　10 000 000
　　　　　　　　　　——公允价值变动　　　　　　　　　　2 000 000

(2) 2020年3月8日—11月10日

借：投资性房地产——厂房——在建　　　　　　　　　 1 500 000
　　贷：银行存款　　　　　　　　　　　　　　　　　　　 1 500 000

(3) 2020年11月10日，改扩建工程完工

借：投资性房地产——成本　　　　　　　　　　　　　13 500 000
　　贷：投资性房地产——厂房——在建　　　　　　　　　13 500 000

（二）费用化的后续支出

与投资性房地产有关的后续支出不满足投资性房地产确认条件的，如企业对投资性房地产进行日常维护所发生的支出，应当在发生时计入当期损益，借记"其他业务成本"等科目，贷记"银行存款"等科目。

第三节　投资性房地产的后续计量

投资性房地产的后续计量有成本和公允价值两种模式，通常应当采用成本模式计量，满足特定条件时也可以采用公允价值模式计量。但是，同一企业只能采用一种模式对所有投资性房地产进行后续计量，不得同时采用两种计量模式。

投资性房地产的
后续计量

一、采用成本模式进行后续计量的投资性房地产

企业通常应当采用成本模式对投资性房地产进行后续计量。采用成本模式进行后续计量的投资性房地产，应当遵循以下会计处理规定。

(1) 按照固定资产或无形资产的有关规定，按期（月）计提折旧或摊销，借记"其他业务成本"等科目，贷记"投资性房地产累计折旧（摊销）"科目。

(2) 取得的租金收入，借记"银行存款"等科目，贷记"其他业务收入"等科目。

(3) 投资性房地产存在减值迹象的，适用资产减值的有关规定。经减值测试后确定发生减值的，应当计提减值准备，借记"资产减值损失"科目，贷记"投资性房地产减值准备"科目。已经计提减值准备的投资性房地产，其减值损失在以后的会计期间不得转回。

【重要提示】投资性房地产的折旧或摊销与固定资产或无形资产的相关规定一致。即：当期增加的投资性房地产（建筑物）当期不提折旧，当期减少的投资性房地产（建筑物）当期照提折旧；当期增加的投资性房地产（土地使用权）当期开始摊销，当期减少的投资性房地产（土地使用权）当期停止摊销。

【例2-7】　安信公司将一栋办公楼出租给乙公司使用，确认为投资性房地产，采用成

本模式进行后续计量。假设这栋办公楼的成本为1 800万元,按照年限平均法计提折旧,使用寿命为20年,预计净残值为0。经营租赁合同约定,乙公司每月等额支付安信公司租金8万元,增值税税额0.72万元。

【解析】
安信公司账务处理如下。
(1) 每月计提折旧
每月计提的折旧＝1800÷20÷12＝7.5(万元)
借:其他业务成本　　　　　　　　　　　　　　　　　　　　　　75 000
　　贷:投资性房地产累计折旧　　　　　　　　　　　　　　　　　　75 000
(2) 确认租金收入时
借:银行存款(或其他应收款)　　　　　　　　　　　　　　　　　87 200
　　贷:其他业务收入　　　　　　　　　　　　　　　　　　　　　　80 000
　　　　应交税费——应交增值税(销项税额)　　　　　　　　　　　　7 200

二、采用公允价值模式进行后续计量的投资性房地产

只有存在确凿证据表明投资性房地产的公允价值能够持续可靠取得的情况下,企业才可以采用公允价值模式对投资性房地产进行后续计量。企业一旦选择采用公允价值计量模式,就应当对其所有投资性房地产均采用公允价值模式进行后续计量。

(一) 采用公允价值模式计量的条件

采用公允价值模式进行后续计量的投资性房地产,应当同时满足以下两个条件。

(1) 投资性房地产所在地有活跃的房地产交易市场。所在地通常是指投资性房地产所在的城市。对于大中型城市,应当为投资性房地产所在的城区。

(2) 企业能够从活跃的房地产交易市场上取得同类或类似房地产的市场价格及其他相关信息,从而对投资性房地产的公允价值做出合理的估计。

同类或类似的房地产,对建筑物而言,是指所处地理位置和地理环境相同、性质相同、结构类型相同或相近、新旧程度相同或相近、可使用状况相同或相近的建筑物;对土地使用权而言,是指同一位置区域、所处地理环境相同或相近、可使用状况相同或相近的土地。

企业可以参照活跃市场上同类或类似房地产的现行市场价格(市场公开报价)确定投资性房地产的公允价值;无法取得同类或类似房地产现行市场价格的,既可以参照活跃市场上同类或类似房地产的最近交易价格,并考虑交易情况、交易日期、所在区域等因素予以确定,也可以基于预计未来获得的租金收益和相关现金流量予以估计。

(二) 采用公允价值模式进行后续计量的会计处理规定

采用公允价值模式进行后续计量的投资性房地产,应当遵循以下会计处理规定。

(1) 不对投资性房地产计提折旧或摊销。企业应当以资产负债表日投资性房地产的公允价值为基础调整其账面价值,公允价值与原账面价值之间的差额计入当期损益。

资产负债表日投资性房地产的公允价值高于原账面价值的差额,借记"投资性房地

产——公允价值变动"科目,贷记"公允价值变动损益"科目;公允价值低于原账面价值的差额,做相反的账务处理。

(2) 取得的租金收入,借记"银行存款"等科目,贷记"其他业务收入"等科目。

【例 2-8】 2020 年 10 月,安信公司与乙公司签订租赁协议,约定将安信公司开发的一栋精装修的写字楼租赁给乙公司使用,租赁期为 10 年。12 月 1 日,该写字楼开始起租,写字楼的造价为 9 000 万元。12 月 31 日,该写字楼的公允价值为 9 200 万元。假设安信公司采用公允价值计量模式。

【解析】

安信公司的账务处理如下。

(1) 2020 年 12 月 1 日,安信公司出租写字楼。

借:投资性房地产——写字楼——成本　　　　　　　　　　　90 000 000
　　贷:固定资产——写字楼　　　　　　　　　　　　　　　90 000 000

(2) 2020 年 12 月 31 日,按照公允价值为基础调整其账面价值,公允价值与原账面价值之间的差额计入当期损益。

借:投资性房地产——写字楼——公允价值变动　　　　　　　2 000 000
　　贷:公允价值变动损益　　　　　　　　　　　　　　　　2 000 000

三、投资性房地产后续计量模式的变更

为保证会计信息的可比性,企业对投资性房地产的计量模式一经确定,不得随意变更。只有在房地产市场比较成熟、能够满足采用公允价值模式条件的情况下,才允许企业对投资性房地产从成本模式计量变更为公允价值模式计量。成本模式转为公允价值模式的,应当作为会计政策变更处理,将计量模式变更时公允价值与账面价值的差额,调整期初留存收益。已采用公允价值模式计量的投资性房地产,不得从公允价值模式转为成本模式。

企业变更投资性房地产计量模式,符合《企业会计准则第 3 号——投资性房地产》规定的,应当按照计量模式变更日投资性房地产的公允价值,借记"投资性房地产——成本"科目,按照已计提的折旧或摊销,借记"投资性房地产累计折旧(摊销)"科目;原已计提减值准备的,借记"投资性房地产减值准备"科目,按照原账面余额,贷记"投资性房地产"科目,按照公允价值与其账面价值之间的差额贷记或借记"利润分配——未分配利润""盈余公积"等科目。

【例 2-9】 安信公司与乙公司签订租赁协议,约定将安信公司一栋写字楼租赁给乙公司使用,并一直采用成本模式进行后续计量。2020 年 12 月 1 日,安信公司认为出租给乙公司使用的写字楼其所在地的房地产交易市场比较成熟,具备了公允价值模式计量的条件,决定对该项投资性房地产从成本模式计量转换成为公允价值模式计量。该写字楼造价为 9 000 万元,已计提折旧 270 万元,账面价值为 8 730 万元。2020 年 12 月 1 日,该写字楼的公允价值为 9 500 万元。假设安信公司按净利润的 10% 计提盈余公积。

【解析】

其账务处理如下。

借：投资性房地产——写字楼——成本 95 000 000
　　投资性房地产累计折旧 2 700 000
　贷：投资性房地产——写字楼 90 000 000
　　利润分配——未分配利润 6 930 000
　　盈余公积 770 000

第四节　投资性房地产的转换和处置

一、投资性房地产的转换

（一）投资性房地产的转换形式和转换日

房地产的转换是指房地产用途的变更。企业必须有确凿证据表明房地产用途发生改变，且满足下列条件之一的，才能将投资性房地产转换为其他资产或者将其他资产转换为投资性房地产。

投资性房地产的转换

（1）投资性房地产开始自用，即将投资性房地产转为自用房地产。在此种情况下，转换日为房地产达到自用状态，企业开始将其用于生产商品、提供劳务或者经营管理的日期。

（2）作为存货的房地产改为出租，通常是指房地产开发企业将其持有的开发产品以经营租赁的方式出租，存货相应地转换为投资性房地产。在此种情况下，转换日为房地产的租赁期开始日。

（3）自用建筑物停止自用改为出租。即企业将原本用于生产商品、提供劳务或者经营管理的房地产改用于出租，固定资产相应地转换为投资性房地产。在此种情况下，转换日为租赁期开始日。

（4）自用土地使用权停止自用，改用于赚取租金或资本增值。即企业将原本用于生产商品、提供劳务或者经营管理的土地使用权改用于赚取租金或资本增值，该土地使用权相应地转换为投资性房地产。在此种情况下，转换日为自用土地使用权停止自用后，确定用于赚取租金或资本增值的日期。

（5）房地产企业将用于经营出租的房地产重新开发用于对外销售，从投资性房地产转为存货。在这种情况下，转换日为租赁期满，企业董事会或类似机构做出书面决议明确表明将其重新开发用于对外销售的日期。

（二）房地产转换的会计处理

▶1. 成本模式进行后续计量的转换

1）投资性房地产转换为自用房地产

企业将采用成本模式计量的投资性房地产转换为自用房地产时，应当按该项投资性房地产在转换日的账面余额、累计折旧、减值准备等，分别转入"固定资产""累计折旧""固定资产减值准备"等科目。按其账面余额，借记"固定资产"或"无形资产"科目，贷记"投资性房地产"科目；按已计提的折旧或摊销，借记"投资性房地产累计折旧（摊销）"科目，贷记"累计折旧"或"累计摊销"科目;原已计提减值准备的,借记"投资性房地产减值准备"科目,贷记"固定资产减值准备"或"无形资产减值准备"科目。

【例2-10】 2020年8月1日,安信公司将出租在外的厂房收回,开始用于本企业商品生产。该项房地产账面价值为3 765万元,其中原价5 000万元,累计已计提折旧1 235万元。安信公司采用成本计量模式。

【解析】

其账务处理如下。

借:固定资产	50 000 000
投资性房地产累计折旧	12 350 000
贷:投资性房地产	50 000 000
累计折旧	12 350 000

2)投资性房地产转换为存货

企业将采用成本模式计量的投资性房地产转换为存货时,应当按照该项房地产在转换日的账面价值,借记"开发产品"科目,按照已计提的折旧或摊销,借记"投资性房地产累计折旧(摊销)"科目,原已计提减值准备的,借记"投资性房地产减值准备"科目,按其账面余额,贷记"投资性房地产"科目。

3)自用房地产转换为投资性房地产

企业将自用土地使用权或建筑物转换为采用成本模式计量的投资性房地产时,应当按该项建筑物或土地使用权在转换日的原价、累计折旧、减值准备等,分别转入"投资性房地产""投资性房地产累计折旧(摊销)""投资性房地产减值准备"科目。按其账面余额,借记"投资性房地产"科目,贷记"固定资产"或"无形资产"科目;按已计提的折旧或摊销,借记"累计折旧"或"累计摊销"科目,贷记"投资性房地产累计折旧(摊销)"科目;原已计提减值准备的,借记"固定资产减值准备"或"无形资产减值准备"科目,贷记"投资性房地产减值准备"科目。

【例2-11】 安信公司拥有一栋本公司总部办公使用的办公楼,公司董事会就将该栋办公楼用于出租达成了书面决议。2020年4月15日,安信公司与乙公司签订了经营租赁协议,将这栋办公楼整体出租给乙公司使用,租赁期开始日为2020年5月1日,租期为5年。2020年5月1日,这栋办公楼的账面余额为5 000万元,已计提折旧60万元。假设安信公司所在城市不存在活跃的房地产交易市场。

【解析】

其账务处理如下。

借:投资性房地产——办公楼	50 000 000
累计折旧	60 000
贷:固定资产——办公楼	50 000 000
投资性房地产累计折旧	60 000

4)作为存货的房地产转换为投资性房地产

企业将作为存货的房地产转换为采用成本模式计量的投资性房地产时,应当按该项存货在转换日的账面价值，借记"投资性房地产"科目，原已计提跌价准备的，借记"存货跌价准备"科目，按其账面余额，贷记"开发产品"等科目。

【例 2-12】 安信公司是从事房地产开发的企业，2020 年 4 月 20 日，安信公司董事会就将其开发的一栋写字楼不再出售改用成出租达成了书面决议。安信公司遂与乙公司签订了租赁协议，将此写字楼整体出租给乙公司使用，租赁期开始日为 2020 年 5 月 1 日，租赁期为 5 年。2020 年 5 月 1 日，该写字楼的账面余额为 5 000 万元，无减值，转换后采用成本模式进行后续计量。

【解析】

其账务处理如下。

借：投资性房地产——写字楼　　　　　　　　　　　　　　500 000 000
　　贷：开发产品　　　　　　　　　　　　　　　　　　　　500 000 000

▶ 2. 公允价值模式进行后续计量的转换

1）投资性房地产转换为自用房地产

企业将采用公允价值模式计量的投资性房地产转换为自用房地产时，应当以其转换当日的公允价值作为自用房地产的账面价值，公允价值与原账面价值的差额计入当期损益。转换日，按该项投资性房地产的公允价值，借记"固定资产"或"无形资产"科目；按该项投资性房地产的成本，贷记"投资性房地产——成本"科目；按该项投资性房地产的累计公允价值变动，贷记或借记"投资性房地产——公允价值变动"科目；按其差额，贷记或借记"公允价值变动损益"科目。

【例 2-13】 2020 年 10 月 15 日，安信公司因租赁期满，将出租的写字楼收回，开始作为办公楼用于本企业的行政管理。2020 年 10 月 15 日，该写字楼的公允价值为 4 800 万元。该项房地产在转换前采用公允价值模式计量，原账面价值为 4 750 万元，其中成本为 4 500 万元，公允价值变动为增值 250 万元。

【解析】

其账务处理如下。

借：固定资产——写字楼　　　　　　　　　　　　　　　　48 000 000
　　贷：投资性房地产——写字楼——成本　　　　　　　　　45 000 000
　　　　　　　　　　　　　　　——公允价值变动　　　　　2 500 000
　　　　公允价值变动损益——投资性房地产　　　　　　　　　 500 000

2）投资性房地产转换为存货

企业将采用公允价值模式计量的投资性房地产转换为存货时，应当以其转换当日的公允价值作为存货的账面价值，公允价值与原账面价值的差额计入当期损益。转换日，按该项投资性房地产的公允价值，借记"开发产品"等科目；按该项投资性房地产的成本，贷记"投资性房地产——成本"科目；按该项投资性房地产的累计公允价值变动，贷记或借记"投资性房地产——公允价值变动"科目；按其差额，贷记或借记"公允价值变动损益"科目。

【例 2-14】 安信地产开发公司将其开发的部分写字楼用于对外经营租赁。2020 年 10

月15日,因租赁期满,安信公司将出租的写字楼收回,并做出书面决议将该写字楼重新开发用于对外销售,即由投资性房地产转换为存货,当日的公允价值为5 800万元。该项房地产在转换前采用公允价值模式计量,原账面价值为5 600万元,其中,成本为5 000万元,公允价值增值为600万元。

【解析】

其账务处理如下。

借:开发产品　　　　　　　　　　　　　　　　　　　　　　58 000 000
　　贷:投资性房地产——写字楼——成本　　　　　　　　　　50 000 000
　　　　　　　　　　　　　　——公允价值变动　　　　　　　6 000 000
　　　　公允价值变动损益——投资性房地产　　　　　　　　　2 000 000

3) 自用房地产转换为投资性房地产

企业将自用土地使用权或建筑物转换为采用公允价值模式计量的投资性房地产时,应当按该项土地使用权或建筑物在转换日的公允价值,借记"投资性房地产——成本"科目,按已计提的累计摊销或累计折旧,借记"累计摊销"或"累计折旧"科目,原已计提减值准备的,借记"无形资产减值准备""固定资产减值准备"科目,按其账面余额,贷记"固定资产"或"无形资产"科目;同时,转换日的公允价值小于账面价值的,按其差额,借记"公允价值变动损益"科目,转换日的公允价值大于账面价值的,按其差额,贷记"其他综合收益"科目。待该项投资性房地产处置时,因转换计入其他综合收益的部分应转入当期损益。

【例2-15】 2020年6月,安信公司打算搬迁至新建办公楼,由于原办公楼处于商业繁华地段,安信公司准备将其出租,以赚取租金收入。2020年10月30日,安信公司完成了搬迁工作,原办公楼停止自用,并与乙企业签订了租赁协议,将其原办公楼租赁给乙企业使用,租赁期开始日为2020年10月30日,租赁期限为3年。2020年10月30日,该办公楼原价为5亿元,已计提折旧14 250万元,公允价值为35 000万元。假设甲企业对投资性房地产采用公允价值模式计量。

【解析】

其账务处理如下。

借:投资性房地产——办公楼——成本　　　　　　　　　　350 000 000
　　公允价值变动损益——投资性房地产　　　　　　　　　　7 500 000
　　累计折旧　　　　　　　　　　　　　　　　　　　　　　142 500 000
　　贷:固定资产——办公楼　　　　　　　　　　　　　　　500 000 000

4) 作为存货的房地产转换为投资性房地产

企业将作为存货的房地产转换为采用公允价值模式计量的投资性房地产时,应当按该项房地产在转换日的公允价值,借记"投资性房地产——成本"科目,原已计提跌价准备的,借记"存货跌价准备"科目,按其账面余额,贷记"开发产品"等科目;同时,转换日的公允价值小于账面价值的,按其差额,借记"公允价值变动损益"科目,转换日的公允价值大于账面价值的,按其差额,贷记"其他综合收益"科目。待该项投资性房地产处置时,因转换计入其他综合收益的部分应转入当期损益。

【例2-16】 2020年3月10日，安信房地产开发公司与乙企业签订了租赁协议，将其开发的一栋写字楼出租给乙企业。租赁期开始日为2020年4月15日。2020年4月15日，该写字楼的账面余额为45 000万元，公允价值为47 000万元。2020年12月31日，该项投资性房地产的公允价值为4 800万元。

【解析】

其账务处理如下。

(1) 2020年4月15日

借：投资性房地产——成本	470 000 000
贷：开发产品	450 000 000
其他综合收益	20 000 000

(2) 2020年12月3日

借：投资性房地产——公允价值变动	10 000 000
贷：公允价值变动损益	10 000 000

二、投资性房地产的处置

当投资性房地产被处置，或者永久退出使用且预计不能从其处置中取得经济利益时，应当终止确认该项投资性房地产。企业出售、转让、报废投资性房地产或者发生投资性房地产毁损，应当将处置收入扣除其账面价值和相关税费后的金额计入当期损益。此外，企业因其他原因，如非货币性资产交换等而减少投资性房地产，也属于投资性房地产的处置。

（一）成本模式计量的投资性房地产的处置

处置采用成本模式计量的投资性房地产时，应当按实际收到的金额，借记"银行存款"等科目，贷记"其他业务收入"科目；按该项投资性房地产的账面价值，借记"其他业务成本"科目，按其账面余额，贷记"投资性房地产"科目，按照已计提的折旧或摊销，借记"投资性房地产累计折旧(摊销)"科目，原已计提减值准备的，借记"投资性房地产减值准备"科目。

【例2-17】 安信公司将其出租的一栋写字楼确认为投资性房地产。租赁期届满后，安信公司将该栋写字楼出售给乙公司，合同价款为20 000 000元，乙公司已用银行存款付清。假设这栋写字楼原采用成本模式计量。出售时该栋写字楼的原值为18 000 000元，已计提折旧2 000 000元，不考虑相关税费。

【解析】

其账务处理如下。

借：银行存款	20 000 000
贷：其他业务收入	20 000 000
借：其他业务成本	16 000 000
投资性房地产累计折旧	2 000 000
贷：投资性房地产——写字楼	18 000 000

(二) 公允价值模式计量的投资性房地产的处置

处置采用公允价值模式计量的投资性房地产时，应当按实际收到的金额，借记"银行存款"等科目，贷记"其他业务收入"科目；按该项投资性房地产的账面余额，借记"其他业务成本"科目；按其成本，贷记"投资性房地产——成本"科目，按其累计公允价值变动，贷记或借记"投资性房地产——公允价值变动"科目。同时结转投资性房地产累计公允价值变动。若存在原转换日计入其他综合收益的金额，也一并结转。

【例2-18】 安信公司为一家房地产开发企业，2020年3月10日，安信公司与乙企业签订了租赁协议，将其开发的一栋写字楼出租给乙企业使用，租赁期开始日为2020年4月15日。2020年4月15日，该写字楼的账面余额为45 000万元，公允价值为47 000万元。2020年12月31日，该项投资性房地产的公允价值为48 000万元。2021年6月租赁期届满，企业收回该项投资性房地产，并以55 000万元出售，出售款项已收讫。安信公司采用公允价值模式计量。

【解析】

其账务处理如下。

(1) 2020年4月15日，存货转换为投资性房地产。

借：投资性房地产——成本　　　　　　　　　　　　　470 000 000
　　贷：开发产品　　　　　　　　　　　　　　　　　450 000 000
　　　　其他综合收益　　　　　　　　　　　　　　　 20 000 000

(2) 2020年12月31日，公允价值变动。

借：投资性房地产——公允价值变动　　　　　　　　　 10 000 000
　　贷：公允价值变动损益　　　　　　　　　　　　　 10 000 000

(3) 2021年6月，出售投资性房地产。

借：银行存款　　　　　　　　　　　　　　　　　　　550 000 000
　　贷：其他业务收入　　　　　　　　　　　　　　　550 000 000
借：其他业务成本　　　　　　　　　　　　　　　　　480 000 000
　　贷：投资性房地产——成本　　　　　　　　　　　470 000 000
　　　　　　　　　　——公允价值变动　　　　　　　 10 000 000
借：公允价值变动损益　　　　　　　　　　　　　　　 10 000 000
　　贷：其他业务成本　　　　　　　　　　　　　　　 10 000 000
借：其他综合收益　　　　　　　　　　　　　　　　　 20 000 000
　　贷：其他业务成本　　　　　　　　　　　　　　　 20 000 000

本章知识点小结

1. 投资性房地产的范围

已出租的土地使用权(企业计划用于出租但尚未出租的土地使用权，不属于此类)；持有并准备增值后转让的土地使用权；已出租的建筑物(是指企业拥有产权并以经营租赁方式出租的建筑物，对企业持有以备经营出租的空置建筑物或在建建筑物，只有企业管理当局做出正式书面决议，明确表明将其用于经营出租且持有意图短期内不再发生变化的，即使尚未签订租赁协议，也可视为投资性房地产）。

2. 投资性房地产改扩建的后续支出

与投资性房地产有关的后续支出，满足投资性房地产确认条件的，应当计入投资性房地产成本，不满足投资性房地产确认条件的，应当在发生时计入当期损益（其他业务成本）。企业对某项投资性房地产进行改扩建等再开发且将来仍作为投资性房地产的，在再开发期间应继续将其作为投资性房地产，在再开发期间不计提折旧或摊销。

3. 投资性房地产的后续计量

在成本模式下，应当按照固定资产准则或无形资产准则的有关规定，对投资性房地产进行后续计量，计提折旧或摊销；存在减值迹象的，还应当按照资产减值的有关规定进行处理。企业只有存在确凿证据表明投资性房地产的公允价值能够持续可靠取得的，才可以采用公允价值模式对投资性房地产进行后续计量，企业采用公允价值模式进行后续计量的，不对投资性房地产计提折旧或摊销，也不计提减值准备。

4. 投资性房地产的转换

（1）在成本模式下，投资性房地产与非投资性房地产转换如图 2-1 所示。

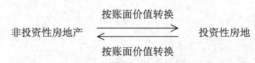

图 2-1　成本模式下的投资性房地产的转换

（2）在公允价值模式下，投资性房地产与非投资性房地产转换如图 2-2 所示。

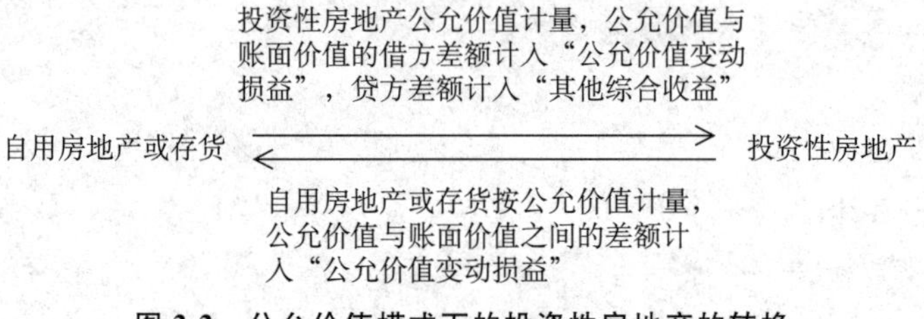

图 2-2　公允价值模式下的投资性房地产的转换

| 课后训练题 |

一、单项选择题

1. 下列各项中属于投资性房地产的是（　　）。

　A. 企业计划出租但是尚未出租的土地使用权

　B. 以经营租赁方式租入再转租给其他单位的房地产

　C. 按照国家有关规定认定的闲置土地

　D. 企业拥有产权并以经营租赁方式出租的建筑物

2. 2021 年 3 月 1 日，甲公司外购一栋写字楼并于当日直接租赁给乙公司使用，租赁期为6年，每年租金为180万元。甲公司对投资性房地产采用公允价值模式进行后续计量，该写字楼的实际取得成本为3 000万元；2017年12月31日，该写字楼的公允价值为3 100万元。假设不考虑相关税费，则该项投资性房地产对甲公司2017年度利润总额的影响金额是（　　）万元。

　　A. 100　　　　　　B. 250　　　　　　C. 280　　　　　　D. 180

3. 2021年3月2日，甲公司董事会做出决议将其持有的一项土地使用权停止自用，待其增值后转让以获取增值收益。该项土地使用权的成本为1 200万元，预计使用年限为10年，预计净残值为200万元，甲公司对其采用直线法进行摊销，至转换时已使用了5年。甲公司对其投资性房地产采用成本模式计量，该项土地使用权转换前后其预计使用年限、预计净残值以及摊销方法相同。则2017年度甲公司该投资性房地产应计提的摊销额是（　　）万元。

　　A. 100　　　　　　B. 83.33　　　　　　C. 91.67　　　　　　D. 240

4. 某企业对投资性房地产采用成本模式进行后续计量。2021年1月1日，该企业将一项投资性房地产转换为自用房地产（固定资产）。该投资性房地产的账面余额为2 000万元，已计提折旧为300万元，已计提的减值准备为100万元。该投资性房地产在转换日的公允价值为1 800万元。转换日固定资产的账面价值为（　　）万元。

　　A. 1 800　　　　　　B. 1 600　　　　　　C. 2 000　　　　　　D. 1 900

5. 某企业对投资性房地产采用公允价值模式计量。2020年7月1日，购入一幢建筑物并于当日进行出租。该建筑物的成本为2 100万元，用银行存款支付。2020年12月31日，该投资性房地产的账面价值为2 300万元（成本为2 100万元，公允价值变动借方金额为200万元）。2021年4月30日，该企业将此项投资性房地产出售，售价为2 800万元，不考虑相关税费的影响。则该企业处置投资性房地产时影响其他业务成本的金额为（　　）万元。

　　A. 2 300　　　　　　B. 1 950　　　　　　C. 2 100　　　　　　D. 2 350

6. 甲公司将原自用的办公楼用于出租，以赚取租金收入。租赁期开始日，该办公楼账面原价为14 000万元，已计提折旧为5 600万元，公允价值为12 000万元。甲公司对投资性房地产采用公允价值模式进行后续计量。甲公司上述自用办公楼转换为投资性房地产时公允价值大于原账面价值的差额在财务报表中列示的项目是（　　）。

　　A. 资本公积　　　B. 营业收入　　　C. 其他综合收益　　　D. 公允价值变动收益

二、多项选择题

1. 下列各项属于投资性房地产的有（　　）。

　　A. 已出租的建筑物

　　B. 待出租的建筑物

　　C. 已出租的土地使用权

　　D. 以经营租赁方式租入后再转租的建筑物

2. 下列各项关于土地使用权会计处理的表述，正确的有（　　）。

　　A. 为建造固定资产购入的土地使用权确认为无形资产

B. 土地使用权在地上建筑物达到预定可使用状态时与地上建筑物一并确认为固定资产

C. 已出租的土地使用权及其地上建筑物一并确认为投资性房地产

D. 用于建造厂房的土地使用权摊销金额在厂房建造期间计入在建工程成本

3. 下列有关投资性房地产后续支出的表述，正确的有（　　）。

A. 与投资性房地产有关的满足资本化条件的支出，应当计入投资性房地产成本

B. 投资性房地产改扩建后继续用于出租，改扩建期间资本化支出计入"在建工程"科目

C. 投资性房地产改扩建期间不计提折旧或摊销

D. 投资性房地产日常维修费用通常计入其他业务成本

4. 关于投资性房地产转换日的确定，下列说法正确的有（　　）。

A. 作为存货的房地产改为出租，或者自用建筑物或土地使用权停止自用改为出租，其转换日为租赁期开始日

B. 投资性房地产转为自用房地产，其转换日为房地产达到自用状态，企业开始将房地产用于生产商品、提供劳务或者经营管理的日期

C. 自用土地使用权停止自用，改用于资本增值，其转换日为自用土地使用权停止自用后确定用于资本增值的日期

D. 作为存货的房地产改为出租，或者自用建筑物或土地使用权停止自用改为出租，其转换日为合同签订日

5. 下列各项一定会影响企业当期损益的有（　　）。

A. 采用公允价值进行后续计量的投资性房地产，在持有期间公允价值变动金额

B. 投资性房地产由成本模式变更为公允价值模式进行后续计量，变更日公允价值与账面价值的差额

C. 自用房地产转为采用成本模式进行后续计量的投资性房地产，转换日公允价值与账面价值的差额

D. 采用公允价值模式计量的投资性房地产转为自用房地产，转换日的公允价值与账面价值的差额

三、判断题

1. 投资性房地产是指为赚取租金或资本增值，或者两者兼有而持有的房地产。（　　）

2. 企业购入房地产，自用一段时间之后再改为出租或用于资本增值的，应当先将外购的房地产确认为固定资产、无形资产或存货，自租赁期开始日或用于资本增值之日开始，才能从固定资产、无形资产或存货转换为投资性房地产。（　　）

3. 投资性房地产后续计量模式包括成本和公允价值两种模式，同一企业可以同时采用两种计量模式对其投资性房地产进行后续计量。（　　）

4. 投资性房地产的后续计量从成本模式转为公允价值模式的，转换日投资性房地产的公允价值高于其账面价值的差额计入其他综合收益。（　　）

5. 企业出售投资性房地产应按照售价与账面价值的差额计入投资收益，同时一并结

转持有期间确认的其他综合收益与公允价值变动损益。（　　）

四、计算分析题

英明公司采用公允价值模式计量投资性房地产，20×5年9月30日，董事会决定将一栋自用办公楼对外出租，协议约定租赁期为2年，年租金为240万元，租金于每年年末收取。20×5年9月30日为租赁期开始日。该办公楼自20×1年9月30日取得，其购买价款为20 000万元，预计使用年限是40年，预计净残值为0，采用年限平均法计提折旧，未计提资产减值准备。转换日，该办公楼的公允价值为21 000万元。20×5年12月31日的公允价值为20 000万元，20×6年12月31日的公允价值为22 000万元。20×7年9月30日，租赁期届满，英明公司将该投资性房地产出售，其售价为19 000万元，并同时收到剩余部分的租金。

要求：假定不考虑其他相关因素，编制英明公司与投资性房地产有关的会计分录。

在线测试

第三章　长期股权投资

> **学习要点**
>
> 长期股权投资的分类
> 同一控制下和非同一控制下企业合并的含义
> 同一控制下长期股权投资成本的确定，投资差额的处理
> 非同一控制下长期股权投资成本的确定，投资差额的处理
> 长期股权投资成本法的会计核算
> 长期股权投资权益法的会计核算
> 长期股权投资核算方法的转换
> 长期股权投资的处置

> **学习目标**
>
> 通过对本章的学习，理解长期股权投资的分类，熟练掌握同一控制和非同一控制下的初始计量，熟练掌握长期股权投资成本法和权益法的核算异同，掌握长期股权投资核算方法的转换，熟练掌握长期股权投资处置的核算原则。

第一节　长期股权投资的范围和初始计量

一、长期股权投资的范围

企业应当以对被投资单位的影响程度为判断基础，根据《企业会计准则第2号——长期股权投资》和《企业会计准则第22号——金融工具的确认和计量》规定的适用范围，对其取得的权益性投资选择适当的会计准则进行会计处理。本章涉及的长期股权投资是指应当按照《企业会计准则第2号——长期股权投资》进行核算的权益性投资，主要包括以下三个方面。

长期股权投资范围

（1）投资方能够对被投资单位实施控制的权益性投资，即对子公司投资。控制，是指投资方拥有对被投资单位的权力，通过参与被投资单位的相关活动而享有可变回报，并且有能力运用对被投资单位的权力影响其回报金额。

（2）投资方与其他合营方一同对被投资单位实施共同控制，且对被投资单位净资产享

有权利的权益性投资，即对合营企业投资。共同控制，是指按照相关约定对某项安排所共有的控制，并且该安排的相关活动必须经过分享控制权的参与方一致同意后才能决策。相关活动，是指对某项安排的回报产生重大影响的活动。某项安排的相关活动应当根据具体情况进行判断，通常包括商品或劳务的销售和购买、金融资产的管理、资产的购买和处置、研究与开发活动以及融资活动等。在判断是否存在共同控制时，应当首先判断所有参与方或参与方组合是否集体控制了该安排，其次判断该安排相关活动的决策是否必须经过这些集体控制该安排的参与方一致同意。如果存在两个或两个以上的参与方组合能够集体控制某项安排的，则不构成共同控制。仅享有保护性权利的参与方不享有共同控制。

（3）投资方对被投资单位具有重大影响的权益性投资，即对联营企业投资。重大影响，是指对一个企业的财务和经营政策有参与决策的权力，但并不能够控制或者与其他方一起共同控制这些政策的制定。在实务中，较常见的重大影响体现为在被投资单位的董事会或类似权力机构中派有代表，通过在被投资单位财务和经营决策制定过程中的发言权实施重大影响。投资方直接或间接通过子公司持有被投资单位20%以上但低于50%的表决权时，一般认为对被投资单位具有重大影响，除非有明确的证据表明在该种情况下不能参与被投资单位的生产经营决策（不形成重大影响）。在确定能否对被投资单位施加重大影响时，一方面应考虑投资方直接或间接持有被投资单位的表决权股份，另一方面要考虑投资方及其他方持有的当期可执行潜在表决权在假定转换为对被投资单位的股权后产生的影响，例如，被投资单位发行的当期可转换的认股权证、股份期权及可转换公司债券等的影响。

【重要提示】除上述以外其他的权益性投资，包括风险投资机构、共同基金，以及类似主体持有的、在初始确认时按照《企业会计准则第22号——金融工具确认和计量》的规定以公允价值计量且其变动计入当期损益的金融资产，投资性主体对不纳入合并财务报表的子公司的权益性投资，以及其他权益性投资，应当按照金融资产进行会计处理。

二、长期股权投资的初始计量

企业合并是指两个或者两个以上的企业通过订立合并协议，依照有关法律法规的规定，将资产合为一体，组成一个新企业的过程。

企业合并形成的长期股权投资，应分别按照以同一控制下控股合并与非同一控制下控股合并确定其初始投资成本。

（一）企业合并形成的长期股权投资

▶ 1. 同一控制下企业合并形成的长期股权投资

同一控制下企业合并是指，参与合并的企业在合并前后均受同一方或相同的多方最终控制且该控制并非暂时性的企业合并。对于同一控制下的企业合并，可将其看作两个或多个参与合并企业权益的重新整合，原因在于从最终控制方的角度来看，该类企业合并在一定程度上并不会造成企业集团整体的经济利益流入和流出，最终控制方在合并前后实际控制的经济资源并没有发生变化。有关交易事项不能作为出售或购买来处理。

【重要提示】合并方以支付现金、转让非现金资产或承担债务方式作为合并对价的，应当在合并日按照所取得的被合并方在最终控制方合并财务报表中的净资产的账面价值的份额作为长期股权投资的初始投资成本。被合并方在合并日的净资产账面价值为负数的,长期股权投资成本按零确定,同时在备查簿中予以登记。长期股权投资的初始投资成本与支付的现金、转让的非现金资产及所承担债务账面价值之间的差额,应当调整资本公积(资本溢价或股本溢价);资本公积(资本溢价或股本溢价)的余额不足冲减的,依次冲减盈余公积和未分配利润。合并方以发行权益性工具作为合并对价的,应按发行股份的面值总额作为股本,长期股权投资的初始投资成本与所发行股份面值总额之间的差额,应当调整资本公积(股本溢价);资本公积(股本溢价)不足冲减的,依次冲减盈余公积和未分配利润。

合并方发生的审计、法律服务、评估咨询等中介费用以及其他相关管理费用,于发生时计入当期损益。与发行权益性工具作为合并对价直接相关的交易费用,应当冲减资本公积(资本溢价或股本溢价),资本公积(资本溢价或股本溢价)不足冲减的,依次冲减盈余公积和未分配利润。与发行债务性工具作为合并对价直接相关的交易费用,应当计入债务性工具的初始确认金额。

在按照合并日应享有被合并方在最终控制方合并财务报表中的净资产的账面价值的份额确定长期股权投资的初始投资成本时,前提是合并前合并方与被合并方采用的会计政策应当一致。企业合并前合并方与被合并方采用的会计政策不同的,应基于重要性原则,统一合并方与被合并方的会计政策。在按照合并方的会计政策对被合并方在最终控制方合并财务报表中的净资产的账面价值进行调整的基础上,计算确定长期股权投资的初始投资成本。如果被合并方编制合并财务报表,则应当以合并日被合并方的合并财务报表为基础确认长期股权投资的初始投资成本。

【例3-1】 2021年6月30日,A公司向其母公司P发行10 000 000股普通股,每股面值为1元,每股公允价值为4.34元,取得母公司P拥有对S公司100%的股权,并于当日起能够对S公司实施控制。合并后S公司仍维持其独立法人地位继续经营。2021年6月30日,P公司合并财务报表中的S公司净资产账面价值为40 000 000元。假定A公司和S公司都受P公司最终同一控制,在企业合并前采用的会计政策相同。不考虑相关税费等其他因素的影响。

【解析】

A公司在合并日应确认对S公司的长期股权投资,初始投资成本为应享有S公司在P公司合并财务报表中的净资产账面价值的份额,账务处理如下:

借:长期股权投资——S公司　　　　　　　　　　　　　　　40 000 000
　　贷:股本　　　　　　　　　　　　　　　　　　　　　　10 000 000
　　　　资本公积——股本溢价　　　　　　　　　　　　　　30 000 000

▶ 2. 非同一控制下企业合并形成的长期股权投资

非同一控制下的企业合并,是指参与合并各方在合并前后不受同一方或相同的多方最终控制的交易合并,即排除判断属于同一控制下的企业合并的情况以外的其他的企业合并。在非同一控制下的控股合并中,购买方应当按照确定的企业合并成本作为长期股权投资的初始投资成本。企业合并成本包括购买方付出的资产、发生或承担的负债、发行的权益性工具或债务性工具的公允价值之和。购买方为企业合并发生的审计、法律服务、评估咨询等中介费用以及其他相关管理费用，应于发生时计入当期损益；购买方作为合并对价发行的权益性工具或债务性工具的交易费用，应当计入权益性工具或债务性工具的初始确认金额。

【例3-2】 2021年3月31日，甲公司取得乙公司70%的股权，并于当日起能够对乙公司实施控制。合并中，甲公司支付的有关资产在购买日的账面价值与公允价值如表3-1所示。合并中，甲公司为核实乙公司的资产价值，聘请专业资产评估机构对乙公司的资产进行评估，支付评估费用1 000 000元。假定合并前甲公司与乙公司不存在任何关联方关系。不考虑相关税费等其他因素的影响。

【解析】

表3-1 甲公司支付的有关资产购买日的账面价值与公允价值

2021年3月31日　　　　　　　　　　　　　　　　　　　　　　单位：元

项 目	账 面 价 值	公 允 价 值
土地使用权（自用）	20 000 000（成本为30 000 000，累计摊销10 000 000）	32 000 000
专利技术	8 000 000（成本为10 000 000，累计摊销2 000 000）	10 000 000
银行存款	8 000 000	8 000 000
合计	36 000 000	50 000 000

在本例中，因甲公司和乙公司不存在任何关联方关系，应作为非同一控制下企业合并进行处理。甲公司因合并对乙公司形成的长期股权投资，应当按照支付对价的公允价值作为其初始投资成本。甲公司应进行的账务处理如下。

借：长期股权投资——乙公司　　　　　　　　　　　　　50 000 000
　　累计摊销　　　　　　　　　　　　　　　　　　　　12 000 000
　　管理费用　　　　　　　　　　　　　　　　　　　　 1 000 000
　贷：无形资产　　　　　　　　　　　　　　　　　　　40 000 000
　　　银行存款　　　　　　　　　　　　　　　　　　　 9 000 000
　　　资产处置损益　　　　　　　　　　　　　　　　　14 000 000

（二）以企业合并以外的其他方式取得的长期股权投资

（1）以支付现金取得的长期股权投资，应当按照实际支付的购买价款作为初始投资成本，包括与取得长期股权投资直接相关的费用、税金及其他必要支出，但不应包括被投资单位已宣告但尚未发放的现金股利或利润。

【例3-3】 甲公司于2021年2月10日自公开市场中买入乙公司20%的股份，实际支付价款80 000 000元。在购买过程中，支付手续费等相关费用1 000 000元。甲公司取得该部分股权后能够对乙公司施加重大影响。假定甲公司取得该项投资时，乙公司已宣告但尚未发放现金股利，甲公司按其持股比例计算确定可分得300 000元。

【解析】在本例中,甲公司应当按照实际支付的购买价款扣减应收未收的现金股利后的余额作为取得长期股权投资的成本,其账务处理如下。

借:长期股权投资——乙公司——投资成本　　　　　　　　　　80 700 000
　　应收股利——乙公司　　　　　　　　　　　　　　　　　　　 300 000
　　贷:银行存款　　　　　　　　　　　　　　　　　　　　　　81 000 000

(2) 以发行权益性证券取得的长期股权投资,应当按照发行权益性证券的公允价值作为初始投资成本,但不应包括被投资单位已宣告但尚未发放的现金股利或利润。为发行权益性证券支付的手续费、佣金等与发行直接相关的费用,不构成长期股权投资的初始投资成本。这部分费用应从发行证券的溢价发行收入中扣除,溢价收入不足冲减的,应依次冲减盈余公积和未分配利润。

【例3-4】 2021年3月,甲公司通过增发30 000 000股(每股面值1元)本企业普通股为对价,从非关联方处取得对乙公司20%的股权,所增发股份的公允价值为52 000 000元。为增发该部分普通股,甲公司支付了2 000 000元的佣金和手续费。取得乙公司股权后,甲公司能够对乙公司施加重大影响。不考虑相关税费等其他因素的影响。

【解析】在本例中,甲公司应当以其发行股份的公允价值作为取得长期股权投资的成本。

借:长期股权投资——乙公司——投资成本　　　　　　　　　　52 000 000
　　贷:股本　　　　　　　　　　　　　　　　　　　　　　　30 000 000
　　　　资本公积——股本溢价　　　　　　　　　　　　　　　22 000 000
借:资本公积——股本溢价　　　　　　　　　　　　　　　　　 2 000 000
　　贷:银行存款　　　　　　　　　　　　　　　　　　　　　 2 000 000

一般而言,投资者投入的长期股权投资应根据法律法规的要求进行评估作价,在公平交易当中,投资者投入的长期股权投资的公允价值,与发行证券(工具)的公允价值不应存在重大差异。如有确凿证据表明,取得长期股权投资的公允价值比发行证券(工具)的公允价值更加可靠的,则以投资者投入的长期股权投资的公允价值为基础确定其初始投资成本。投资方通过发行债务性证券(债务性工具)取得长期股权投资的,比照通过发行权益性证券(权益性工具)处理。

(3) 以非货币性资产交换、债务重组等方式取得的长期股权投资,其初始投资成本的确定应当分别按照《企业会计准则第7号——非货币性资产交换》《企业会计准则第12号——债务重组》的有关规定进行会计处理,本书不涉及相关内容。

第二节　长期股权投资的后续计量

企业取得的长期股权投资,在持续持有期间,视对被投资单位的影响程度等情况的不同,应分别采用成本法及权益法进行核算。对子公司的长期股权投资应当按成本法核算,对合营企业、联营企业的长期股权投资应当按权益法核算。

一、成本法

长期股权投资
成本法

投资方持有的对子公司投资应当采用成本法核算，但投资方为投资性主体且子公司不纳入其合并财务报表的除外。投资方在判断对被投资单位是否具有控制时，应综合考虑直接持有的股权和通过子公司间接持有的股权。在个别财务报表中，投资方进行成本法核算时，应仅考虑直接持有的股权份额。

【重要提示】采用成本法核算的长期股权投资，应当按照初始投资成本计价。追加或收回投资应当调整长期股权投资的成本。在追加投资时，按照追加投资支付的成本的公允价值及发生的相关交易费用增加长期股权投资的账面价值。

被投资单位宣告分派现金股利或利润的投资方根据应享有的部分确认当期投资收益。投资企业在确认自被投资单位应分得的现金股利或利润后，应当考虑长期股权投资是否发生减值。再判断该类长期股权投资是否存在减值迹象，应当关注长期股权投资的账面价值是否大于享有被投资单位净资产（包括相关商誉）账面价值的份额等情况。出现类似情况时，企业应当对长期股权投资进行减值测试，可收回金额低于长期股权投资账面价值的，应当计提减值准备。

【例3-5】甲公司于2020年4月10日自非关联方处取得乙公司60%股权，成本为10 000 000元，相关手续于当日完成，并能够对乙公司实施控制。2021年2月6日，乙公司宣告分派现金股利，甲公司按照持股比例可取得200 000元。乙公司于2021年2月12日实际分派现金股利。不考虑相关税费等其他因素的影响。

【解析】
甲公司应进行的账务处理如下。

借：长期股权投资——乙公司　　　　　　　　　　　　　　　10 000 000
　　贷：银行存款　　　　　　　　　　　　　　　　　　　　10 000 000
借：应收股利　　　　　　　　　　　　　　　　　　　　　　　200 000
　　贷：投资收益　　　　　　　　　　　　　　　　　　　　　200 000
借：银行存款　　　　　　　　　　　　　　　　　　　　　　　200 000
　　贷：应收股利　　　　　　　　　　　　　　　　　　　　　200 000

【重要提示】子公司将未分配利润或盈余公积直接转增股本（实收资本），且未向投资方提供等值现金股利或利润的选择权时，母公司并没有获得收取现金股利或者利润的权力，这通常属于子公司自身权益结构的重分类，母公司不应确认相关的投资收益。

二、权益法

对合营企业和联营企业投资应当采用权益法核算。投资方在判断对被投资单位是否具有共同控制、重大影响时，应综合考虑直接持有的股权和通过子公司间接持有的股权。在综合考虑直接持有的股权和通过子公司间接持有的股权后，如果认定投资方在被投资单位拥有共同控制或重大影响，在个别财务报表中，投资方进行权益法核算时，应仅考虑直接持有的股权份额；在合并财务报表中，投资方进行权益法核算时，应同时考虑直接持有和间接持有的份额。

采用权益法核算的长期股权投资，一般的会计处理如下。

长期股权投资
权益法

（1）初始投资或追加投资时，按照初始投资成本或追加投资的投资成本，增加长期股权投资的账面价值。

（2）比较初始投资成本与投资对应享有被投资单位可辨认净资产公允价值的份额，前者大于后者的，不调整长期股权投资账面价值；前者小于后者的，应当按照两者之间的差额调整长期股权投资的账面价值，同时计入取得投资当期损益（营业外收入）。

（3）持有投资期间，随着被投资单位所有者权益的变动相应调整增加或减少长期股权投资的账面价值，并分别按以下情况处理：对于因被投资单位实现净损益和其他综合收益而产生的所有者权益的变动，投资方应当按照应享有的份额，增加或减少长期股权投资的账面价值，同时确认投资损益和其他综合收益；对于被投资单位宣告分派的利润或现金股利计算应分得的部分，相应减少长期股权投资的账面价值；对于被投资单位由于除了净损益、其他综合收益以及利润分配以外的因素导致的其他所有者权益变动，相应调整长期股权投资的账面价值，同时确认资本公积（其他资本公积）。

（一）初始投资成本的调整

投资方取得对联营企业或合营企业的投资以后，对于取得投资时初始投资成本与应享有被投资单位可辨认净资产公允价值份额之间的差额，应区别情况处理。

（1）初始投资成本大于取得投资时应享有被投资单位可辨认净资产公允价值份额的，该部分差额是投资方在取得投资过程中通过作价体现出的与所取得股权份额相对应的商誉价值，在这种情况下不要求对长期股权投资的成本进行调整。

（2）初始投资成本小于取得投资时应享有被投资单位可辨认净资产公允价值份额的，两者之间的差额体现为双方在交易作价过程中转让方的让步，该部分经济利益流入应计入取得投资当期的营业外收入，同时调整增加长期股权投资的账面价值。

【例3-6】甲公司于2020年1月2日取得乙公司30%的股权，支付价款35 000 000元。取得投资时被投资单位账面所有者权益的构成如下（假定该时点被投资单位各项可辨认资产、负债的公允价值与其账面价值相同）。

表3-2 账面所有者权益的构成   单位：元

实收资本	30 000 000
资本公积	24 000 000
盈余公积	6 000 000
未分配利润	15 000 000
所有者权益总额	75 000 000

【解析】

假定在乙公司的董事会中，所有股东均以其持股比例行使表决权。甲公司在取得在乙公司的股权后，派人参与了乙公司的财务和生产经营决策，能够对乙公司的生产经营决策施加重大影响，甲公司对该项投资采用权益法核算。取得投资时，甲公司应进行的账务处理如下。

借：长期股权投资——乙公司——投资成本　　　　　　　　　　35 000 000
　　贷：银行存款　　　　　　　　　　　　　　　　　　　　　　35 000 000

长期股权投资的成本 35 000 000 元大于取得投资时应享有乙公司可辨认净资产公允价值的份额 22 500 000 元(75 000 000×30%)，不对其初始投资成本进行调整。

假定在上例中取得投资时乙公司可辨认净资产公允价值为 120 000 000 元，甲公司按持股比例的 30% 计算确定应享有 36 000 000 元，则初始投资成本与应享有乙公司可辨认净资产公允价值份额之间的差额 6 000 000 元应计入取得投资当期的损益。

借：长期股权投资——乙公司——投资成本　　　　　　　　　　36 000 000
　　贷：银行存款　　　　　　　　　　　　　　　　　　　　　　35 000 000
　　　　营业外收入　　　　　　　　　　　　　　　　　　　　　　1 000 000

(二) 投资损益的确认

采用权益法核算的长期股权投资，在确认应享有(或分担)被投资单位的净利润(或净亏损)时，在被投资单位账面净利润的基础上，应考虑以下因素的影响进行适当调整。

(1) 被投资单位采用的会计政策和会计期间与投资方不一致的，应按投资方的会计政策和会计期间对被投资单位的财务报表进行调整，在此基础上确定被投资单位的损益。

(2) 以取得投资时被投资单位固定资产、无形资产等的公允价值为基础计提的折旧额或摊销额，以及有关资产减值准备金额等对被投资单位净利润的影响。投资方取得投资时，被投资单位有关资产、负债的公允价值与其账面价值不同的，在未来期间，在计算属于投资方应享有的净利润或应承担的净亏损时，应考虑对被投资单位计提的折旧额、摊销额以及资产减值准备金额等进行调整。

【重要提示】投资方在对被投资单位的净利润进行调整时，应考虑重要性原则，不具有重要性的项目可不予调整。投资企业无法合理确定取得投资时被投资单位各项可辨认资产、负债等公允价值的，或者投资时被投资单位可辨认资产、负债的公允价值与账面价值之间的差额不具有重要性的，或是其他原因导致无法取得对被投资单位净利润进行调整所需资料的，可以按照被投资单位的账面净利润为基础，经调整未实现内部交易损益后，计算确认投资收益。

【例 3-7】沿用例 3-6，假定在甲公司长期股权投资的成本大于取得投资时乙公司可辨认净资产公允价值份额的情况下，2020 年乙公司实现净利润 10 000 000 元。甲公司、乙公司均以公历年度作为会计年度，采用相同的会计政策。由于投资时乙公司各项资产、负债的账面价值与其公允价值相同，不需要对乙公司的净利润进行调整，甲公司应确认的投资收益为 3 000 000 元(10 000 000×30%)，一方面增加长期股权投资的账面价值，另一方面作为利润表中的投资收益确认。

【解析】

甲公司的会计处理如下。

借：长期股权投资——乙公司——损益调整　　　　　　　　　　　　3 000 000
　　贷：投资收益　　　　　　　　　　　　　　　　　　　　　　　　3 000 000

【例3-8】 甲公司于2020年1月2日购入乙公司30%的股份，购买价款为20 000 000元，自取得股份之日起派人参与乙公司的生产经营决策。取得投资日，乙公司可辨认净资产公允价值为60 000 000元，除下列项目外，其他资产、负债的公允价值与账面价值相同，如表3-3所示。

表3-3　乙公司资产账面价值与公允价值差异表

项目	账面原价/元	已提折旧/元	公允价值/元	原预计使用年限/年	剩余使用年限/年
存货	5 000 000		7 000 000		
固定资产	10 000 000	2 000 000	12 000 000	20	16
无形资产	6 000 000	1 200 000	8 000 000	10	8
小计	21 000 000	3 200 000	27 000 000		

【解析】

假定乙公司2020年实现净利润6 000 000元，其中，在甲公司取得投资时的账面存货5 000 000元中有80%对外出售。甲公司与乙公司的会计年度和采用的会计政策相同。固定资产、无形资产等均按直线法提取折旧或摊销，预计净残值均为0。假定甲、乙公司间未发生其他任何内部交易。

甲公司在确定其应享有乙公司2020年的投资收益时，应在乙公司实现净利润的基础上，根据取得投资时乙公司有关资产的账面价值与其公允价值差额的影响进行调整（假定不考虑相关税费等其他因素的影响）。

调整后的净利润＝6 000 000－（7 000 000－5 000 000）×80%－（12 000 000÷16－10 000 000÷20）－（8 000 000÷8－6 000 000÷10）＝3 750 000（元）

甲公司应享有份额＝3 750 000×30%＝1 125 000（元）

借：长期股权投资——乙公司——损益调整　　　　　　　　　　　　1 125 000
　　贷：投资收益　　　　　　　　　　　　　　　　　　　　　　　　1 125 000

（三）被投资单位其他综合收益变动的处理

被投资单位其他综合收益发生变动的，投资方应当按照属于本企业的部分，相应调整长期股权投资的账面价值，同时增加或减少其他综合收益。

【例3-9】 甲公司持有乙公司30%的股份，能够对乙公司施加重大影响。当期乙公司（因持有分类为以公允价值计量且其变动计入其他综合收益的金融资产其他债权投资）公允价值的变动计入其他综合收益的金额为10 000 000元，除该事项外，乙公司当期实现的净利润为90 000 000元。假定甲公司与乙公司适用的会计政策、会计期间相同，两者在当期及以前期间未发生任何内部交易，投资时乙公司各项可辨认资产、负债的公允价值与其账面价值相同。不考虑相关税费等其他因素的影响。

【解析】

甲公司应进行以下账务处理。

借：长期股权投资——乙公司——损益调整　　　　　　27 000 000
　　　　　　　　　　　　　　——其他综合收益　　　　3 000 000
　　贷：投资收益　　　　　　　　　　　　　　　　　27 000 000
　　　　其他综合收益　　　　　　　　　　　　　　　　3 000 000

（四）取得现金股利或利润的处理

按照权益法核算的长期股权投资，投资方从被投资单位取得的现金股利或利润，应抵减长期股权投资的账面价值。在被投资单位宣告分派现金股利或利润时，借记"应收股利"科目，贷记"长期股权投资——损益调整"科目。

（五）超额亏损的确认

权益法下的投资方确认应分担被投资单位发生的损失，原则上应以长期股权投资及其他实质上构成对被投资单位净投资的长期权益减记至零为限，但投资方负有承担额外损失义务的除外。这里所讲的"其他实质上构成了对被投资单位净投资的长期权益"通常是指长期应收项目等，例如，投资方对被投资单位的长期债权，该债权没有明确的清收计划且在可预见的未来期间不准备收回的，实质上构成了对被投资单位的净投资。应予说明的是，该类长期权益不包括投资方与被投资单位之间因销售商品、提供劳务等日常活动所产生的长期债权。

投资方在确认应分担被投资单位发生的损失时，应按照以下顺序处理。

首先，减记长期股权投资的账面价值。

其次，在长期股权投资的账面价值减记至零的情况下，考虑是否有其他构成长期权益的项目。如果有，则以其他实质上构成对被投资单位长期权益的账面价值为限，继续确认投资损失，冲减长期应收项目等的账面价值。

最后，在其他实质上构成对被投资单位长期权益的价值也减记至零的情况下，如果按照投资合同或协议约定，投资方需要履行其他额外的损失赔偿义务，则须按预计将承担责任的金额确认预计负债，计入当期投资损失。

除了按上述顺序已确认的损失以外仍有额外损失的，应在账外做备查登记，不再予以确认。

【重要提示】投资方按权益法确认应分担被投资单位的净亏损或被投资单位其他综合收益减少净额，将有关长期股权投资冲减至零并产生了未确认投资净损失的，被投资单位在以后期间实现净利润或其他综合收益增加净额时，投资方应当按照以前确认或登记有关投资净损失时的相反顺序进行会计处理，即依次减记未确认投资净损失金额，恢复其他长期权益和恢复长期股权投资的账面价值，同时，投资方还应当重新复核预计负债的账面价值。

【例3-10】甲公司持有乙公司40%的股权，能够对乙公司施加重大影响。2020年12月31日，该项长期股权投资的账面价值为20 000 000元。乙公司2021年发生亏损40 000 000

元。假定甲公司取得投资时，乙公司各项可辨认资产、负债的公允价值与其账面价值相同，两公司采用的会计政策和会计期间也相同。甲公司2021年应确认的投资损失为16 000 000元。确认上述投资损失后，长期股权投资的账面价值变为4 000 000元。

【解析】

在本例中，如果乙公司2021年的亏损额为60 000 000元，则甲公司按其持股比例确认应分担的损失为24 000 000元，但期初长期股权投资的账面价值仅为20 000 000元，如果没有其他实质上构成对被投资单位净投资的长期权益项目，甲公司应确认的投资损失仅为20 000 000元，超额损失在账外进行备查登记；如果在确认了20 000 000元的投资损失后，甲公司账上仍有应收乙公司的长期应收款8 000 000元(实质上构成对乙公司的净投资)则在长期应收款的账面价值大于4 000 000元的情况下，应进一步确认投资损失4 000 000元)。甲公司应进行的账务处理如下：

借：投资收益　　　　　　　　　　　　　　　　　　　　　　24 000 000
　　贷：长期股权投资——乙公司——损益调整　　　　　　　　20 000 000
　　　　长期应收款——乙公司——超额亏损　　　　　　　　　 4 000 000

(六) 被投资单位除了净损益、其他综合收益以及利润分配以外的所有者权益的其他变动

被投资单位除了净损益、其他综合收益以及利润分配以外的所有者权益的其他变动的因素，主要包括被投资单位接受其他股东的资本性投入，被投资单位发行可分离交易的可转债中包含的权益成分，以权益结算的股份支付，由于其他股东对被投资单位增资而导致投资方持股比例变动等。投资方应按所持股权比例计算应享有的份额，调整长期股权投资的账面价值，同时计入资本公积(其他资本公积)，并在备查簿中予以登记，投资方在后续处置股权投资但对剩余股权仍采用权益法核算时，应按处置比例将这部分资本公积转入当期投资收益；对剩余股权终止权益法核算时，将这部分资本公积全部转入当期投资收益。

【例3-11】 2020年3月20日，甲、乙、丙三家公司分别以现金200万元、400万元和400万元出资设立丁公司，分别持有丁公司20%、40%、40%股权。甲公司对丁公司具有重大影响，采用权益法对有关长期股权投资进行核算。丁公司自设立日起至2022年1月1日实现净损益1 000万元，除此以外，无其他影响净资产的事项。2022年1月1日，经甲、乙、丙公司协商，乙公司对丁公司增资800万元，增资后丁公司净资产为2 800万元，甲、乙、丙公司分别持有丁公司15%、50%、35%的股权。相关手续于当日完成。假定甲公司与丁公司适用的会计政策、会计期间相同，双方在当期及以前期间未发生其他内部交易。不考虑相关税费等其他因素的影响。

【解析】

在本例中，2022年1月1日，乙公司增资前，丁公司的净资产账面价值为2 000万元，甲公司应享有丁公司权益份额为400万元(2 000×20%)。乙公司单方面增资后，丁公司的净资产增加800万元，甲公司应享有丁公司权益份额为420万元(2 800×15%)。甲公司享有的权益变动为20万元(420－400)，属于丁公司除了净损益、其他综合收益和利润分配以外所有者权益的其他变动。甲公司对丁公司的长期股权投资的账面价值应调增

20 万元，并相应调整"资本公积——其他资本公积"。

三、长期股权投资核算方法的转换

（一）公允价值计量转权益法核算

原持有的对被投资单位的股权投资（不具有控制、共同控制或重大影响的），按照本书金融资产相关内容进行会计处理的，因追加投资等原因导致持股比例上升，能够对被投资单位施加共同控制或重大影响的，在转为按权益法核算时，投资方应当按其确定的原股权投资的公允价值加上为取得新增投资而应支付对价的公允价值，作为改按权益法核算的初始投资成本。原持有的股权投资分类为以公允价值计量且其变动计入当期损益的金融资产的，其公允价值与账面价值之间的差额应当转入改按权益法核算的当期损益；原持有的股权投资指定为以公允价值计量且其变动计入其他综合收益的非交易性权益工具投资的，其公允价值与账面价值之间的差额以及原计入其他综合收益的累计公允价值变动应当直接转入留存收益。然后，比较上述计算所得的初始投资成本，与按照追加投资后全新的持股比例计算确定的应享有被投资单位在追加投资日可辨认净资产公允价值份额之间的差额，前者大于后者的，不调整长期股权投资的账面价值；前者小于后者的，应按照差额调整长期股权投资的账面价值，并计入当期营业外收入。

【例 3-12】 2020 年 2 月，甲公司以 9 000 000 元现金从非关联方处取得乙公司 10% 的股权，将其作为以公允价值计量且其变动计入当期损益的金融资产。2022 年 1 月 2 日，甲公司又以 18 000 000 元的现金从另一非关联方处取得乙公司 15% 的股权，相关手续于当日完成。当日乙公司可辨认净资产公允价值总额为 120 000 000 元，甲公司原持有乙公司 10% 的股权（以公允价值计量且其变动计入当期损益的金融资产），公允价值为 15 000 000 元（假定其公允价值在 2018 年年末未发生改变）。取得该部分股权后，甲公司能够对乙公司施加重大影响，对该项股权投资转为采用权益法核算。不考虑相关税费等其他因素的影响。

【解析】

在本例中，甲公司原持有 10% 股权的公允价值为 15 000 000 元，取得成本为 9 000 000 元，由于其公允价值在 2020 年年末未发生改变，因此，在 2022 年 1 月 2 日产生的公允价值变动为 6 000 000 元（15 000 000－9 000 000），应当计入当期损益。由于为取得新增投资而支付对价的公允价值为 18 000 000 元，因此，甲公司对乙公司 25% 股权的初始投资成本为 33 000 000 元。

甲公司对乙公司新持股比例为 25%，应享有乙公司可辨认净资产公允价值的份额为 30 000 000 元（120 000 000×25%）。由于初始投资成本（33 000 000 元）大于应享有乙公司可辨认净资产公允价值的份额（30 000 000 元），因此，甲公司无须调整长期股权投资的成本。

2022 年 1 月 2 日，甲公司应进行如下账务处理。

借：交易性金融资产——公允价值变动 6 000 000
　　贷：公允价值变动损益 6 000 000

借：长期股权投资——乙公司——投资成本	33 000 000
贷：交易性金融资产	15 000 000
银行存款	18 000 000

【例3-13】 沿用例3-12，如果甲公司将以9 000 000元现金从非关联方处取得乙公司10%的股权，指定为以公允价值计量且其变动计入其他综合收益的非交易性权益工具投资，其他条件均未改变。

【解析】

在本例中，甲公司原持有10%股权的公允价值为15 000 000元，取得成本为9 000 000元，因此，在2022年1月2日产生的公允价值变动6 000 000元应当计入其他综合收益，并在改按权益法核算时转入留存收益。

2022年1月2日，甲公司应进行如下账务处理。

借：其他权益工具投资——公允价值变动	6 000 000
贷：其他综合收益	6 000 000
借：长期股权投资——乙公司——投资成本	33 000 000
贷：其他权益工具投资	15 000 000
银行存款	18 000 000
借：其他综合收益	6 000 000
贷：留存收益	6 000 000

（二）公允价值计量或权益法核算转成本法核算

投资方原持有的对被投资单位不具有控制、共同控制或重大影响的，按照本书金融资产相关内容进行会计处理的权益性投资，或者原持有对联营企业、合营企业的长期股权投资，因追加投资等原因，能够对被投资单位实施控制的长期股权投资，应按本章前述企业合并形成的长期股权投资有关内容进行会计处理。

（三）权益法核算转公允价值计量

原持有的对被投资单位具有共同控制或重大影响的长期股权投资，因部分处置等原因导致持股比例下降，不能再对被投资单位实施共同控制或重大影响的，应按照本书金融资产相关内容对剩余股权投资进行会计处理，其在丧失共同控制或重大影响之日的公允价值与账面价值之间的差额计入当期损益。原采用权益法核算的相关其他综合收益应当在终止采用权益法核算时，采用与被投资单位直接处置相关资产或负债相同的基础进行会计处理，因被投资方除了净损益、其他综合收益和利润分配以外的其他所有者权益变动而确认的所有者权益，应当在终止采用权益法核算时全部转入当期损益。

【例3-14】 甲公司持有乙公司30%的表决权股份，能够对乙公司施加重大影响；对该股权投资采用权益法核算。2021年10月，甲公司将该项投资中的60%出售给非关联方，取得价款32 000 000元。相关手续于当日完成。甲公司无法再对乙公司施加重大影响，将剩余股权投资转为以公允价值计量且其变动计入当期损益的金融资产。出售时该项长期股权投资的账面价值为48 000 000元，其中投资成本为39 000 000元，损益调整为4 500 000元，其他综合收益为3 000 000元（被投资单位其他债权投资的累计公允价值变动),除了净损益、其他综合收益和利润分配外的其他所有者权益变动为 1 500 000 元;剩余股权的公允价值为 21 000 000 元。不考虑相关税费等其他因素的影响。

【解析】
甲公司的账务处理如下。
(1) 确认有关股权投资的处置损益。

借:银行存款　　　　　　　　　　　　　　　　　　　　　　32 000 000
　　贷:长期股权投资——乙公司——投资成本(39 000 000×60%)　23 400 000
　　　　　　　　　　　　　　　　——损益调整(4 500 000×60%)　 2 700 000
　　　　　　　　　　　　　　　　——其他综合收益(3 000 000×60%)　1 800 000
　　　　　　　　　　　　　　　　——其他权益变动(1 500 000×60%)　 900 000
　　　　投资收益　　　　　　　　　　　　　　　　　　　　　　 3 200 000

(2) 由于终止采用权益法核算,将原确认的相关其他综合收益全部转入当期损益。

借:其他综合收益　　　　　　　　　　　　　　　　　　　　　 3 000 000
　　贷:投资收益　　　　　　　　　　　　　　　　　　　　　　 3 000 000

(3) 由于终止采用权益法核算,将原计入资本公积的其他所有者权益变动全部转入当期损益。

借:资本公积——其他资本公积　　　　　　　　　　　　　　　　1 500 000
　　贷:投资收益　　　　　　　　　　　　　　　　　　　　　　 1 500 000

(4) 剩余股权投资转为以公允价值计量且其变动计入当期损益的金融资产,当日公允价值为 21 000 000 元,账面价值为 19 200 000 元,两者差异应计入当期投资收益。

借:交易性金融资产　　　　　　　　　　　　　　　　　　　　21 000 000
　　贷:长期股权投资——乙公司——投资成本　　　　　　　　　15 600 000
　　　　　　　　　　　　　　　　——损益调整　　　　　　　　 1 800 000
　　　　　　　　　　　　　　　　——其他综合收益　　　　　　 1 200 000
　　　　　　　　　　　　　　　　——其他权益变动　　　　　　　 600 000
　　　　投资收益　　　　　　　　　　　　　　　　　　　　　　 1 800 000

(四) 成本法核算转权益法核算

因处置投资等原因导致对被投资单位由能够实施控制转为具有重大影响或者与其他投资方一起实施共同控制的,首先应按处置投资的比例结转应终止确认的长期股权投资成本,然后将剩余长期股权投资的成本与按照剩余持股比例计算原投资时应享有被投资单位可辨认净资产公允价值的份额进行比较,前者大于后者的,不调整长期股权投资的账面价值;前者小于后者的,在调整长期股权投资成本的同时,调整留存收益。

【重要提示】对于原取得投资时至处置投资时(转为权益法核算)之间被投资单位实现净损益中投资方应享有的份额,应调整长期股权投资的账面价值,同时,对于原取得投资时至处置投资当期期初被投资单位实现的净损益(扣除已宣告发放的现金股利和利润)中应享有的份额,调整留存收益,对于处置投资当期期初至处置投资之日被投资单位实现的净损益中享有的份额,调整当期损益;对于被投资单位其他综合收益变动中应享有的份额,在调整长期股权投资账面价值的同时,应当计入其他综合收益;由于除了净损益、其他综合收益和利润分配以外的其他原因导致被投资单位其他所有者权益变动中应享有的份额,在调整长期股权投资账面价值的同时,应当计入资本公积(其他资本公积)。

【例3-15】 甲公司原持有乙公司60%的股权,能够对乙公司实施控制。2021年11月6日,甲公司对乙公司的长期股权投资账面价值为30 000 000元;未计提减值准备,甲公司将其持有的对乙公司长期股权投资中的1/3出售给非关联方,取得价款18 000 000元,当日被投资单位可辨认净资产公允价值总额为80 000 000元。相关手续于当日完成,甲公司不再对乙公司实施控制,但具有重大影响。甲公司原取得乙公司60%股权时,乙公司可辨认净资产公允价值总额为45 000 000元(假定公允价值与账面价值相同)。自甲公司取得对乙公司长期股权投资后至部分处置投资前,乙公司实现净利润25 000 000元。其中,自甲公司取得投资日至2021年年初实现净利润20 000 000元。假定乙公司一直未进行利润分配,也未发生其他计入资本公积的交易或事项。甲公司按净利润的10%提取法定盈余公积。不考虑相关税费等其他因素的影响。

【解析】
甲公司有关账务处理如下。
(1) 确认长期股权投资处置损益。

借:银行存款 18 000 000
  贷:长期股权投资——乙公司 10 000 000
    投资收益 8 000 000

(2) 调整长期股权投资账面价值。

剩余长期股权投资的账面价值为20 000 000元,与原投资时应享有被投资单位可辨认净资产公允价值份额之间的差额为2 000 000元(20 000 000－45 000 000×40%)为商誉,该部分商誉的价值不需要对长期股权投资的成本进行调整。处置投资以后按照持股比例计算享有被投资单位自购买日至处置投资当期期初之间实现的净损益为8 000 000元(20 000 000×40%),应调整增加长期股权投资的账面价值,同时调整留存收益;处置期初至处置日之间实现的净损益为2 000 000元,应调整增加长期股权投资的账面价值,同时计入当期投资收益。

借:长期股权投资——乙公司——损益调整 10 000 000
  贷:盈余公积——法定盈余公积 800 000
    利润分配——未分配利润 7 200 000
    投资收益 2 000 000

投资方因其他投资方对其子公司增资而导致本投资方持股比例下降,从而丧失控制权但能实施共同控制或施加重大影响的,投资方在个别财务报表中,应当对该项长期股权投资从成本法核算转为权益法核算。首先,按照新的持股比例确认本投资方应享有的原子公司因增资扩股而增加净资产的份额,与应结转持股比例下降部分所对应的长期股权投资原账面价值之间的差额计入当期损益,然后,按照新的持股比例视同自取得投资时即采用权益法核算进行调整。

【例 3-16】 20×7 年 1 月 1 日，甲公司以 30 000 000 元现金取得乙公司 60% 的股权，能够对乙公司实施控制；当日，乙公司可辨认净资产公允价值为 45 000 000 元（假定公允价值与账面价值相同）。20×9 年 10 月 1 日，乙公司向非关联方丙公司定向增发新股增资 27 000 000 元，相关手续于当日完成，甲公司对乙公司持股比例下降为 40%，对乙公司丧失控制权但仍具有重大影响。在 20×7 年 1 月 1 日至 20×9 年 10 月 1 日期间，乙公司实现净利润 25 000 000 元。其中，在 20×7 年 1 月 1 日至 20×8 年 12 月 31 日期间，乙公司实现净利润 20 000 000 元。假定乙公司一直未进行利润分配，也未发生其他计入资本公积和其他综合收益的交易或事项。甲公司按净利润的 10% 提取法定盈余公积。不考虑相关税费等其他因素的影响。

【解析】
20×9 年 10 月 1 日，甲公司有关账务处理如下。
（1）按比例结转部分长期股权投资账面价值并确认相关损益。
27 000 000×40%－30 000 000×(60%－40%)÷60%＝800 000（元）
借：长期股权投资——乙公司　　　　　　　　　　　　800 000
　　贷：投资收益　　　　　　　　　　　　　　　　　　800 000
（2）对剩余股权视同自取得投资时即采用权益法核算进行调整。
借：长期股权投资——乙公司——损益调整　　　　 10 000 000
　　贷：盈余公积——法定盈余公积　　　　　　　　　　800 000
　　　　利润分配——未分配利润　　　　　　　　　　7 200 000
　　　　投资收益　　　　　　　　　　　　　　　　　2 000 000

（五）成本法核算转公允价值计量

原持有的对被投资单位具有控制的长期股权投资，因部分处置等原因导致持股比例下降，不再对被投资单位实施控制、共同控制或重大影响的，应按照本书金融资产相关内容进行会计处理，在丧失控制之日的公允价值与账面价值之间的差额计入当期投资收益。

【例 3-17】 甲公司持有乙公司 60% 的有表决权股份，能够对乙公司实施控制，对该股权投资采用成本法核算。2021 年 8 月，甲公司将该项投资中的 80% 出售给非关联方，取得价款 90 000 000 元，相关手续于当日完成。甲公司无法再对乙公司实施控制，也不能施加共同控制或重大影响，将剩余股权投资归类为以公允价值计量且其变动计入当期损益的金融资产。出售时，该项长期股权投资的账面价值为 90 000 000 元，剩余股权投资的公允价值为 22 000 000 元。不考虑相关税费等其他因素的影响。

【解析】
甲公司有关账务处理如下。
（1）确认有关股权投资的处置损益。
借：银行存款　　　　　　　　　　　　　　　　　 90 000 000
　　贷：长期股权投资——乙公司　　　　　　　　　 72 000 000
　　　　投资收益　　　　　　　　　　　　　　　　 18 000 000
（2）剩余股权投资转为以公允价值计量且其变动计入当期损益的金融资产，当天公允价值为 22 000 000 元，账面价值为 18 000 000 元，两者差异应计入当期投资收益。

  借：交易性金融资产　　　　　　　　　　　　　　　　　22 000 000
    贷：长期股权投资——乙公司　　　　　　　　　　　　　18 000 000
      投资收益　　　　　　　　　　　　　　　　　　　　4 000 000

四、长期股权投资的处置

  处置长期股权投资时，应相应结转与所售股权相对应的长期股权投资的账面价值，在一般情况下，出售所得价款与处置长期股权投资账面价值之间的差额，应确认为处置损益。

  全部处置权益法核算的长期股权投资时，原权益法核算的相关其他综合收益应当在终止采用权益法核算时采用与被投资单位直接处置相关资产或负债相同的基础进行会计处理，因被投资方除了净损益、其他综合收益和利润分配以外的其他所有者权益变动而确认的所有者权益，应当在终止采用权益法核算时全部转入当期投资收益。部分处置权益法核算的长期股权投资，剩余股权仍采用权益法核算的，原权益法核算的相关其他综合收益应当采用与被投资单位直接处置相关资产或负债相同的基础处理并按比例结转，因被投资方除了净损益、其他综合收益和利润分配以外的其他所有者权益变动而确认的所有者权益，应当按比例结转计入当期投资收益。

  【例3-18】 甲公司持有乙公司 40% 的股权并采用权益法核算。2021 年 7 月 1 日，甲公司将乙公司 20% 的股权出售给非关联的第三方，对剩余 20% 的股权仍采用权益法核算。在甲公司取得乙公司股权至 2021 年 7 月 1 日期间，确认的相关其他综合收益为 8 000 000 元（按比例享有的乙公司其他债权投资的公允价值变动），享有乙公司除了净损益、其他综合收益和利润分配以外的其他所有者权益变动为 2 000 000 元。不考虑相关税费等其他因素的影响。由于甲公司处置后的剩余股权仍采用权益法核算，因此，相关的其他综合收益和其他所有者权益应按比例结转。

  【解析】 甲公司有关账务处理如下：

  借：其他综合收益　　　　　　　　　　　　　　　　　　　4 000 000
    资本公积——其他资本公积　　　　　　　　　　　　　1 000 000
    贷：投资收益　　　　　　　　　　　　　　　　　　　　5 000 000

  假设，2021 年 7 月 1 日，甲公司将乙公司 35% 的股权出售给非关联的第三方，剩余 5% 股权作为以公允价值计量且其变动计入当期损益的金融资产核算。由于甲公司处置后的剩余股权按照本书金融资产的相关内容进行会计处理，因此，相关的其他综合收益和其他所有者权益应全部结转。甲公司有关账务处理如下。

  借：其他综合收益　　　　　　　　　　　　　　　　　　　8 000 000
    资本公积——其他资本公积　　　　　　　　　　　　　2 000 000
    贷：投资收益　　　　　　　　　　　　　　　　　　　　10 000 000

  【重要提示】 企业通过多次交易分步处置对子公司股权投资直至丧失控制权，如果上述交易属于"一揽子"交易的,应当将各项交易作为一项处置子公司股权投资并丧失控制权的交易进行会计处理;但是,在丧失控制权之前每一次处置价款与所处置的股权对应的长期股权投资账面价值之间的差额,在个别财务报表中,应当先确认为其他综合收益,到丧失控制权时再一并转入丧失控制权的当期损益。

本章知识点小结

1. 长期股权投资的范围。
（1）投资方能够对被投资单位实施控制的权益性投资,即对子公司投资(控制)。
（2）投资方与其他合营方一同对被投资单位实施共同控制且对被投资单位净资产享有权利的权益性投资,即对合营企业投资(共同控制)。
（3）投资方对被投资单位具有重大影响的权益性投资,即对联营企业投资(重大影响)。
2. 同一控制下企业合并成本的确定：在合并日按照所取得的被合并方在最终控制方合并财务报表中的净资产的账面价值的份额作为长期股权投资的初始投资成本。
3. 同一控制下企业合并成本与并购方支付对价的差额冲减资本公积,资本公积不足冲减的冲减留存收益。
4. 非同一控制下企业合并成本的确定：以合并方支付对价的公允价值作为初始投资成本。
5. 非同一控制下的企业合并,合并成本大于被合并方所有者权益公允价值的差额作为商誉；合并成本小于被合并方所有者权益公允价值的差额作为合并损益处理。
6. 判断成本法与权益法的核算方式如表 3-4 所示。

表 3-4 判断成本法与权益法的核算方式

持股比例	投资企业对于被投资企业的影响	核算方法
20%以下	没有重大影响	强调不存在活跃市场、公允价值不能可靠计量,对参股企业的投资采用成本法核算
20%～50%	存在重大影响	对联营企业的投资采用权益法核算
50%以下或≤50%	共同控制	对合营企业的投资采用权益法核算
50%以上	控制	对子公司的投资采用成本法核算

7. 成本法的会计处理。
8. 权益法的会计处理。
9. 长期股权投资核算方法的转换。
（1）公允价值计量转权益法核算。
（2）公允价值计量或权益法核算转成本法核算。
（3）权益法核算转公允价值计量。

(4) 成本法核算转权益法核算。

(5) 成本法核算转公允价值计量。

10. 长期股权投资的处置：出售所得价款与处置长期股权投资账面价值之间的差额，应确认为处置损益。

┃课后训练题┃

一、单项选择题

1. 甲公司通过定向增发普通股，从乙公司原股东处取得乙公司 30% 的股权。在该项交易中，甲公司定向增发股份的数量为 2 000 万股（每股面值 1 元，公允价值为 2 元），在发行股份过程中向证券承销机构支付佣金及手续费共计 100 万元。除发行股份外，甲公司还承担了乙公司原股东对第三方的债务 1 000 万元（未来现金流量现值）。取得投资时，乙公司股东大会已通过利润分配方案，甲公司可取得 240 万元。甲公司对乙公司长期股权投资的初始投资成本为（　　）万元。

    A. 4 860　　　　　B. 5 000　　　　　C. 4 760　　　　　D. 5 100

2. 采用权益法核算长期股权投资时，初始投资成本小于投资时应享有被投资单位可辨认净资产公允价值份额的差额，应计入（　　）科目。

    A. 投资收益　　　B. 资本公积　　　C. 营业外收入　　　D. 公允价值变动损益

3. A 公司于 2020 年年初以 3 000 万元取得 B 公司 30% 的股权，因能够派人参与 B 公司的生产经营决策，对所取得的长期股权投资按照权益法核算。2020 年，B 公司共实现净利润 500 万元。2021 年 4 月 1 日，A 公司又斥资 4 000 万元取得 B 公司另外 30% 的股权，能够对 B 公司实施控制。假定 A 公司在取得对 B 公司的长期股权投资以后，B 公司并未宣告发放现金股利或利润；A 公司按净利润的 10% 计提盈余公积，不考虑其他因素，则 2021 年 4 月 1 日 A 公司该项长期股权投资的账面价值为（　　）万元。

    A. 3 000　　　　　B. 4 000　　　　　C. 6 000　　　　　D. 7 000

4. 自 2020 年起，甲公司一直持有乙公司 20% 的股权，并采用权益法核算。因乙公司以前年度连续亏损，2022 年年初甲公司备查账簿显示，对于该项长期股权投资，甲公司尚有未确认的亏损分担额 60 万元。2022 年度，乙公司实现净利润 200 万元。不考虑其他因素，则 2022 年年底，对于该项长期股权投资，甲公司应该确认的投资收益金额是（　　）万元。

    A. 40　　　　　B. −20　　　　　C. 0　　　　　D. 60

5. M 公司于 2019 年年初以银行存款 680 万元作为对价取得 N 公司 30% 的股权（采用权益法核算）。当年 N 公司亏损 800 万元；2020 年，N 公司亏损 2 000 万元；2021 年，N 公司实现净利润 600 万元（假定这些利润、亏损金额与投资方认定的金额相同，不需要再进行调整）。2021 年，M 公司计入投资收益的金额为（　　）万元。

    A. 48　　　　　B. 32　　　　　C. 20　　　　　D. 0

6. 2021 年 1 月 1 日，A 公司以货币资金为对价，取得 B 公司 30% 的股权，采用权益法核算，取得投资时 B 公司有一项固定资产的公允价值为 1 600 万元，账面价值为 1 200 万元，固定资产的尚可使用年限为 10 年，净残值为 0，按照直线法计提折旧。B 公司其他可辨认资产、负债的公允价值与账面价值相等。2021 年，B 公司实现净利润 900 万元。假定不考虑所得税影响，则 2021 年年末 A 公司应确认投资收益为（   ）万元。

A. 282　　　　　B. 150　　　　　C. 270　　　　　D. 258

7. 2022 年 1 月 1 日，甲公司购入乙公司 30% 的普通股权，对乙公司有重大影响，甲公司支付买价 640 万元，同时支付相关税费 4 万元，购入的乙公司股权准备长期持有。乙公司 2022 年 1 月 1 日的所有者权益的账面价值为 2 000 万元，公允价值为 2 200 万元。甲公司与乙公司不存在关联方关系。甲公司长期股权投资的初始投资成本为（   ）万元。

A. 600　　　　　B. 640　　　　　C. 644　　　　　D. 660

8. 甲公司持有 B 公司 30% 的普通股权，截止到 2020 年年末，该项长期股权投资账户余额为 280 万元，2021 年年末，该项投资减值准备余额为 12 万元，B 公司于 2021 年发生净亏损 1 000 万元，甲公司对 B 公司没有其他长期权益。2021 年年末，甲公司对 B 公司的长期股权投资科目的余额应为（   ）万元。

A. 0　　　　　　B. 12　　　　　C. −20　　　　　D. −8

二、多项选择题

1. 在权益法下，被投资单位发生的下列交易或事项中，不会影响"长期股权投资——其他权益变动"科目余额的有（   ）。

   A. 被投资单位实现利润
   B. 被投资企业所持有的采用公允价值模式计量的投资性房地产发生公允价值变动
   C. 被投资单位可供出售金融资产公允价值变动
   D. 发放股票股利

2. 关于下列各项，投资方应确认投资收益的事项有（   ）。

   A. 采用权益法核算长期股权投资，被投资方实现的净利润
   B. 采用权益法核算长期股权投资，被投资方取得的直接计入所有者权益的利得和损失
   C. 采用权益法核算长期股权投资，收到被投资方实际发放的现金股利
   D. 采用成本法核算长期股权投资，被投资方宣告发放现金股利

3. 采用权益法核算，下列各项业务不会引起投资企业资本公积发生变动的有（   ）。

   A. 被投资企业接受非现金资产捐赠
   B. 被投资企业可供出售金融资产公允价值变动
   C. 被投资企业发放股票股利
   D. 被投资企业以盈余公积弥补亏损

三、计算分析题

1. A 公司于 2020 年 1 月 1 日以 1 000 万元购入 B 公司股票 400 万股，每股面值 1 元，占 B 公司实际发行在外股数的 30%，A 公司采用权益法核算此项投资。

2020 年 1 月 1 日，B 公司可辨认净资产公允价值为 3 000 万元。除了下列项目以外，

其他账面资产、负债的公允价值与账面价值相同。B公司上述固定资产、无形资产均采用直线法计提折旧或摊销，预计净残值均为0。在A公司取得投资时的B公司账面存货于2020年对外部第三方售出60%，剩余部分于2021年全部对外售出。

2020年，B公司实现净利润340万元。2021年，B公司发生亏损500万元。假定不考虑其他因素。

要求：完成A公司上述有关投资业务的会计分录（金额单位以万元表示）。

2. 资料：甲股份有限公司（以简称甲公司）从20×7年至20×9年投资业务有关的资料如下。

(1) 20×7年1月1日，甲公司以银行存款3 300万元购入乙公司（非上市公司）股份2 000万股，进行长期投资，不考虑相关税费。购入后，甲公司持有乙公司有表决权股份的10%，对乙公司的财务和经营政策没有重大影响且无法可靠确定该项投资的公允价值。20×7年1月1日，乙公司可辨认净资产公允价值总额为28 000万元（假定公允价值与账面价值相同）。

(2) 20×7年5月10日，乙公司宣告发放2006年度现金股利2 000万元，并于5月25日发放。

(3) 20×7年度，乙公司实现净利润1 300万元。

(4) 20×8年5月11日，乙公司宣告发放2007年度现金股利600万元，于5月26日发放。

(5) 20×8年，乙公司实现净利润2 000万元。

(6) 20×9年1月1日，甲公司又以银行存款6 400万元从二级市场购入乙公司股票4 000万股，进行长期投资，不考虑相关税费。甲公司占乙公司有表决权股份的比例由10%增加到30%，对乙公司的财务和经营政策有重大影响。20×9年1月1日，乙公司可辨认净资产公允价值总额为28 700万元。

(7) 20×9年5月5日，乙公司宣告发放2008年度现金股利1 000万元，并于5月20日发放。

(8) 20×9年度，乙公司可供出售金融资产公允价值变动导致资本公积增加了1 200万元。

(9) 20×9年度，乙公司发生净亏损4 000万元。

(10) 20×9年12月31日，甲公司对乙公司长期股权投资发生减值，可收回金额预计为7 800万元。

假定：①除了上述交易或事项之外，乙公司未发生导致其所有者权益发生变动的其他交易或事项；②不考虑所得税的影响。

要求：

(1) 编制甲公司上述资料(1)、(2)、(4)业务相关的会计分录。

(2) 编制甲公司20×9年1月1日追加投资的会计分录。

(3) 计算甲公司20×9年1月1日购入的长期股权投资核算由成本法转为权益法时，追溯调整的相关会计分录。

(4) 编制甲公司上述资料(7)、(8)、(9)、(10)业务相关的会计分录。

"利润分配"科目均要求写出明细科目；答案中的金额单位用万元表示。

3. 甲公司20×7—20×9年有关投资业务如下。

(1) 20×7年1月1日，甲公司以610万元(含已宣告但尚未领取的现金股利10万元，支付的相关费用0.6万元)购入A公司10%的股权(A公司为非上市公司，其股权不存在活跃市场)，A公司当日可辨认净资产公允价值为6 000万元(假定A公司可辨认资产、负债的公允价值与其账面价值相等)。甲公司对A公司没有重大影响，甲公司采用成本法核算此项投资。甲公司按照净利润的10%提取盈余公积。

(2) 20×7年5月10日，甲公司收到A公司支付的现金股利10万元。

(3) 20×7年，A公司实现净利润400万元(假定利润均衡发生)。

(4) 20×8年1月1日，甲公司又从A公司的另一投资者处取得A公司20%的股份，实际支付价款1 300万元。此次购买完成后，持股比例达到30%，对A公司有重大影响，改用权益法核算此项投资。20×8年1月1日A公司可辨认净资产公允价值为6 200万元。

(5) 20×8年A公司实现净利润1 000万元。

(6) 20×8年年末，A公司因持有的可供出售金融资产公允价值变动增加资本公积200万元。

(7) 20×9年1月5日，甲公司将持有的A公司的15%股权对外转让，实得款项1 400万元，从而对A公司不再具有重大影响，甲公司将对A公司的长期股权投资由权益法核算改为成本法核算。

(8) 20×9年4月20日，A公司宣告分派现金股利400万元。

要求：根据上述资料，编制甲公司与上述投资业务有关的会计分录。

在线测试

第四章 外币折算

> **学习要点**
> 记账本位币的确定
> 外币交易的相关概念
> 外币交易的会计处理
> 外币报表折算方法

> **学习目标**
> 通过本章的学习，了解记账本位币的确定，区分企业记账本位币的确定因素和境外经营记账本位币确定因素，掌握外币交易的一般原则以及外币报表折算方法。

第一节 记账本位币的确定

记账本位币是指企业经营所处的主要经济环境中的货币。主要经济环境一般是指企业主要产生和支出现金的经济环境。我国大多数企业一般以人民币为记账本位币，与记账本位币相对应的概念是外币，记账本位币以外的货币就是外币。

外币折算概述

一、企业记账本位币的确定

《中华人民共和国会计法》规定，企业通常应选择人民币作为记账本位币。业务收支以人民币以外的货币为主的企业，可以按规定选定其中一种货币作为记账本位币，但是编报的财务会计报告应当折算为人民币。

企业在确定记账本位币的时候，应该考虑以下因素。

（1）收入。企业所选择的货币应该能够对其商品和劳务销售价格起主要作用，通常以该货币进行商品和劳务销售价格的计价和结算。比如，国内A外商投资企业，该企业超过80%的营业收入来自各国的出口，其商品销售价格一般以美元结算，主要受美元的影响，因此，从影响商品和劳务销售价格的角度看，A企业应选择美元作为记账本位币。

（2）支出。企业所选择的货币应该能够对商品和劳务所需人工、材料和其他费用产生主要影响，通常以该货币进行这些费用的计价和结算。如果A企业除了厂房设施外，25%的人工成本在国内以人民币采购，生产所需原材料、机器设备及75%以上的人工成本都来自美国投资者以美元在国际市场的采购，则可进一步确定A企业的记账本位币是美元。

在实务中，企业选定记账本位币，通常应综合考虑上述两项因素，而不是仅考虑其中一项，因为企业的经营活动往往是收支并存的。

（3）融资活动获得的资金以及保存从经营活动中收取款项时所使用的货币。如果A企业的人工成本、原材料及相应的厂房设施、机器设备等95%以上在国内采购并以人民币计价，则难以确定A企业的记账本位币，需要考虑第三项因素。如果A企业取得的美元营业收入在汇回国内时可随时换成人民币存款，且A企业对所有以美元结算的资金往来的外币风险都进行了套期保值，则A企业应当选定人民币为其记账本位币。

【重要提示】在有些情况下，企业根据收支情况难以确定记账本位币，需要在收支基础上结合融资活动获得的资金或保存从经营活动中收取款项时所使用的货币，进行综合分析后做出判断。

二、境外记账本位币的确定

境外经营分为两种情况：一种情况是企业在境外的子公司、合营企业、联营企业以及分支机构，另一种情况是企业在境内的子公司、合营企业、联营企业或者分支机构，选定的记账本位币不同于企业的记账本位币时，也应当视同境外经营。

在确定境外记账本位币的时候，除了考虑企业选择记账本位币需要考虑的三个因素以外，还需要考虑以下因素。

（1）境外经营对其所从事的活动是否拥有很强的自主性。如果境外经营所从事的活动是视同企业经营活动的延伸，应与企业选择相同的记账本位币，但是如果拥有极大的自主性，则要根据主要的经济环境选择记账本位币。

（2）境外经营活动与企业的交易是否在境外经营活动中占有较大比重。如果所占比重较高，则应与企业选择相同的记账本位币，否则，应根据主要的经济环境选择记账本位币。

（3）境外经营活动产生的现金流量是否直接影响企业的现金流量，是否可以随时汇回。如果境外经营产生的现金流量直接影响企业的现金流量，并可以随时汇回，应与企业选择相同的记账本位币，否则，应根据主要的经济环境选择记账本位币。

（4）境外经营活动产生的现金流量是否足以偿还其现有债务和可预期的债务。如果在企业不提供资金的情况下，难以偿还其现有债务和可预期的债务，应与企业选择相同的记账本位币，否则，应该根据主要的经济环境选择记账本位币。

【例4-1】国内B公司以人民币作为记账本位币，该公司在欧盟国家设有一家子公司A公司，A公司在欧洲的经营活动拥有完全的自主权：自主决定其经营政策、销售方式、进货来源等，B公司与A公司除了投资与被投资关系以外，基本不发生业务往来，A公司的产品主要在欧洲市场销售，其一切费用开支等均由A公司在当地自行解决。

【解析】

在本例中，由于A公司主要收、支现金的环境在欧洲，且A公司对其自身经营活动拥有很强的自主性，B公司与A公司之间除了投资与被投资关系外，基本无其他业务，因此，A公司应当选择欧元作为其记账本位币。

三、记账本位币的变更

一般来说，企业选择的记账本位币一经确定，不得随意改变，除非与确定记账本位币相关的企业经营所处的主要经济环境发生了重大变化，在这种情况下，应当采用变更当日的即期汇率将所有项目折算为变更后的记账本位币，折算后的金额作为以新的记账本位币计量的历史成本。由于采用同一即期汇率进行折算，因而不会产生汇兑差额。企业需要提供确凿的证据，证明企业经营所处的主要经济环境确实发生了重大变化，并应当在附注中披露变更的理由。

【重要提示】企业记账本位币发生变更的，在按照变更当日的即期汇率将所有项目变更为记账本位币时，其比较财务报表应当以可比当日的即期汇率折算所有资产负债表和利润表项目。

第二节　外币交易的会计处理

一、外币交易的相关概念

(一) 基本观点

外币交易由于交易日与款项结算日的不同，折算所用的汇率可能不同，相同金额的外币折算为记账本位币的金额也就可能不同。对此的处理有以下两种观点。

一种是一项交易观。该观点提倡，应该将交易发生与相应款项的结算视为一项交易的两个阶段，从交易日至款项结算日汇率变动的影响作为对原已入账的销售收入或购货成本的调整。

另外一种观点是两项交易观。该观点认为，交易的发生与相应款项的结算是两项独立的关联交易，汇率变动的风险由因交易而产生的应收或应付款承担。因交易日与款项结算日汇率不同而产生的应收或应付款差额成为汇兑差额。

【重要提示】我国会计准则规定：确认两项交易观。

(二) 汇率

▶ 1. 即期汇率的选择

为了方便核算，企业用于记账的即期汇率一般是指当日中国人民银行公布的人民币汇率的中间价，也就是买入价和卖出价的平均价。从银行的角度来看，在企业发生单纯的货币兑换交易或涉及货币兑换的交易时，仅用中间价不能反映货币买卖的损益，需要使用买入价或卖出价折算。

▶ 2. 即期汇率的近似汇率

即期汇率的近似汇率，是指按照系统合理的方法确定的、与交易发生日即期汇率近似的汇率，通常是指当期平均汇率或加权平均汇率等。

二、外币业务的具体核算

（一）会计处理原则

（1）外币交易应当在初始确认时，既可以采用交易发生日的即期汇率将外币金额折算为记账本位币金额，也可以采用按照系统合理的方法确定的、与交易发生日即期汇率近似的汇率折算。需要注意的是，企业收到投资者以外币投入的资本，无论是否有合同约定汇率，均不得采用合同约定汇率和即期汇率的近似汇率折算，而是采用交易日即期汇率折算。这样，外币投入资本与相应的货币性项目的记账本位币金额相等，不产生外币资本折算差额。

（2）在资产负债表日及结算日，货币性项目应以当日即期汇率折算外币货币性项目，该项目因当日即期汇率不同于初始入账时或前一资产负债表日即期汇率而产生的汇兑差额一般计入当期损益。资产负债表日，以历史成本计量的外币非货币性项目，仍采用交易发生日的即期汇率折算，不改变其记账本位币金额。

（二）具体会计处理方法

对外币交易金额因汇率变动而产生的差额一般在"财务费用"科目下设置二级科目"汇兑差额"反映。

首先，在交易发生时，将外币金额按照交易日的即期汇率或即期汇率的近似汇率折算为记账本位币金额，按照折算后的记账本位币金额登记有关账户。在登记有关记账本位币账户的同时，按照外币金额登记相应的外币账户。

外币折算会计处理

其次，在期末，将所有外币货币性项目的外币余额，按照期末即期汇率折算为记账本位币金额，并与原记账本位币金额相比较，其差额计入"财务费用——汇兑差额"科目。

最后，结算外币货币性项目时，将其外币结算金额按照当日即期汇率折算为记账本位币金额，并与原记账本位币金额相比较，其差额计入"财务费用——汇兑差额"科目。

▶ 1. 交易发生日的会计处理

企业发生外币交易的，应在初始确认时采用交易发生日的即期汇率或即期汇率的近似汇率将外币金额折算为记账本位币金额，按照折算后的记账本位币金额登记有关账户。在登记有关记账本位币账户的同时，按照外币金额登记相应的外币账户。

当汇率变化不大时，为了简化核算，企业也可以采用即期汇率的近似汇率进行折算。

即期汇率的近似汇率是指按照系统合理的方法确定的、与交易发生日即期汇率近似的汇率，通常采用当期平均汇率或加权平均汇率等。

加权平均汇率需要采用外币交易的外币金额作为权重进行计算。

【例4-2】 甲公司记账本位币为人民币，对外交易采用交易日的即期汇率折算。2020年5月5日，从境外乙公司购入不需要安装的设备一台，设备价款为250 000美元，购入该设备当日的即期汇率为1美元＝6.5元人民币，适用的增值税税率为13%，款项尚未支付,增值税以银行存款支付。

【解析】

甲公司账户处理如下。

借:固定资产——机器设备(250 000×6.5)   1 625 000

  应交税费——应交增值税(进项税额)   211 250

 贷:应付账款——丙公司(美元)   1 625 000

  银行存款   211 250

【例 4-3】 甲企业记账本位币为人民币,外币交易采用当日即期汇率折算。1 月 1 日,向国外丙公司出口一批商品,售价 10 万美元,当日即期汇率 1 美元=6.8 元人民币,至月末款项尚未收回。1 月 31 日,即期汇率 1 美元=6.9 元人民币,该笔款项于 2 月 18 日收回兑换为人民币存入银行,当日银行美元买入价 1 美元=6.4 元人民币。假定不考虑增值税及其他因素。

【解析】

甲企业的账户处理如下。

(1) 1 月 1 日

借:应收账款——丙公司(美元)(100 000×6.8)   680 000

 贷:主营业务收入   680 000

(2) 1 月 31 日

借:应收账款——丙公司(美元)[100 000×(6.9-6.8)]   10 000

 贷:财务费用——汇兑差额   10 000

(3) 2 月 18 日

借:银行存款——××银行(人民币)(100 000×6.4)   640 000

  财务费用——汇兑差额   50 000

 贷:应收账款——丙公司(美元)   690 000

企业收到投资者以外币投入的资本,无论是否有合同约定汇率,均不采用合同约定汇率和即期汇率的近似汇率折算,而是采用交易日即期汇率折算,这样,外币投入资本与相应的货币性项目的记账本位币金额相等,不产生外币资本折算差额。

【例 4-4】 乙有限责任公司以人民币作为记账本位币,2020 年 6 月 1 日,乙公司与美国甲公司签订投资合同,甲公司将向乙公司出资 2 000 000 美元,占乙公司注册资本的 23%;甲公司的出资款将在合同签订后一年内分两次汇到乙公司账上;合同约定汇率为 1 美元=6.5 元人民币。当日的即期汇率为 1 美元=6.45 元人民币。

2020 年 9 月 10 日,乙公司收到甲公司汇来的第一期出资款,当日的即期汇率为 1 美元=6.35 元人民币。

【解析】

(1) 甲公司账务处理如下。

借:银行存款——美元(1 000 000×6.35)   6 350 000

 贷:实收资本   6 350 000

(2) 2021年5月25日，乙公司收到甲公司汇来的第二期出资款，当日的即期汇率为1美元＝6.4元人民币。有关会计分录如下。

借：银行存款——美元(1 000 000×6.4)   6 400 000
   贷：实收资本   6 400 000

▶ **2. 资产负债表日或结算日的会计处理**

1) 货币性项目

货币性项目是指企业持有的货币和将以固定或可确定金额的货币收取的资产或者偿付的负债。货币性项目分为货币性资产和货币性负债。货币性资产包括库存现金、银行存款、应收账款、其他应收款、长期应收款等；货币性负债包括应付账款、其他应付款、短期借款、应付债券、长期借款、长期应付款等。

资产负债表日及结算日，应以当日即期汇率折算外币货币性项目，该项目因当日即期汇率不同于初始入账时或前一资产负债表日即期汇率而产生的汇兑差额一般计入当期损益。

【例4-5】 甲公司系增值税一般纳税人，记账本位币为人民币，其外币交易采用交易日的即期汇率折算。2021年3月2日，甲公司从国外乙公司购入某原材料，货款300 000美元，当日即期汇率为1美元＝6.83元人民币，按照规定应缴纳的进口关税为204 900元人民币，支付进口增值税为293 007元人民币，货款尚未支付，进口关税及增值税已由银行存款支付。

2021年3月31日，甲公司尚未向乙公司支付所欠货款，当日即期汇率为1美元＝6.8元人民币。则对该笔交易产生的外币货币性项目"应付账款"采用期末的即期汇率进行折算，折算为记账本位币2 040 000元人民币(300 000×6.8)，与其原记账本位币之差额9 000元人民币计入当期损益。

【解析】

甲公司账务处理如下。

借：应付账款——乙公司(美元)[300 000×(6.8－6.83)]   9 000
   贷：财务费用——汇兑差额   9 000

2) 非货币性项目

非货币性项目是指货币性项目以外的项目，比如固定资产、无形资产、存货、长期股权投资、以公允价值计量且其变动计入当期损益的金融资产等。

(1) 对于以历史成本计量的外币非货币性项目，已在交易发生日按当日即期汇率折算，资产负债表日不应改变其原记账本位币金额，不产生汇兑差额。因为这些项目在取得时已按取得时的即期汇率折算，从而构成这些项目的历史成本，如果再按资产负债表日的即期汇率折算，就会导致这些项目价值不断变动，从而使这些项目的折旧、摊销和减值不断地随之变动，这与这些项目的实际情况不符，比如固定资产。

【例4-6】 A公司是国内某大型公司，其记账本位币为人民币，外币交易采用交易日的即期汇率折算。2020年11月20日，A公司进口一台机器设备，支付价款250 000美元，已按当日即期汇率1美元＝6.83元人民币折算。

【解析】

在本例中,A公司购入的机器设备按照当日即期汇率折算为人民币,计入"固定资产"账户。"固定资产"属于非货币性项目,因此,资产负债表日也不需要再按照当日即期汇率进行调整。

(2) 对于以成本与可变现净值孰低计量的存货,在以外币购入存货并且该存货在资产负债表日的可变现净值以外币反映的情况下,确定资产负债表日存货价值时应当考虑汇率变动的影响。即先将可变现净值按资产负债表日即期汇率折算为记账本位币金额,再与以记账本位币反映的存货成本进行比较,从而确定该项存货的期末价值,若存在减值的计入"资产减值损失"账户。

【例 4-7】 P上市公司以人民币为记账本位币。2020年11月2日,从英国A公司采购A商品10 000件,每件价格为1 000英镑,当日即期汇率为1英镑=10元人民币。

2020年12月31日,尚有1 000件A商品未销售出去,国内市场仍无A商品供应,A商品在国际市场的价格降至900英镑。

12月31日的即期汇率是1英镑=9.7元人民币。假定不考虑增值税等相关税费。

【解析】

P上市公司账户处理如下。

① 11月2日,购入商品时。

借:库存商品——A(10 000×1 000×10)　　　　　　　　　　　　100 000 000
　　贷:银行存款——英镑　　　　　　　　　　　　　　　　　　　　100 000 000

② 12月31日,计提存货跌价准备。

借:资产减值损失(1 000×1 000×10－1 000×900×9.7)　　　　　1 270 000
　　贷:存货跌价准备　　　　　　　　　　　　　　　　　　　　　　　1 270 000

(3) 对于以公允价值计量的外币非货币性项目,期末公允价值以外币反映的,应当先将该外币金额按照公允价值确定当日的即期汇率折算为记账本位币金额,再与原记账本位币金额进行比较。属于以公允价值计量且其变动计入当期损益的金融资产的,如股票、基金等,折算后的记账本位币金额与原记账本位币金额之间的差额应作为公允价值变动损益(含汇率变动),计入当期损益;指定为以公允价值计量且其变动计入其他综合收益的非交易性权益工具投资的,其折算后的记账本位币金额与原记账本位币金额之间的差额应计入其他综合收益。

【例 4-8】 国内甲公司的记账本位币为人民币。20×5年2月10日,以每股15港元的价格购入乙公司H股10 000股作为以公允价值计量且其变动计入其他综合收益的金融资产,当日即期汇率为1港元=0.9元人民币,款项已付。

20×5年12月31日,由于市价变动,购入的乙公司H股的市价变为每股18美元,当日汇率为1港元=0.85元人民币。

假定不考虑相关税费的影响。

【解析】

甲公司账务处理如下。

① 20×5 年 2 月 10 日,该公司对上述交易应作以下处理。

借:其他权益工具投资(15×10 000×0.9)　　　　　　　　　　　135 000
　　贷:银行存款——港元　　　　　　　　　　　　　　　　　　　135 000

② 由于该项金融资产是以外币计价,在资产负债表日,不仅应考虑股票市价的变动,还应一并考虑美元与人民币之间汇率变动的影响,上述金融资产在资产负债表日的人民币金额为 153 000 元(18×10 000×0.85),与原账面价值 135 000 元的差额为 18 000 元人民币,计入其他综合收益。

借:其他权益工具投资　　　　　　　　　　　　　　　　　　　　18 000
　　贷:其他综合收益　　　　　　　　　　　　　　　　　　　　　18 000

其中,18 000 元人民币既包含甲公司所购乙公司的 H 股股票公允价值变动的影响,又包含人民币与美元之间汇率变动的影响。

第三节　外币财务报表折算

如果企业的子公司、合营企业、联营企业和分支机构采用与企业相同的记账本位币,即便是设在境外,其财务报表也不存在折算问题。但是,如果企业境外经营的记账本位币不同于企业的记账本位币,在将企业的境外经营通过合并财务报表、权益法核算等纳入企业的财务报表中时,需要将企业境外经营的财务报表折算为以企业记账本位币反映的财务报表。

一、境外经营财务报表的折算

(一) 我国会计准则采用的折算方法

企业将境外经营纳入本企业财务报表或合并财务报表中时,如果境外经营的记账本位币不同于本企业的记账本位币,且境外经营处于非恶性通货膨胀经济的情况下,需要将境外经营的财务报表折算为以企业记账本位币反映的财务报表,这一过程就是外币财务报表的折算。如果境外经营采用与企业相同的记账本位币,则其财务报表不存在折算问题。

外币折算之
记账本位币

在对企业境外经营财务报表进行折算前,应当调整境外经营的会计期间和会计政策使之与企业会计期间和会计政策相一致,根据调整后的会计政策和会计期间编制相应货币(记账本位币以外的货币)的财务报表,然后再按照以下规定进行折算。

(1) 资产负债表中的资产和负债项目,采用资产负债表日的即期汇率折算,所有者权益项目除了"未分配利润"项目外,其他项目均采用发生时的即期汇率折算。

(2) 利润表中的收入和费用项目,采用交易发生日的即期汇率或即期汇率的近似汇率折算。

(3) 外币财务报表折算差额。企业对境外经营的财务报表进行折算时,应当将外币财务报表折算差额在资产负债表中所有者权益项目下单独列示(其他综合收益);企业在处置境外经营时,应当将资产负债表中所有者权益项目下列示的、与该境外经营相关的外币报表折算差额，自所有者权益项目转入处置当期损益，处置部分境外经营的，应当按处置的比例计算处置部分的外币财务报表折算差额，转入处置当期损益。

外币报表折算差额＝（资产项目折算人民币余额－负债项目折算人民币余额）－所有者权益项目折算人民币余额

＝（资产外币项目余额－负债外币项目余额）×资产负债表日即期汇率－（所有者权益项目期初人民币余额＋调整后净利润外币项目余额×平均汇率）

＝持续计算的可辨认净资产的公允价值×资产负债表日即期汇率－（所有者权益项目期初人民币余额＋调整后净利润外币项目余额×平均汇率）

【例4-9】 甲公司的记账本位币为人民币，该公司在英国有一子公司乙公司，乙公司确定的记账本位币为英镑。甲公司拥有乙公司70%的股权，并能够对乙公司的财务和经营政策实施控制。甲公司采用当期平均汇率折算乙公司利润表项目。乙公司有关资料如下：

2020年12月31日的汇率为1英镑＝9.88元人民币，2020年的平均汇率为1英镑＝12.87元人民币，实收资本、资本公积发生日的即期汇率为1英镑＝14.27元人民币。

2019年12月31日的股本为6 000 000英镑，折算为人民币85 620 000元；盈余公积为600 000英镑，折算为人民币9 000 000元；未分配利润为1 400 000英镑，折算为人民币21 000 000元，甲、乙两公司均在年末提取盈余公积，乙公司2020年提取的盈余公积为700 000英镑。

【解析】

采用当期平均汇率折算乙公司利润表、所有者权益变动表、资产负债表，分别如表4-1、表4-2、表4-3所示。

表4-1 利润表（简表）

编制单位：乙公司　　　　　　　　　　2020年度

项目	本年金额/万英镑	折算汇率	折算为人民币金额/万元
一、营业收入	2 400	12.87	30 888
减：营业成本	1 800	12.87	23 166
税金及附加	50	12.87	643.5
管理费用	120	12.87	1 544.4
财务费用	10	12.87	128.7
加：投资收益	30	12.87	386.1
二、营业利润	450	—	5 791.5
加：营业外收入	50	12.87	643.5
减：营业外支出	20	12.87	257.4
三、利润总额	480	—	6 177.6
减：所得税费用	130	12.87	1 673.1
四、净利润	350	—	4 504.5

续表

项目	本年金额/万英镑	折算汇率	折算为人民币金额/万元
五、其他综合收益的税后净额			
六、综合收益总额	350	—	4 504.5
七、每股收益			

表 4-2 所有者权益变动表(简表)

编制单位：乙公司　　　　　　　　2020 年度

项目	实收资本			其他综合收益	盈余公积			未分配利润		所有者权益合计
	英镑/万英镑	折算汇率	人民币/万元	人民币/万元	英镑/万英镑	折算汇率	人民币/万元	英镑/万英镑	人民币/万元	人民币/万元
一、本年年初余额	600	14.27	8 562		60		900	140	2 100	11 562
二、本年增减变动金额										
(一)综合收益总额										-200
净利润								350	4 504.5	4 504.5
其他综合收益的税后净额				-4 704.5						-4 704.5
其中：外币报表折算差额				-4 704.5						-4 704.5
(二)利润分配										
提取盈余公积					70	12.87	900.9	-70	-900.9	0
三、本年年末余额	600	14.27	8 562	-4 704.5	130		1 800.9	420	5 703.6	11 362

表 4-3 资产负债表(简表)

2020 年 12 月 31 日

资产	期末数/万英镑	折算汇率	折算为人民币金额/万元	负债和所有者权益	期末数/万英镑	折算汇率	折算为人民币金额/万元
流动资产：				流动负债：			
货币资金	230	9.88	2 272.4	短期借款	50	9.88	494
应收账款	230	9.88	2 272.4	应付账款	340	9.88	3 359.2
存货	280	9.88	2 766.4	其他流动负债	130	9.88	1 284.4
其他流动资产	240	9.88	2 371.2	流动负债合计	520	—	5 137.6
流动资产合计	980	—	9 682.4	非流动负债：			
非流动资产：				长期借款	170	9.88	1 679.6

续表

资产	期末数/万英镑	折算汇率	折算为人民币金额/万元	负债和所有者权益	期末数/万英镑	折算汇率	折算为人民币金额/万元
长期应收款	140	9.88	1 383.2	应付债券	100	9.88	988
固定资产	660	9.88	6 520.8	其他非流动负债	90	9.88	889.2
在建工程	90	9.88	889.2	非流动负债合计	360	—	3 556.8
无形资产	120	9.88	1 185.6	负债合计	880		8 694.4
其他非流动资产	40	9.88	395.2	所有者权益:			
非流动资产合计	1 050	—	10 374	实收资本	600	14.27	8 562
				其他综合收益			−4 704.5
				盈余公积	130		1 800.9
				未分配利润	420		5 703.6
				所有者权益合计	1 150		11 362
资产合计	2 030		20 056.4	负债和所有者权益合计	2 030		20 056.4

(二) 特殊项目的处理

(1) 少数股东应分担的外币报表折算差额。在企业境外经营为其子公司的情况下,企业在编制合并财务报表时,应按少数股东在境外经营所有者权益中所享有的份额计算少数股东应分担的外币报表折算差额,并入少数股东权益列示于合并资产负债表。

其账务处理如下。

借: 其他综合收益

　　贷: 少数股东权益

或做相反分录。

(2) 实质上构成对境外经营净投资(长期应收款)的外币货币性项目产生的汇兑差额的处理,分为以下两种情况。

① 实质上构成对境外经营净投资(长期应收款)的外币货币性项目以母公司或子公司的记账本位币反映,则在抵销长期应付款和长期应收款的同时,将产生的汇兑差额转入"其他综合收益"项目。账务处理如下。

借: 财务费用

　　贷: 其他综合收益

或做相反分录。

② 实质上构成对境外经营净投资（长期应收款）的外币货币性项目以母、子公司的记账本位币以外的货币反映，则应将母、子公司此项外币货币性项目产生的汇总差额相互抵销后，差额转入"其他综合收益"项目。如果合并财务报表中各子公司之间也存在实质上构成对另一子公司（境外经营）净投资的外币货币性项目，在编制合并财务报表时要编制相应的抵销分录。账务处理如下。

借：财务费用
　　贷：其他综合收益

或做相反分录。

二、境外经营的处置

企业可能通过出售、清算、返还股本或放弃全部或部分权益等方式处置其在境外经营中的利益。

在境外经营为子公司的情况下，企业处置境外经营应当按照合并财务报表处置子公司的原则进行相应的处理。

【重要提示】在包含境外经营的财务报表中，将已列入其他综合收益的外币报表折算差额与该境外经营相关部分，从所有者权益项目中转入处置当期损益（投资收益）；如果是部分处置境外经营，应当按处置的比例计算处置部分的外币报表折算差额，转入处置当期损益。

| 本章知识点小结 |

1. 了解记账本位币的确定，区分企业记账本位币的确定因素和境外经营记账本位币确定因素。
2. 掌握外币交易的一般原则。
3. 掌握外币报表折算方法。

| 课后训练题 |

一、单项选择题

1. 企业在选择记账本位币时，下列各项中应当考虑的主要因素是（　　）。

A. 纳税使用的货币

B. 母公司的记账本位币

C. 注册地使用的法定货币

D. 主要影响商品销售价格以及生产商品所需人工、材料和其他费用的货币

2. A公司为境内上市公司，其记账本位币为人民币。下列有关境外经营经济业务处理，表述正确的是（　　）。

A. 与境外某公司合资在北京兴建甲公司，甲公司的记账本位币为欧元，A公司参与甲公司的财务和经营政策的决策，境外公司控制这些政策的制定。因此，甲公司不是A公

司的境外经营

B. 由于近期欧洲市场销量增加的需要，A公司在德国设立一分支机构乙公司，乙公司所需资金由A公司提供，其任务是负责从A公司进货并在欧洲市场销售，然后将销售款直接汇回A公司。因此，乙公司是A公司的境外经营

C. 与境外丙公司在丙公司所在地合建一工程项目，A公司提供技术资料，丙公司提供场地、设备及材料，该项目竣工后予以出售，A、丙公司按8∶2分配税后利润，双方已经合作结束。丙公司的记账本位币为美元，除上述项目外，A、丙公司无任何关系。因此，丙公司是A公司的境外经营

D. 通过收购，持有香港丁上市公司发行在外有表决权股份的80%从而拥有该公司的绝对控制权，丁公司的记账本位币为港币。因此，丁公司是A公司的境外经营

3. 下列各项关于企业变更记账本位币会计处理的表述，正确的是（　　）。

A. 记账本位币变更日所有者权益项目按照历史汇率折算为变更后的记账本位币

B. 记账本位币变更日资产负债项目按照变更当日的即期汇率折算为变更后的记账本位币

C. 记账本位币变更当年年初至变更日的利润表项目按照交易发生日的即期汇率折算为变更后的记账本位币

D. 记账本位币变更当年年初至变更日的现金流量表项目按照与交易发生日即期汇率近似的汇率折算为变更后的记账本位币

4. 甲股份有限公司根据其与外商签订的投资合同，外商将分两次投入外币资本，投资合同约定的汇率是1美元＝6.94元人民币。2019年8月1日，第一次收到外商投入资本1 000万美元，当日即期汇率为1美元＝6.93元人民币；2020年1月31日，第二次收到外商投入资本1 000万美元，当日即期汇率为1美元＝6.96元人民币。2020年1月末，甲公司"股本"科目期末余额为（　　）人民币。

A. 12 080万元　　　B. 6 060万元　　　C. 6 030万元　　　D. 13 890万元

5. 对于收到投资者以外币投入的资本，企业应当采用的折算汇率是（　　）。

A. 当期简单平均汇率　　　　　　B. 交易发生日的即期汇率

C. 当期加权平均汇率　　　　　　D. 合同约定汇率

二、多项选择题

1. 下列各项资产属于货币性资产的有（　　）。

A. 银行存款

B. 预付款项

C. 应收票据

D. 以公允价值计量且其变动计入当期损益的金融资产

2. 下列各项属于企业在选择记账本位币时应当考虑的因素有（　　）。

A. 融资活动获得的币种

B. 保存从经营活动中收取款项所使用的币种

C. 销售商品时计价和结算使用的币种

D. 结算职工薪酬通常使用的币种

3. 在下列各项涉及外币业务的账户中，企业因汇率变动须于资产负债日对其记账本位币余额进行调整的有（　　）。

A. 固定资产　　　B. 应付债券　　　C. 长期借款　　　D. 应收账款

4. 下列关于资产负债表外币折算的表述，正确的有（　　）。

A. 外币报表折算差额应在所有者权益项目下单独列示

B. 采用历史成本计量的资产项目应按资产确认时的即期汇率折算

C. 采用公允价值计量的资产项目应按资产负债表日即期汇率折算

D. "未分配利润"项目以外的其他所有者权益项目应按发生时的即期汇率折算

5. 企业对境外经营财务报表折算时，在下列各项中，应当采用资产负债表日即期汇率折算的有（　　）。

A. 固定资产　　　B. 实收资本　　　C. 应付账款　　　D. 未分配利润

三、判断题

1. 业务收支以人民币以外的货币为主的企业，可以选定其中一种货币作为记账本位币，但编制的财务报表应当折算为人民币金额。（　　）

2. 在企业不提供资金的情况下，境外经营活动产生的现金流量难以偿还其现有债务和在正常情况下可预期债务的，境外经营应当选择与企业记账本位币相同的货币作为记账本位币。（　　）

3. 企业对境外经营财务报表进行折算时，资产负债表各项目均采用资产负债表日的即期汇率折算，利润表各项目均采用交易发生日的即期汇率或与交易发生日即期汇率近似的汇率折算。（　　）

4. 企业当期产生的外币报表折算差额，应在利润表"财务费用"项目中列示。（　　）

在线测试

第五章 或有事项

> **学习要点**
> 或有事项、或有资产和或有事项的基本内涵
> 或有事项的确认和计量
> 或有事项会计处理的具体应用

> **学习目标**
> 通过本章的学习,了解或有事项、或有资产和或有事项的基本概念,掌握或有事项确认为预计负债的条件,掌握预计负债的计量和预期可获得补偿的处理,掌握或有事项会计处理原则在未决诉讼和未决仲裁、债务担保、产品质量保证、亏损合同中的具体应用。

第一节 或有事项概述

一、或有事项的概念及其特征

(一)或有事项的概念

企业在经营活动中有时会面临诉讼、仲裁、债务担保、产品质量保证、重组等具有较大不确定性的经济事项,这些不确定事项对企业的财务状况和经营成果可能会产生较大的影响,其最终结果须由某些未来事项的发生或不发生加以决定。例如,企业对商品提供产品质量保证,承诺在商品发生质量问题时由企业无偿提供修理服务,从而会发生一些费用。至于这笔费用是否发生以及发生金额是多少,取决于未来是否发生修理请求以及修理工作量的大小等。按照权责发生制的要求,企业不能等到客户提出修理请求时,才确认因提供产品质量保证而发生的义务,而应当在资产负债表日对这一不确定事项做出判断,以决定是否在当期确认可能承担的修理义务。会计上将这种不确定事项称为或有事项。

或有事项,是指由过去的交易或者事项形成的,其结果须由某些未来事项的发生或不发生才能决定的不确定事项,常见的或有事项包括未决诉讼、未决仲裁、债务担保、产品质量保证(含产品安全保证)、亏损合同、重组义务、承诺、环境污染整治等。

【重要提示】已经获得明确信息确认未来某个时点将发生的事项,不属于"或有事项"。

(二) 或有事项的特征

▶ 1. 或有事项是由过去的交易或者事项形成的

由过去的交易或者事项形成,是指或有事项的现存状况是由过去交易或者事项引起的客观存在。例如,未决诉讼是企业因过去的经济行为导致起诉其他单位或被其他单位起诉,是现存的一种状况,而不是未来将要发生的事项。又如,产品质量保证是企业对已售出商品或已提供劳务的质量提供的保证,不是为尚未出售商品或尚未提供劳务的质量提供的保证。基于这一特征,未来可能发生的自然灾害、交通事故、经营亏损等事项,都不属于或有事项。

▶ 2. 或有事项的结果具有不确定性

(1) 或有事项的结果是否发生具有不确定性。例如,债务的担保方在债务到期时是否承担和履行连带责任,需要根据被担保方能否按时还款决定,其结果在担保协议达成时具有不确定性。又如,有些未决诉讼,被起诉的一方是否会败诉,在案件审理过程中是难以确定的,需要根据人民法院的判决情况加以确定。

(2) 或有事项的结果预计将会发生,但发生的具体时间或金额具有不确定性。例如,某企业因在生产过程中排污治理不力并对周围环境造成污染而被起诉,如无特殊情况,该企业很可能败诉。但是,在诉讼成立时,该企业因败诉将支出多少金额,或者何时将发生这些支出,可能是难以确定的。

▶ 3. 或有事项的结果由未来事项决定

或有事项的结果只能由未来不确定事项的发生或不发生才能决定。或有事项发生时,将会对企业产生有利影响还是不利影响,或虽已知是有利影响或不利影响,但影响有多大,在或有事项发生时是难以确定的。这种不确定性,只能由未来不确定事项的发生或不发生才能证实。例如,企业为其他单位提供债务担保,该担保事项最终是否会要求企业履行偿还债务的连带责任,要看被担保方的未来经营情况和偿债能力。如果被担保方经营情况和财务状况良好且有较好的信用,那么企业就不需要履行该连带责任。只有在被担保方到期无力还款时,担保方才会承担偿还债务的连带责任。又如,未决诉讼只能等到人民法院判决时才能决定其结果。

或有事项与不确定性联系在一起,但在会计处理过程中存在不确定性的事项并不都是或有事项,企业应当按照或有事项的定义和特征进行判断。

【重要提示】例如,对固定资产计提折旧虽然也涉及对固定资产预计净残值和使用寿命进行分析和判断,带有一定的不确定性,但是,固定资产折旧是已经发生的损耗,固定资产的原值是确定的,其价值最终会转移到成本或费用中也是确定的,该事项的结果是确定的,因此,对固定资产计提折旧不属于或有事项。

二、或有负债和或有资产

(一) 或有负债

或有负债,是指由过去的交易或事项形成的潜在义务,其存在须通过未来不确定事项的发生或不发生予以证实;或由过去的交易或事项形成的现时义务,履行该义务不大可能导致经济利益流出企业或该义务的金额不能可靠计量。

或有负债涉及两类义务:一类是潜在义务;另一类是现时义务。其中,潜在义务是指结果取决于未来不确定事项的可能义务。也就是说,潜在义务最终是否会转变为现时义务,由某些未来不确定事项的发生或不发生才能决定。现实义务是指企业在现行条件下已承担的义务,该现时义务的履行不大可能导致经济利益流出企业,或者该现时义务的金额不能可靠地计量。例如,安信公司涉及一桩诉讼案,根据以往的审判案例推断,安信公司很可能要败诉。但人民法院尚未判决,安信公司无法根据经验判断未来要承担多少赔偿金额,因此该现时义务的金额不能可靠地计量,该诉讼案件即形成一项甲公司的或有负债。又如,安信公司和乙企业签订担保合同,承诺为乙企业的某项贷款提供担保。由于担保合同的签订,安信公司承担了一项现时义务,但承担现时义务不意味着经济利益很可能因此流出企业。如果乙企业的财务状况良好,说明安信公司履行连带责任的可能性不大,那么这项担保合同不大可能导致经济利益流出安信公司。该现时义务属于安信公司的或有负债。

履行或有事项相关义务导致经济利益流出的可能性,通常按照一定的概率区间加以判断。在一般情况下,发生的概率分为以下及各层次如表 5-1 所示。

表 5-1 或有事项概率表

项　　目	发生的概率期间
基本确定	95%＜发生的可能性＜100%
很可能	50%＜发生的可能性≤95%
可能	5%＜发生的可能性≤50%
极小可能	0＜发生的可能性≤5%

【例 5-1】 2018 年 5 月 10 日,安信公司的子公司乙公司从银行贷款人民币 70 000 000 元,期限 2 年,由安信公司全额担保;2020 年 6 月 1 日,丙公司从银行贷款人民币 40 000 000 元,期限 3 年,由安信公司全额担保;2020 年 7 月 1 日,丁公司从银行贷款 30 000 000 美元,期限 5 年,由安信公司全额担保。

截至 2020 年 12 月 31 日的情况如下:乙公司贷款逾期未还,银行已起诉安信公司和乙公司。丙公司经营状况良好,预期不存在还款困难。丁公司受政策不利影响,可能不能偿还到期美元债务。

【解析】
在本例中,就乙公司而言,安信公司很可能履行连带责任,造成损失,但损失金额是多少,目前还难以预计。就丙公司而言,要求安信公司履行连带责任的可能性极小,就丁公司而言,安信公司可能履行连带责任。根据《企业会计准则》的规定,安信公司应在 2020 年 12 月 31 日的财务报表附注中作如下披露,如表 5-2 所示。

表 5-2　担保明细表

被担保单位	担保金额	财务影响
乙公司	担保金额人民币 70 000 000 元，2020 年 5 月 10 日到期	乙公司的银行借款已逾期。贷款银行已起诉乙公司和本公司，由于对乙公司该笔银行贷款提供全额担保，预期诉讼结果将给本公司的财务造成重大不利影响，损失金额目前难以估
丙公司	担保金额人民币 40 000 000 元，2023 年 6 月 1 日到期	丙公司目前经营情况良好，预期对银行贷款不存在还款困难的问题，因此对丙公司的担保不大可能会给本公司造成不利影响，损失金额目前难以估计
丁公司	担保金额 30 000 000 美元，2025 年 7 月 1 日到期	丁公司受政策影响本年度效益不如以往，可能不能偿还到期美元贷款，本公司可能因此承担相应的连带责任而发生损失，损失金额目前难以估计

（二）或有资产

或有资产，是指由过去的交易或者事项形成的潜在资产，其存在须通过未来不确定事项的发生或不发生予以证实。或有资产作为一种潜在资产，其结果具有较大的不确定性，只有随着经济情况的变化，通过某些未来不确定事项的发生或不发生才能证实其是否会形成企业真正的资产。例如，安信公司向法院起诉乙企业侵犯了其专利权。法院尚未对该案件进行公开审理，安信公司是否胜诉尚难判断。对安信公司而言，将来可能胜诉而获得的赔偿属于一项或有资产，但这项或有资产是否会转化为真正的资产，要由人民法院的判决结果确定。如果终审判决结果是安信公司胜诉，那么这项或有资产就可以转化为安信公司的一项资产。如果终审判决结果是安信公司败诉，那么或有资产就消失了，不会形成企业的资产。

正如或有负债不符合负债确认条件一样，或有资产也不符合资产确认条件，因而不能在财务报表中确认。企业通常不应当披露或有资产，但或有资产很可能给企业带来经济利益的，应当披露其形成的原因、预计产生的财务影响等。

需要指出的是，影响或有负债和或有资产的多种因素处于不断变化之中，企业应当持续地对这些因素予以关注。随着时间的推移和事态的进展，或有负债对应的潜在义务可能转化为现时义务，原来不大可能导致经济利益流出的现时义务也可能被证实将很可能导致经济利益流出企业，并且现时义务的金额也能够可靠计量。企业应当对或有负债相关义务进行评估、分析判断其是否符合确认为负债的条件。如符合确认为负债的条件，应将其确认为预计负债。类似地，或有资产对应的潜在权利也可能随着相关因素的改变而发生变化，其对应的潜在资产最终是否能够流入企业会逐渐变得明确，如果某一时点企业基本确定能够收到这项潜在资产并且其金额能够可靠计量，则应当将其确认为企业的资产。

第二节 或有事项的确认和计量

一、或有事项的确认

或有事项的确认通常是指与或有事项相关义务的确认。由或有事项形成的或有资产只有在企业基本确定能够收到的情况下,才能转变为真正的资产,从而应当予以确认。

与或有事项有关的义务在同时符合以下 3 个条件时,应当确认为预计负债。

或有事项的确认

(一)该义务是企业承担的现时义务

该义务是企业承担的现时义务,是指与或有事项相关的义务是在企业当前条件下已承担的义务,企业没有其他现实的选择,只能履行该现时义务。

(二)履行该义务很可能导致经济利益流出企业

履行该义务很可能导致经济利益流出企业,是指履行与或有事项相关的现时义务时,导致经济利益流出企业的可能性超过 50%,但尚未达到基本确定的程度。

企业因或有事项承担了现时义务,并不说明该现时义务很可能导致经济利益流出企业。例如,2020 年 5 月 1 日,安信公司与乙企业签订协议,承诺为乙企业的 2 年期银行借款提供全额担保。对安信公司而言,由于该担保事项而承担了一项现时义务,但这项义务的履行是否很可能导致经济利益流出企业,须依据乙企业的经营情况和财务状况等因素加以确定。假定 2020 年年末,乙企业的财务状况恶化,且没有迹象表明可能发生好转。此种情况出现,表明乙企业很可能违约,从而安信公司履行承担的现时义务将很可能导致经济利益流出企业。反之,如果乙企业财务状况良好,一般可以认定乙企业不会违约,从而安信公司履行承担的现时义务不大可能导致经济利益流出。

(三)该义务的金额能够可靠地计量

或有事项具有不确定性,从而或有事项产生的现时义务的金额也具有不确定性,需要估计。若要对或有事项确认一项预计负债,则相关现时义务的金额应当能够可靠估计。只有在其金额能够可靠地估计并同时满足其他两个条件时,企业才能加以确认。

例如,乙公司涉及一起诉讼案。根据以往的审判结果判断,乙公司很可能败诉,相关的赔偿金额也可以估算出一个区间。在这种情况下,就可以认为该公司因未决诉讼承担的现时义务的金额能够可靠地估计,从而对未决诉讼确认一项因或有事项形成的预计负债;但是如果没有以往的审判结果作为比照,而相关的法律法规条文又没有明确解释,那么即使该公司预计可能败诉,在判决以前也很可能无法合理估计其须承担的现时义务的金额,在这种情况下则不应确认为预计负债。

【重要提示】如果或有事项确认负债的 3 个条件没有同时满足时,则属于或有负债。

或有事项的计量主要涉及两方面:一是最佳估计数的确定;二是预期可获得补偿的处理。

二、或有事项的计量

当与或有事项有关的义务符合确认为负债的条件时应当将其确认为预计负债,预计负债应当按照履行相关现时义务所须支付的最佳估计数进行初始计量。此外,企业清偿预计负债所须支出还可能从第三方或其他方获得补偿。或有事项的计量主要涉及两个方面:一是预计负债的计量;二是预期可获得补偿的处理。

预计负债的计量

(一) 预计负债的计量

预计负债应当按照履行相关现时义务所须支出的最佳估计数进行初始计量。最佳估计数的确定应当分别按以下两种情况处理。

(1) 所须支出存在一个连续范围,且该范围内各种结果发生的可能性相同,则最佳估计数应当按照该范围内的中间值,即上下限金额的平均数确定。

【例5-2】 2020年12月1日,安信公司因合同违约而被乙公司起诉。2020年12月31日,安信公司尚未接到人民法院的判决。安信公司预计最终的法律判决很可能对公司不利。假定预计将要支付的赔偿金额为1 000 000~1 600 000元的某一金额,而且这个区间内的每个金额的可能性都大致相同。

【解析】

在这种情况下,甲公司应在2020年12月31日的资产负债表中确认一项预计负债,金额为:(1 000 000+1 600 000)/2=1 300 000(元)。

有关账务处理如下。

借:营业外支出——赔偿支出——乙公司   1 300 000
　　贷:预计负债——未决诉讼——乙公司   1 300 000

(2) 所须支出不存在一个连续范围,或者虽然存在一个连续范围,但该范围内各种结果发生的可能性不相同,那么,如果或有事项仅涉及单个项目,最佳估计数则按照最可能发生金额确定;如果或有事项涉及多个项目,最佳估计数则按照各种可能结果及相关概率加权计算确定。"涉及单个项目"是指或有事项涉及的项目只有一个,如一项未决诉讼、一项未决仲裁或一项债务担保等。"涉及多个项目"是指或有事项涉及的项目不止一个,如产品质量保证。在产品质量保证中,提出产品保修要求的可能有许多客户,相应地,企业对这些客户负有保修义务。

【例5-3】 2020年10月2日,安信公司涉及一起诉讼案。2020年12月31日,安信公司尚未接到法院的判决。在咨询了公司的法律顾问后,安信公司认为:胜诉的可能性为40%,败诉的可能性为60%。

【解析】

如果败诉,需要赔偿2 000 000元。此时,乙股份有限公司在资产负债表中确认的负债金额应为最可能发生的金额,即2 000 000元。

【例5-4】 安信公司是生产并销售A产品的企业,2020年度第一季度,共销售A产品60 000件,销售收入为36 000万元。根据公司的产品质量保证条款,该产品售出后一年内,如发生正常质量问题,公司将负责免费维修。根据以前年度的维修记录,如果发生较小的质量问题,发生的维修费用为销售收入的1%;如果发生较大的质量问题,发生的维修费用为销售收入的2%。根据公司技术部门的预测,在本季度销售的产品中,80%不会发生质量问题,15%可能发生较小质量问题,5%可能发生较大质量问题。

【解析】

据此,2020年第一季度末,安信公司应在资产负债表中确认的负债金额为

$$360\ 000\ 000 \times (0 \times 80\% + 1\% \times 15\% + 2\% \times 5\%) = 900\ 000(元)$$

企业应当在资产负债表日对预计负债的账面价值进行复核。有确凿证据表明该账面价值不能真实反映当前最佳估计数的,应当按照当前最佳估计数对该账面价值进行调整。例如,某化工企业对环境造成了污染,按照当时的法律规定,只需对污染进行清理。随着国家对环境保护问题越来越重视,按照现在的法律规定,该企业不但需要对污染进行清理还很可能要对居民进行赔偿。这种法律要求的变化,会对企业预计负债的计量产生影响。企业应当在资产负债表日对为此确认的预计负债金额进行复核,相关因素发生变化表明预计负债金额不再能反映真实情况时,需要按照当前情况下企业清理和赔偿支出的最佳估计数对预计负债的账面价值进行相应的调整。

【重要提示】在产品质量保证中,企业销售的商品,有些没有质量问题,有些有较小质量问题,有些有较大质量问题,这几个事项同时存在,属于多个项目,要用加权平均数计算最佳估计数。

(二)预期可获得补偿的处理

企业清偿因或有事项而确认的负债所须支出全部或部分预期由第三方或其他方补偿的,该补偿金额只有在基本确定能够收到时,才能作为资产单独确认,确认的补偿金额不能超过所确认负债的账面价值。预期可能获得补偿的情况通常有:发生交通事故等情况时,企业通常可从保险公司获得合理的赔偿;在某些索赔诉讼中,企业可对索赔人或第三方另行提出赔偿要求;在债务担保业务中,企业在履行担保义务的同时,通常可向被担保企业提出追偿要求。

企业预期从第三方获得的补偿,是一种潜在资产,其最终是否会转化为企业真正的资产(即企业是否能够收到这项补偿)具有较大的不确定性,企业只有在基本确定能够收到补偿时才能对其进行确认。根据资产和负债不能随意抵销的原则,预期可获得的补偿在基本确定能够收到时应当单独确认为一项资产,而不能作为预计负债金额的扣减。

补偿金额的确认涉及两个方面问题:一是确认时间,补偿只有在"基本确定"能够收到时才予以确认;二是确认金额,确认的金额是基本确定能够收到的金额,并且不能超过相关预计负债的账面价值。

【重要提示】或有事项确认为资产的前提条件是或有事项已经确认为负债。

或有事项确认为资产通过"其他应收款"科目核算,但不能冲减预计负债的账面价值。

【例5-5】 2020年12月31日,安信公司因或有事项而确认了一笔金额为50万元的预计负债;同时,安信公司因该或有事项基本确定可从甲保险公司获得20万元的赔偿。

【解析】

在本例中，安信公司应分别确认一项金额为60万元的预计负债和一项金额为20万元的资产，而不能只确认一项金额为40万元（60－20）的预计负债。同时，安信公司所确认的补偿金额20万元未超过所确认的预计负债的账面价值60万元。

第三节 或有事项会计处理的具体运用

一、未决诉讼或未决仲裁

诉讼，是指当事人不能通过协商解决争议，因而在人民法院起诉、应诉，请求人民法院通过审判程序解决纠纷的活动。诉讼尚未裁决之前，对被告来说，可能形成一项或有负债或者预计负债；对原告来说，则可能形成一项或有资产。

或有事项会计处理的具体应用

仲裁，是指经济法的各方当事人依照事先约定或事后达成的书面仲裁协议，共同选定仲裁机构并由其对争议依法做出具有约束力裁决的一种活动。作为当事人一方，仲裁的结果在仲裁决定公布以前是不确定的，因而会构成一项潜在义务或现时义务，或者潜在资产。

【例5-6】2020年11月1日，安信公司因合同违约而被丁公司起诉。2020年12月31日，公司尚未接到法院的判决。丁公司预计，如无特殊情况很可能在诉讼中获胜，假定丁公司估计将来很可能获得赔偿金额190万元。在咨询了公司的法律顾问后，安信公司认为最终的法律判决很可能对公司不利。假定安信公司预计将要支付的赔偿金额、诉讼费等费用为160万元至200万元之间的某一金额，而且这个区间内每个金额的可能性都大致相同，其中诉讼费为3万元。

【解析】

在此例中，丁公司不应当确认或有资产，而应在2020年12月31日的报表附注中披露或有资产190万元。

安信公司应在资产负债表中确认一项预计负债，金额为：

（1 600 000＋2 000 000）/2＝1 800 000（元），同时在2020年12月31日的附注中进行披露。

安信公司的有关账务处理如下。

借：管理费用——诉讼费　　　　　　　　　　　　　　　　　　30 000
　　营业外支出　　　　　　　　　　　　　　　　　　　　　 1 770 000
　　贷：预计负债——未决诉讼　　　　　　　　　　　　　　　1 800 000

【例5-7】2018年10月6日，安信公司借款6 000万元给丙公司，由于经营困难，2020年10月6日，借款到期时丙公司无力偿还贷款，安信公司依法起诉丙公司，2020年12月6日，人民法院一审判决安信公司胜诉，责成丙公司向安信公司偿付贷款本息7 000万元，并支付罚息及其他费用600万元，两项合计7 600万元，但由于种种原因，丙公司未履行判决，直到 2020 年 12 月 31 日，安信公司尚未采取进一步的行动。

【解析】

在本例中，虽然一审判决安信公司胜诉，将很可能从丙公司收回委托贷款本金、利息及罚息，但是由于丙公司本身经营困难，该款项是否能全额收回存在较大的不确定性，因此，安信公司于 2020 年 12 月 31 日不应确认资产，而应考虑该项贷款的减值问题。

同时，安信公司应在 2020 年 12 月 31 日的财务报表附注中作如下披露。

本公司于 2018 年 10 月 6 日向丙公司贷款 6 000 万元，丙公司逾期未还，为此本公司依法向人民法院起诉丙公司。2020 年 12 月 6 日，一审判决本公司胜诉，并可从丙公司索偿款项 7 600 万元，其中含贷款本金 6 000 万元、利息 1 000 万元，以及罚息等其他费用 600 万元。截至 2020 年 12 月 31 日，丙公司未履行判决，本公司尚未采取进一步的措施。

二、债务担保

债务担保在企业中是较普遍的现象。作为提供担保的一方，在被担保方无法履行合同的情况下常常承担连带责任。从保护投资者、债权人的利益出发，客观、充分地反映企业因担保义务而承担的潜在风险是十分必要的。

企业对外提供债务担保常常会涉及未决诉讼，这时可以分别按照以下情况进行处理。

(1) 企业已被判决败诉，则应当按照人民法院判决的应承担的损失金额，确认为预计负债，并计入当期营业外支出。

(2) 已判决败诉，但企业正在上诉，企业应当在资产负债表日，根据已有判决结果合理估计可能产生的损失金额，确认为预计负债，并计入当期营业外支出。

(3) 人民法院尚未判决的，企业应向其律师或法律顾问等咨询，如果败诉的可能性大于胜诉的可能性，并且损失金额能够合理估计的，应当在资产负债表日将预计担保损失金额确认为预计负债，并计入当期营业外支出。

【例 5-8】 2018 年 10 月，B 公司从银行贷款人民币 2 000 万元，期限 2 年，由 A 公司全额担保；2020 年 4 月，C 公司从银行贷款美元 100 万元，期限 1 年，由 A 公司担保 50%；2020 年 6 月，D 公司通过银行从 G 公司贷款人民币 1 000 万元，期限 2 年，由 A 公司全额担保。截至 2020 年 12 月 31 日，各贷款单位的情况如下：B 公司贷款逾期未还，银行已起诉 B 公司和 A 公司，A 公司因连带责任须赔偿多少金额尚无法确定；C 公司由于受政策影响和内部管理不善等原因，经营效益不如以往，可能不能偿还到期美元债务；D 公司经营情况良好，预期不存在还款困难的问题。

【解析】

在本例中，对 B 公司而言，A 公司很可能须履行连带责任，但损失金额是多少，目前还难以预计；就 C 公司而言，A 公司可能须履行连带责任；就 D 公司而言，A 公司履行连带责任的可能性极小。这三项债务担保形成 A 公司的或有负债，不符合预计负债的确认条件，A 公司在 2020 年 12 月 31 日编制财务报表时，应当在附注中作相应披露。

三、产品质量保证

产品质量保证，通常是指销售商或制造商在销售产品或提供劳务后，对客户提供服务的一种承诺。在约定期内（或终身保修），若产品或劳务在正常使用过程中出现质量或与之相关的其他属于正常范围的问题，企业负有更换产品、免费或只收成本价进行修理等责任。按照权责发生制的要求，上述相关支出符合确认条件时就应在收入实现时确认相关预计负债。

【例5-9】 沿用例5-4的资料，安信公司2020年度第一季度实际发生的维修费为85万元，"预计负债——产品质量保证"科目2019年年末余额为3万元。

【解析】

在本例中，2020年度第一季度，安信公司的账务处理如下。

(1) 确认与产品质量保证有关的预计负债

借：销售费用——产品质量保证　　　　　　　　　　　　　　　　900 000

　　贷：预计负债——产品质量保证　　　　　　　　　　　　　　　900 000

(2) 发生产品质量保证费用（维修费）

借：预计负债——产品质量保证　　　　　　　　　　　　　　　　850 000

　　贷：银行存款或原材料等　　　　　　　　　　　　　　　　　　850 000

"预计负债——产品质量保证"科目2020年第一季度末的余额为

900 000－850 000＋30 000＝80 000（元）

在对产品质量保证确认预计负债时，需要注意以下问题。

(1) 如果发现保证费用的实际发生额与预计数相差较大，应及时对预计比例进行调整。

(2) 如果企业针对特定批次产品确认预计负债，则在保修期结束时，应将"预计负债——产品质量保证"科目余额冲销，同时冲销销售费用。

(3) 已对其确认预计负债的产品，如企业不再生产了，那么应在相应的产品质量保证期满后，将"预计负债——产品质量保证"科目余额冲销，同时冲销销售费用。

四、亏损合同

亏损合同，是指履行合同义务不可避免会发生的成本超过预期经济利益的合同。亏损合同产生的义务满足预计负债确认条件的，应当确认为预计负债。预计负债的计量应当反映退出该合同的最低净成本，即履行该合同的成本与未能履行该合同而发生的补偿或处罚两者之中的较低者。企业与其他企业签订的商品销售合同、劳务合同、租赁合同等，均可能变为亏损合同。

企业对亏损合同进行会计处理，需要遵循以下原则。

(1) 如果与亏损合同相关的义务无须支付任何补偿即可撤销，企业通常就不存在现时义务，不应确认预计负债；如果与亏损合同相关的义务不可撤销，企业就存在现时义务，同时满足该义务很可能导致经济利益流出企业且金额能够可靠地计量的，应当确认预计负债。

（2）亏损合同存在标的资产的，应当对标的资产进行减值测试并按规定确认减值损失，在这种情况下，企业通常无须确认预计负债，如果预计亏损超过该减值损失，应将超过部分确认为预计负债；合同不存在标的资产的，亏损合同相关义务满足预计负债确认条件时，应当确认预计负债。

【例5-10】 安信公司于2020年11月10日与丙公司签订不可撤销合同，约定在2021年4月1日以每件200元的价格向丙公司提供A产品1 000件，若不能按期交货，将对安信公司处以总价款20%的违约金。签订合同时A产品尚未开始生产，安信公司准备采购原材料生产A产品时，原材料价格突然上涨，预计生产A产品的单位成本将超过合同单价。不考虑相关税费。

【解析】

（1）若生产A产品的单位成本为210元。

履行合同发生的损失＝1 000×(210－200)＝10 000（元）

不履行合同支付的违约金＝1 000×200×20%＝40 000（元）

在本例中，安信公司与丙公司签订了不可撤销合同，但是执行合同不可避免发生的费用超过了预期获得的经济利益，属于亏损合同。由于该合同变为亏损合同时不存在标的资产，安信公司应当按照履行合同造成的损失与违约金两者中的较低者确认一项预计负债，即应确认预计负债10 000元。

借：营业外支出——亏损合同损失——A产品　　　　　　　　　　10 000
　　贷：预计负债——亏损合同损失——A产品　　　　　　　　　　　10 000

待产品完工后，将已确认的预计负债冲减产品成本：

借：预计负债——亏损合同损失——A产品　　　　　　　　　　　　10 000
　　贷：库存商品——A产品　　　　　　　　　　　　　　　　　　　10 000

（2）若生产A产品的单位成本为270元。

履行合同发生的损失＝1 000×(270－200)＝70 000（元）

不履行合同支付的违约金＝1 000×200×20%＝40 000（元）

应确认预计负债40 000元。

借：营业外支出——亏损合同损失——A产品　　　　　　　　　　40 000
　　贷：预计负债——亏损合同损失——A产品　　　　　　　　　　　40 000

支付违约金时：

借：预计负债——亏损合同损失——A产品　　　　　　　　　　　　40 000
　　贷：银行存款　　　　　　　　　　　　　　　　　　　　　　　　40 000

【例5-11】 安信公司与乙公司于2019年10月签订不可撤销合同，安信公司向乙公司销售A设备50台，合同价格每台100万元(不含税)。该批设备在2020年2月25日交货。至2019年年末，安信公司已生产40台A设备，由于原材料价格上涨，单位成本达到102万元，每销售一台A设备亏损2万元，因此这项合同已成为亏损合同。预计其余未生产的10台A设备的单位成本与已生产的A设备的单位成本相同。则安信公司应对有标的的40

台 A 设备计提存货跌价准备，对没有标的的 10 台 A 设备确认预计负债。不考虑相关税费。

【解析】
有关账务处理如下。

有标的部分，合同为亏损合同，确认减值损失。

借：资产减值损失——存货跌价损失——A 设备　　　　　　　　800 000
　　贷：存货跌价准备——A 设备　　　　　　　　　　　　　　　　800 000

无标的部分，合同为亏损合同，确认预计负债。

借：营业外支出——亏损合同损失——A 设备　　　　　　　　　200 000
　　贷：预计负债——亏损合同损失——A 设备　　　　　　　　　　200 000

在产品生产出来后，将预计负债冲减成本。

借：预计负债——亏损合同损失——A 设备　　　　　　　　　　200 000
　　贷：库存商品——A 设备　　　　　　　　　　　　　　　　　　200 000

本章知识点小结

1. 或有事项的特征：由过去的交易或事项形成、结果具有不确定性、结果由未来事项决定。

2. 或有事项确认为预计负债的条件：与或有事项相关的义务是企业承担的现时义务；履行该义务很可能导致经济利益流出企业；该义务的金额能够可靠计量。

3. 或有事项的计量主要涉及最佳估计数的确定和预期可获得补偿的处理。

4. 掌握未决诉讼或未决仲裁、债务担保、产品质量保证以及亏损合同等或有事项会计的具体应用。

课后训练题

一、单项选择题

1. 下列各项关于或有事项会计处理的表述，不正确的是（　　）。
A. 因亏损合同预计产生的损失，在满足预计负债确认条件时，应当确认为预计负债
B. 因或有事项产生的潜在义务应当确认为预计负债
C. 重组计划对外公告前不应就重组义务确认预计负债
D. 对期限较长的预计负债进行计量时应考虑货币时间价值的影响

2. 2020 年 12 月 10 日，甲公司因合同违约而涉及一桩诉讼案。根据公司的法律顾问判断，最终的判决结果很可能对甲公司不利。2020 年 12 月 31 日，甲公司尚未接到法院的判决，因诉讼须承担的赔偿金额无法准确地确定。不过，据专业人士估计，赔偿金额可能在 100 万元至 120 万元之间（且各金额发生的可能性相同），另须支付承担的诉讼费 2 万元，甲公司应确认的营业外支出的金额为（　　）万元。
　　A. 100　　　　　　B. 120　　　　　　C. 110　　　　　　D. 112

3.2020年11月,甲公司因污水排放对环境造成污染被周围居民提起诉讼。2020年12月31日,该案件尚未一审判决。根据以往类似案例及公司法律顾问的判断,甲公司很可能败诉。如败诉,预计赔偿2 000万元的可能性为70%,预计赔偿1 800万元的可能性为30%。假定不考虑其他因素,该事项对甲公司2017年利润总额的影响金额为( )万元。

  A. -1 800   B. -1 900   C. -1 940   D. -2 000

4.甲公司2020年年初"预计负债——产品质量保证"余额为0。当年分别销售A、B产品3万件和4万件,销售单价分别为50元和40元。甲公司向购买者承诺产品售后2年内提供免费保修服务,预计保修期内发生的保修费在销售额的2%~8%,且该范围内各种结果发生的可能性相同。2020年,实际发生产品保修费5万元(已用银行存款支付)。假定无其他或有事项,不考虑其他因素的影响,则甲公司2017年年末资产负债表"预计负债"项目的余额为( )万元。

  A. 5   B. 1.2   C. 7.5   D. 10.5

5.2020年3月1日,甲公司与乙公司签订一份不可撤销的产品销售合同,约定在2021年1月1日以每件10万元的价格向乙公司销售15件D产品,乙公司于签订合同同时预付定金30万元,若甲公司违约须双倍返还定金。2020年12月31日,甲公司库存中没有D产品所需原材料,因原材料价格突然上涨,预计生产每件D产品成本上升至15万元,则2020年年末甲公司应在资产负债表中确认预计负债( )万元。

  A. 75   B. 30   C. 60   D. 65

二、多项选择题

1.下列关于最佳估计数的确定,正确的有( )。

  A. 所须支出存在一个连续范围(或区间),且该范围内各种结果发生的可能性相同,则最佳估计数应当按照该范围内的中间值,即上下限金额的平均数确定

  B. 所须支出不存在一个连续范围,或者虽然存在一个连续范围但该范围内各种结果发生的可能性不相同,涉及单个项目的,按照最可能发生金额确定

  C. 所须支出不存在一个连续范围,或者虽然存在一个连续范围但该范围内各种结果发生的可能性不相同,涉及多个项目的,按照各种可能结果及相关概率计算确定

  D. 所须支出存在一个连续范围(或区间),且该范围内各种结果发生的可能性相同,则最佳估计数应当按照该范围内的几何平均数计算确定

2.以下关于亏损合同的会计处理,正确的有( )。

  A. 亏损合同确认预计负债时,预计负债的计量应当反映退出该合同的最低净成本,即履行该合同的成本与未能履行该合同而发生的补偿或处罚两者之中的较低者

  B. 如果与亏损合同相关的义务不可撤销,企业就存在了现实义务,同时满足该义务很可能导致经济利益流出企业且金额能够可靠地计量的,应当确认为预计负债

  C. 待执行合同变为亏损合同的,合同存在标的资产的,应当对标的资产进行减值测试并按规定确认减值损失,在这种情况下企业通常不确认预计负债;如果预计亏损超过该减值损失,应将超过部分确认为预计负债

  D. 待执行合同变为亏损合同的,合同不存在标的资产的,亏损合同相关义务满足预

计负债确认条件时，应该确认预计负债

3. 2020年8月30日，北方公司与西方公司签订不可撤销的销售合同。合同约定，北方公司应当于2020年3月1日前，向西方公司提供100件A产品，销售总额为100万元，若北方公司违约，则需要向西方公司按照销售总额的10%支付违约金。2020年12月31日，库存A产品60件，成本为60万元；北方公司开始筹备原材料以生产剩余的40件A产品时，原材料价格突然上涨，预计生产剩余40件A产品的成本为48万元，预计销售100件A产品将发生销售税费10万元。当日100件A产品的市场价格为140万元。假定不考虑其他因素的影响，北方公司的下列处理中，正确的有(　　)。

A. 北方公司应选择执行合同，并确认预计负债26万元
B. 北方公司应选择执行合同，并计提存货跌价准备和确认资产减值损失26万元
C. 北方公司应选择不执行合同，并确认预计负债10万元
D. 北方公司应选择不执行合同，并确认营业外支出10万元

4. 下列关于或有负债和或有资产说法，正确的有(　　)。
A. 或有负债一定是由过去的交易或事项形成的潜在义务
B. 或有负债一定是过去的交易或者事项形成的现实义务
C. 或有资产指过去的交易或者事项形成的潜在资产
D. 企业通常不应披露或有资产，但或有资产很可能给企业带来经济利益的应当予以披露

5. 下列关于或有事项的说法，正确的有(　　)。
A. 或有资产和或有负债不符合资产和负债的确认条件，不应当确认资产和负债
B. 或有事项在满足负债的确认条件时，可以确认为负债
C. 或有资产一般不应在财务报表附注中披露，当或有资产很可能给企业带来经济利益时，则应在财务报表附注中披露
D. 一桩经济案件，若企业有98%的可能性获得补偿100万元，则企业就应将其确认为资产

三、判断题

1. 或有负债无论是潜在义务还是现实义务，均不符合负债的确认条件，因而不能在财务报表中予以确认，但是应按相关规定在财务报表中附注披露。(　　)

2. 企业对已经确认的预计负债在实际支出发生时，不应当仅限于最初为之确定该预计负债的支出。(　　)

3. 或有事项形成的或有资产只有企业基本确定能够收到的情况下，才能转换为真正的资产，从而全部予以确认。(　　)

4. 企业应当在资产负债日对预计负债的账面价值进行复核，有确凿正确表明该账面价值不能真实反映当前最佳估计数的，应当按照当前最佳估计数对该账面价值进行调整。(　　)

5. 预期可获得的补偿在基本确定能够收到时应当确认为一项资产，作为预计负债金额的扣减。(　　)

四、计算分析题

乙公司主要生产 A、B、C 三种家电产品，2020 年发生如下事项。

资料：

(1) 2020 年 12 月 10 日，乙公司认为本企业应享受一项税收优惠，获得税收返还，但税务部门迟迟不予落实执行。乙公司遂将税务部门告上法庭。律师认为，法律已经有明文规定，本诉讼基本确定能获胜，如果获胜，将获得返还款 200 万元。

(2) 2020 年 12 月 1 日，乙公司接到法院的通知，其联营企业在两年前的一笔借款到期，本息合计为 1 000 万元，因联营企业无力偿还，债权单位（贷款单位）已将本笔贷款的担保企业乙公司告上法庭，要求乙公司履行担保责任，代为清偿。乙公司经研究认为，目前联营企业的财务状况较差，乙公司有 80% 的可能性承担全部本息的偿还责任。

(3) 2020 年 7 月 1 日，乙公司与甲公司签订一份不可撤销合同，合同约定：乙公司在 2017 年 2 月 1 日以每件 3 万元的价格向甲公司销售 10 件 A 产品，甲公司应预付定金 5 万元，若乙公司违约，双倍返还定金。

2020 年 12 月 31 日，乙公司库存 A 产品 10 件，成本总额为 40 万元，按目前市场价格计算的市价总额为 38 万元，假定不考虑相关税费。

(4) 2020 年 12 月 25 日，乙公司司机驾驶大货车在高速公路上追尾，致使被追尾车辆连同产品遭受重大损失，受害单位要求赔偿 20 万元。交警已明确责任，这次事故应由乙公司负全部责任，乙公司认为情况属实，是因为当时急需材料，强令司机日夜兼程，疲劳驾驶，引致重大交通事故。乙公司已同意将赔偿损失 20 万元，款项已于 12 月 31 日支付。

要求：

(1) 判断资料(1)、(2)、(3)、(4)是否属于或有事项，标明序号即可。

(2) 根据上述资料，针对判断出来的或有事项符合负债确认条件的业务，编制相应的会计分录（答案中的金额单位用万元表示）。

在线测试

扫描封底刮刮卡　获取答题权限

第六章 收 入

> **学习要点**
>
> 收入确认和计量的"五步法"模型
> 合同成本的确认与计量
> 与收入有关的特定交易的会计处理
> 某一时段履行履约义务和某一时点履行履约义务的区分

> **学习目标**
>
> 通过本章的学习,掌握收入确认与计量的五步法,了解收入确认的原则与条件,熟悉合同变更情形的辨析及处理,熟悉客户未行使权利的会计处理,熟悉合同履约成本和合同取得成本的辨析,熟悉合同中存在重大融资成分的会计处理,熟悉某一时段履行履约义务和某一时点履行履约义务的收入确认条件。

第一节 收入概述

一、收入的概念

收入,是指企业在日常活动中形成的、会导致所有者权益增加的、与所有者投入资本无关的经济利益的总流入。

企业处置固定资产、无形资产等,在确定处置时点以及计量处置损益时,按照本章的有关规定进行处理。除非特别说明,本章所称商品,既包括商品,也包括服务。

收入概述

二、收入的确认原则

企业确认收入的方式应当反映其向客户转让商品的模式,收入的金额应当反映企业因转让这些商品而预期有权收取的对价金额。企业应当在履行了合同中的履约义务,即在客户取得相关商品控制权时确认收入。

取得相关商品控制权,是指能够主导该商品的使用并从中获得几乎全部的经济利益,也包括有能力阻止其他方主导该商品的使用并从中获得经济利益。取得商品控制权同时包括下列三要素。

一是能力,即客户必须拥有现时权利,能够主导该商品的使用并从中获得几乎全部经济利益;二是主导该商品的使用;三是能够获得几乎全部的经济利益。

企业收入的会计处理是以企业与客户之间的单个合同为基础,但是,为便于实务操作,当企业能够合理预计,将收入的会计处理应用于具有类似特征的合同(或履约义务)组合或应用于该组合中的每一个合同(或履约义务),不会对企业的财务报表产生显著不同的影响时,企业可以在合同组合层面对收入进行会计处理。

第二节 收入的确认和计量

收入的确认和计量分为五步:第一步,识别与客户订立的合同;第二步,识别合同中的单项履约义务;第三步,确定交易价格;第四步,将交易价格分摊至各单项履约义务;第五步,履行各单项履约义务时确认收入。其中,第一步、第二步和第五步主要与收入的确认有关,第三步和第四步主要与收入的计量有关。

一、识别与客户订立的合同

(一)合同识别

合同,是指双方或多方之间订立有法律约束力的权利义务的协议。合同包括书面形式、口头形式以及其他形式(如隐含于商业惯例或企业以往的习惯做法中等)。企业与客户之间的合同同时满足下列5项条件的,企业应当在履行了合同中的履约义务,即在客户取得相关商品控制权时确认收入:一是合同各方已批准该合同并承诺将履行各自义务;二是该合同明确了合同各方与所转让商品相关的权利和义务;三是该合同有明确的与所转让商品相关的支付条款;四是该合同具有商业实质,即履行该合同将改变企业未来现金流量的风险、时间分布或金额;五是企业因向客户转让商品而有权取得的对价很可能收回。

识别与客户
订立的合同

企业在评估其因向客户转让商品而有权取得的对价是否很可能收回时,仅应考虑客户到期时支付对价的能力和意图(即客户的信用风险)。对于不符合上述五项条件的合同(不能同时满足),企业只有在不再负有向客户转让商品的剩余义务(如合同已完成或取消),且已向客户收取的对价(包括全部或部分对价)无须退回时,才能将已收取的对价确认为收入;否则,应当将已收取的对价作为负债进行会计处理。需要说明的是,没有商业实质的非货币性资产交换,无论何时,均不应确认为收入。企业与客户之间的合同,在合同开始日即满足上述5项条件的,企业在后续期间无须对其进行重新评估,除非有迹象表明相关事实和情况发生重大变化;在合同开始日不符合上述5项条件的,企业应当在后续期间对其进行持续评估,以判断其能否满足上述5项条件。合同开始日,是指合同开始赋予合同各方具有法律约束力的权利和义务的日期,通常是指合同生效日。

【例6-1】 甲公司与乙公司签订合同,将一项专利技术授权给乙公司使用,并按其使用情况收取特许权使用费。甲公司评估认为，该合同在合同开始日满足上述5项条件。该专利技术在合同开始日即授权给乙公司使用。在合同开始日后的第1年内，乙公司每季度向甲公司提供该专利技术的使用情况报告，并在约定的期间内支付特许权使用费。在合同开始日后的第2年内，乙公司继续使用该专利技术，但是，乙公司的财务状况下滑，融资能力下降，流动资金不足，因此，乙公司仅按合同支付了当年第1季度的特许权使用费，而后3个季度仅象征性支付了部分金额。

在合同开始日后的第3年内，乙公司继续使用甲公司的专利技术。但是，甲公司得知，乙公司已经完全丧失了融资能力，且流失了大部分客户，因此，乙公司的付款能力进一步恶化，信用风险显著升高。

【解析】

在本例中，该合同在合同开始日满足上述5项条件，因此，甲公司在乙公司使用该专利技术的行为发生时，按照约定的特许权使用费确认收入。合同开始后的第2年，由于乙公司的信用风险升高，甲公司在确认收入的同时，应对乙公司的应收款项进行减值测试。合同开始日后的第3年，由于乙公司的财务状况恶化，信用风险显著升高，甲公司对该合同进行了重新评估，认为不再满足"企业因向客户转让商品而有权取得的对价很可能收回"这一条件，因此，甲公司不再确认特许权使用费收入，同时，按照本书第八章的规定对现有应收款项是否发生减值继续进行评估。

(二) 合同合并

企业与同一客户(或该客户的关联方)同时订立或在相近时间内先后订立的两份或多份合同，在满足下列条件之一时，应当合并为一份合同进行会计处理：一是该两份或多份合同基于同一商业目的而订立并构成"一揽子"交易，如一份合同在不考虑另一份合同对价的情况下将会发生亏损；二是该两份或多份合同中的一份合同的对价金额取决于其他合同的定价或履行情况，如一份合同如果发生违约，将会影响另一份合同的对价金额；三是该两份或多份合同中所承诺的商品(或每份合同中所承诺的部分商品)构成单项履约义务。

(三) 合同变更

合同变更，是指经合同各方批准对原合同范围或价格做出的变更。企业应当区分下列3种情形对合同变更分别进行会计处理。

▶ 1. 合同变更部分作为单独合同

合同变更增加了可明确区分的商品及合同价款，且新增合同价款反映了新增商品单独售价的(以下简称为"合同变更的第1种情形")，应当将该合同变更部分作为一份单独的合同进行会计处理。

【例6-2】 甲公司承诺向某客户销售120件产品，每件产品售价100元。该批产品彼此之间可明确区分，且将于未来6个月内陆续转让给该客户。甲公司将其中的60件产品转让给该客户后，双方对合同进行了变更，甲公司承诺向该客户额外销售30件相同的产品，这30件产品与原合同中的产品可明确区分，其售价为每件95元(假定该价格反映了合同变更时该产品的单独售价)。上述价格均不包含增值税。

【解析】

在本例中,由于新增的30件产品是可明确区分的,且新增的合同价款反映了新增产品的单独售价,因此,该合同变更实际上构成了一份单独的、在未来销售30件产品的新合同,该新合同并不影响对原合同的会计处理。甲公司应当对原合同中的120件产品按每件产品100元确认收入,对新合同中的30件产品按每件产品95元确认收入。

▶ **2. 合同变更作为原合同终止及新合同订立**

合同变更不属于合同变更的第1种情形,且在合同变更日已转让的商品与未转让的商品之间可明确区分的(以下简称为"合同变更的第2种情形"),应当视为原合同终止,同时,将原合同未履约部分与合同变更部分合并为新合同进行会计处理。

【例6-3】 沿用例6-2,甲公司新增销售的30件产品售价为每件80元(假定该价格不能反映合同变更时该产品的单独售价)。同时,由于客户发现甲公司已转让的60件产品存在瑕疵,要求甲公司对已转让的产品提供每件15元的销售折让以弥补损失。经协商,双方同意将价格折让在销售新增的30件产品的合同价款中进行抵减,金额为900元。上述价格均不包含增值税。

【解析】

在本例中,由于900元的折让金额与已经转让的60件产品有关,因此应当将其作为已销售的60件产品的销售价格的抵减,在该折让发生时冲减当期销售收入。对于合同变更新增的30件产品,由于其售价不能反映该产品在合同变更时的单独售价,因此,该合同变更不能作为单独合同进行会计处理。由于尚未转让给客户的产品(包括原合同中尚未交付的60件产品以及新增的30件产品)与已转让的产品是可明确区分的,因此,甲公司应当将该合同变更作为原合同终止,同时,将原合同的未履约部分与合同变更合并为新合同进行会计处理。

在该新合同中,剩余产品为90件,其对价为8 400元,即原合同下尚未确认收入的客户已承诺对价6 000元(100×60)与合同变更部分的对价2 400元(80×30)之和,新合同中的90件产品每件产品应确认的收入为93.33元(8400/90)。

▶ **3. 合同变更部分作为原合同的组成部分**

合同变更不属于合同变更的第1种情形,且在合同变更日已转让的商品与未转让的商品之间不可明确区分的(以下简称为"合同变更的第3种情形"),应当将该合同变更部分作为原合同的组成部分,在合同变更日重新计算履约进度,并调整当期收入和相应成本等。

【例6-4】 2020年1月15日,乙建筑公司和客户签订了一项总金额为1 000万元的固定造价合同,在客户自有土地上建造一幢办公楼,预计合同总成本为700万元。假定该建造服务属于在某一时段内履行的履约义务,并根据累计发生的合同成本占合同预计总成本的比例确定履约进度。

截至2020年年末,乙公司累计已发生成本420万元,履约进度为60%(即420÷700)。因此,乙公司在2018年确认收入600万元(1 000×60%)。2021年年初,合同双方同意更改该办公楼屋顶的设计,合同价格和预计总成本因此而分别增加200万元和120

万元。

【解析】

在本例中,由于合同变更后拟提供的剩余服务与在合同变更日或之前已提供的服务不可明确区分(该合同仍为单项履约义务),因此,乙公司应当将合同变更作为原合同的组成部分进行会计处理。合同变更后的交易价格为 1 200 万元(1000+200),乙公司重新估计的履约进度为 51.2%[即 420÷(700+120)],乙公司在合同变更日应额外确认收入 14.4 万元(51.2%×1 200-600)。

二、识别合同中的单项履约义务

合同开始日,企业应当识别(对合同进行评估)合同包含的各单项履约义务,并确定各单项履约义务是在某一时段内履行,还是在某一时点履行;然后,在履行各单项履约义务时分别确认收入。履约义务,是指合同中企业向客户转让可明确区分商品的承诺。企业应当将下列向客户转让商品的承诺作为单项履约义务。

识别合同中的单项履约义务

▶1. 企业向客户转让可明确区分商品(或者商品或服务的组合)的承诺

下列情形通常表明企业向客户转让该商品的承诺与合同中的其他承诺不可明确区分。

一是,企业须提供重大的服务以便将该商品与合同中承诺的其他商品进行整合,形成合同约定的某个或某些组合产出转让给客户。

二是,该商品将对合同中承诺的其他商品予以重大修改或定制。

三是,该商品与合同中承诺的其他商品具有高度关联性。

在通常情况下,商品控制权转移给客户之前发生的运输活动不构成单项履约义务;相反,商品控制权转移给客户之后发生的运输活动可能表明企业向客户提供了一项运输服务,企业应当考虑该项服务是否构成单项履约义务。

【例 6-5】 甲公司与乙公司签订合同,向其销售一批产品,并负责将该批产品运送至乙公司指定的地点,甲公司承担相关的运输费用。假定销售该产品属于在某一时点履行的履约义务,且控制权在出库时转移给乙公司。

【解析】

在本例中,甲公司向乙公司销售产品,并负责运输。该批产品在出库时,控制权转移给乙公司。在此之后,甲公司将产品运送至乙公司指定的地点而发生的运输活动,属于为乙公司提供了一项运输服务;当该运输服务构成单项履约义务,且甲公司是运输服务的主要责任人时,甲公司应当按照分摊至该运输服务的交易价格确认收入。

假定该产品的控制权不是在出库时,而是在送达乙公司指定地点时转移给乙公司,由于甲公司的运输活动是在产品的控制权转移给客户之前发生的,因此不构成单项履约义务,而是甲公司为履行合同发生的必要活动。

▶2. 一系列实质相同且转让模式相同的、可明确区分的商品

当企业向客户连续转让某项承诺的商品时,如每天提供类似劳务的长期劳务合同等,如果这些商品属于实质相同且转让模式相同的一系列商品时,企业应当将这一系列商品作

为单项履约义务。

三、确定交易价格

交易价格，是指企业因向客户转让商品而预期有权收取的对价金额。企业代第三方收取的款项（如增值税）以及企业预期将退还给客户的款项，应当作为负债处理，不计入交易价格。

（一）可变对价

在企业与客户的合同中，约定的对价金额可能是固定的，也可能会因折扣、价格折让、返利、退款、奖励积分、激励措施、业绩奖金、索赔、未来事项等因素而变化。此外，企业有权收取的对价金额，将根据一项或多项或有事项的发生有所不同的情况，也属于可变对价的情形。

【例6-6】 甲公司系增值税一般纳税人，在2020年6月1日向乙公司销售一批商品，开出的增值税专用发票上注明的销售价格为800 000元，增值税税额为104 000元，款项尚未收到；该批商品成本为640 000元。6月30日，乙公司在验收过程中发现商品外观上存在瑕疵，但基本上不影响使用，要求甲公司在价格上（不含增值税税额）给予5%的减让。假定甲公司已确认收入，并已取得税务机关开具的红字增值税专用发票。

【解析】

甲公司的账务处理如下。

(1) 2020年6月1日，销售实现。

借：应收账款——乙公司　　　　　　　　　　　　　　　904 000
　　贷：主营业务收入——销售××商品　　　　　　　　　800 000
　　　　应交税费——应交增值税（销项税额）　　　　　　104 000
借：主营业务成本——销售××商品　　　　　　　　　　640 000
　　贷：库存商品——××商品　　　　　　　　　　　　　640 000

(2) 2020年6月30日，发生销售折让，取得红字增值税专用发票。

借：主营业务收入——销售××商品　　　　　　　　　　 40 000
　　应交税费——应交增值税（销项税额）　　　　　　　　5 200
　　贷：应收账款——乙公司　　　　　　　　　　　　　　45 200

(3) 2020年，收到款项。

借：银行存款　　　　　　　　　　　　　　　　　　　　858 800
　　贷：应收账款——乙公司　　　　　　　　　　　　　　858 800

▶ 1. 可变对价最佳估计数的确定

企业应当按照期望值或最可能发生金额确定可变对价的最佳估计数。

【重要提示】期望值是按照各种可能发生的对价金额及相关概率计算确定的金额。

▶ 2. 计入交易价格的可变对价金额的限制

企业按照期望值或最可能发生金额确定可变对价金额之后，计入交易价格的可变对价金额还应该满足限制条件，即包含可变对价的交易价格，应当不超过在相关不确定性消除时累计已确认的收入极可能不会发生重大转回的金额。

每一资产负债表日,企业应当重新估计可变对价金额(包括重新评估对可变对价的估计是否受到限制),以如实反映报告期末存在的情况以及报告期内发生的情况变化。

(二) 合同中存在的重大融资成分

当企业将商品的控制权转移给客户的时间与客户实际付款的时间不一致时,对于企业以赊销的方式销售商品,或者要求客户支付预付款等,如果各方以在合同中明确(或者以隐含的方式)约定的付款时间为客户或企业就转让商品的交易提供了重大融资利益,则合同中即包含了重大融资成分。合同中存在重大融资成分的,企业应当按照假定客户在取得商品控制权时即以现金支付的应付金额(即现销价格)确定交易价格。

企业向客户转让商品与客户支付相关款项之间虽然存在时间间隔,但两者之间的合同没有包含重大融资成分的情形有以下方面。

(1) 客户就商品支付了预付款,且可以自行决定这些商品的转让时间。例如,企业向客户出售其发行的储值卡,客户可随时到该企业持卡购物;再如,企业向客户授予奖励积分,客户可随时到该企业兑换这些积分等。

(2) 客户承诺支付的对价中有相当大的部分是可变的,该对价金额或付款时间取决于某一未来事项是否发生,且该事项实质上不受客户或企业控制。例如,按照实际销售量收取的特许权使用费。

(3) 合同承诺的对价金额与现销价格之间的差额是由于向客户或企业提供融资利益以外的其他原因所导致的,且这一差额与产生该差额的原因是相称的。例如,合同约定的支付条款是为了对企业或客户提供保护,以防另一方未能依照合同充分履行其部分或全部义务。

【例 6-7】 2020 年 1 月 1 日,甲公司与乙公司签订合同,向其销售一批产品。合同约定,该批产品将于两年之后交货。合同中包含两种可供选择的付款方式,即乙公司可以在两年后交付产品时支付 449.44 万元,或者在合同签订时支付 400 万元。乙公司选择在合同签订时支付货款。该批产品的控制权在交货时转移。甲公司于 2020 年 1 月 1 日收到乙公司支付的货款。上述价格均不包含增值税,且假定不考虑相关税费影响。

【解析】

在本例中,按照上述两种付款方式计算的内含利率为 6%。考虑到乙公司付款时间和产品交付时间之间的间隔以及现行市场利率水平,甲公司认为该合同包含重大融资成分,在确定交易价格时,应当对合同承诺的对价金额进行调整,以反映该重大融资成分的影响。假定该融资费用不符合借款费用资本化的要求。甲公司的账务处理如下。

(1) 2020 年 1 月 1 日,收到货款。

借:银行存款   4 000 000
  未确认融资费用   494 400
  贷:合同负债   4 494 400

(2) 2020 年 12 月 31 日,确认融资成分的影响。

借:财务费用——利息支出(4 000 000×6%)   240 000

　　　　贷：未确认融资费用　　　　　　　　　　　　　　　　　　　240 000
(3) 2021年12月31日，交付产品。
　　借：财务费用——利息支出（4 240 000×6%）　　　　　　　254 400
　　　　贷：未确认融资费用　　　　　　　　　　　　　　　　　　　254 400
　　借：合同负债　　　　　　　　　　　　　　　　　　　　　　4 494 400
　　　　贷：主营业务收入　　　　　　　　　　　　　　　　　　 4 494 400

　　合同负债，是指企业已收或应收客户对价而应向客户转让商品的义务。

　　合同资产，是指企业已向客户转让商品而有权收取对价的权利，且该权利取决于时间流逝之外的其他因素。应收款项是企业无条件收取合同对价的权利。只有在合同对价到期支付之前仅仅随着时间的流逝即可收款的权利，才是无条件的收款权。

　　合同资产和应收款项都是企业拥有的有权收取对价的合同权利，二者的区别在于：应收款项代表的是无条件收取合同对价的权利，即企业仅仅随着时间的流逝即可收款（信用风险）；而合同资产并不是一项无条件收款权，该权利除了时间流逝之外，还取决于其他条件（例如，履行合同中的其他履约义务）才能收取相应的合同对价。（信用风险和履约风险）

　　合同资产和合同负债应当在资产负债表中单独列示，并按流动性，分别列示为"合同资产"或"其他非流动资产"以及"合同负债"或"其他非流动负债"。同一合同下的合同资产和合同负债应当以净额列示，不同合同下的合同资产和合同负债不能互相抵销。

（三）非现金对价

　　当企业因转让商品而有权向客户收取的对价是非现金形式时，如实物资产、无形资产、股权、客户提供的广告服务等，企业通常应当按照非现金对价在合同开始日的公允价值确定交易价格。

　　合同开始日后，非现金对价的公允价值因对价形式以外的原因而发生变动的，应当作为可变对价，按照与计入交易价格的可变对价金额的限制条件相关的规定进行处理；合同开始日后，非现金对价的公允价值因对价形式而发生变动的（股价变动），该变动金额不应计入交易价格。

（四）应付客户对价

　　企业在向客户转让商品的同时，需要向客户或第三方支付对价的，除了为了从客户处取得其他可明确区分商品的款项外，应当将该应付对价冲减交易价格。应付客户对价还包括可以抵减应付企业金额的相关项目金额如优惠券、兑换券等。

四、将交易价格分摊至各单项履约义务

　　合同中包含两项或多项履约义务的，企业应当在合同开始日，按照各单项履约义务所承诺商品的单独售价的相对比例，将交易价格分摊至各单项履约义务。单独售价，是指企业向客户单独销售商品的价格。单独售价无法直接观察的，企业应当综合考虑其能够合理取得的全部相关信息，采用市场调整法、成本加成法、余值法等方法合理估计单独售价。

　　企业在商品近期售价波动幅度巨大，或者因未定价且未曾单独销售而使售价无法可靠

确定时,可采用余值法估计其单独售价。

【例6-8】 2021年3月1日,甲公司与客户签订合同,向其销售A、B两项商品,合同价款为2 000元。合同约定,A商品于合同开始日交付,B商品在一个月之后交付,只有当A、B两项商品全部交付之后,甲公司才有权收取2 000元的合同对价。假定A商品和B商品构成两项履约义务,其控制权在交付时转移给客户,分摊至A商品和B商品的交易价格分别为500元和2 000元,合计2 500元。上述价格均不包含增值税,且假定不考虑相关税费影响。

【解析】

在本例中,根据交易价格分摊原则,A商品应当分摊的交易价格为400元(500÷2 500×2 000),B产品应当分摊的交易价格为1 600元(2 000÷2 500×2 000),甲公司将A商品交付给客户之后,与该商品相关的履约义务已经履行,但是需要等到后续交付B商品时,企业才具有无条件收取合同对价的权利,因此,甲公司应当将因交付A商品而有权收取的对价400元确认为合同资产,而不是应收账款,相应的账务处理如下。

(1) 交付A商品时

借:合同资产   400
　　贷:主营业务收入   400

(2) 交付B商品时

借:应收账款   2 000
　　贷:合同资产   400
　　　　主营业务收入   1 600

如果合同中存在两项或两项以上的商品,其销售价格变动幅度较大或尚未确定,则企业需要采用多种方法相结合的方式,对合同所承诺的商品的单独售价进行估计。

当采用多种方法相结合的方式估计合同所承诺的每一项商品的单独售价时,企业应当评估该方式是否满足交易价格分摊的目标,即企业分摊至各单项履约义务(或可明确区分的商品)的交易价格是否能够反映其因向客户转让已承诺的相关商品而预期有权收取的对价金额。例如,当企业采用余值法估计确定的某单项履约义务的单独售价为零或仅为很小的金额时,企业应当评估该结果是否恰当。

▶ **1. 分摊合同折扣**

当客户购买的一组商品包含的各单项商品的单独售价之和高于合同交易价格时,表明客户因购买该组商品而取得了合同折扣。合同折扣,是指合同中各单项履约义务所承诺商品的单独售价之和高于合同交易价格的金额。企业应当在各单项履约义务之间按比例分摊合同折扣。有确凿证据表明,合同折扣仅与合同中一项或多项(而非全部)履约义务相关的,企业应当将该合同折扣分摊至相关的一项或多项履约义务。

有确凿证据表明,合同折扣仅与合同中的一项或多项(而非全部)履约义务相关,且企业采用余值法估计单独售价的,应当首先在该一项或多项(而非全都)履约义务之间分摊合同折扣,然后再采用余值法估计单独售价。

2. 分摊可变对价

合同中包含可变对价的，该可变对价可能与整个合同相关，也可能仅与合同中的某一特定组成部分相关。仅与合同中的某一特定组成部分相关包括两种情形：一是可变对价与合同中的一项或多项（而非全部）履约义务相关，例如，是否获得奖金取决于企业能否在指定时期内转让某项已承诺的商品；二是可变对价与企业向客户转让的构成单项履约义务的一系列可明确区分商品中的一项或多项（而非全部）商品相关，例如，为期两年的保洁服务合同中，第二年的服务价格将根据指定的通货膨胀率确定。

对于已履行的履约义务，其分摊的可变对价后续变动额应当调整变动当期的收入。

【例6-9】 甲公司与乙公司签订合同，将其拥有的两项专利技术X和Y授权给乙公司使用。假定两项授权均分别构成单项履约义务，且都属于在某一时点履行的履约义务。合同约定，授权使用专利技术X的价格为80万元，授权使用专利技术Y的价格为乙公司使用该专利技术所生产的产品销售额的3%。专利技术X和Y的单独售价分别为80万元和100万元。甲公司估计其就授权使用专利技术Y而有权收取的特许权使用费为100万元。上述价格均不包含增值税。

【解析】

在本例中，该合同中包含固定对价和可变对价，其中，授权使用专利技术X的价格为固定对价，且与其单独售价一致，授权使用专利技术Y的价格为乙公司使用该专利技术所生产的产品销售额的3%，属于可变对价，该可变对价全部与授权使用专利技术Y能够收取的对价有关，且甲公司基于实际销售情况估计收取的特许权使用费的金额接近Y的单独售价。因此，甲公司将可变对价部分的特许权使用费金额全部由Y承担符合交易价格的分摊目标。

五、履行每一单项履约义务时确认收入

企业应当在履行了合同中的履约义务，即客户取得相关商品控制权时确认收入，控制权转移是确认收入的前提。对于履约义务，企业首先应判断履约义务是否满足在某一时段内履行的条件，如不满足，则该履约义务属于在某一时点履行的履约义务。对于在某一时段内履行的履约义务，企业应当选取恰当的方法来确定履约进度；对于在某一时点履行的履约义务，企业应当综合分析控制权转移的迹象，判断其转移时点。

（一）在某一时段内履行的履约义务

1. 在某一时段内履行履约义务的条件

满足下列条件之一的，属于在某一时段内履行的履约义务（相关收入在履约义务履行期间内确认）。

（1）客户在企业履约的同时即取得并消耗企业履约所带来的经济利益。企业在履约过程中持续地向客户转移企业履约所带的经济利益的，该履约义务属于在某一时段内履行的履约义务。

（2）客户能够控制企业履约过程中在建的商品。

（3）企业在履约过程中产出的商品具有不可替代用途，且企业在整个合同期间内有权就累计至今已完成的履约部分收取款项。

有权就累计至今已完成的履约部分收取款项，是指在由于客户或其他方原因终止合同的情况下，企业有权就累计至今已完成的履约部分收取能够补偿其已发生成本和合理利润的款项，并且该权利具有法律约束力。

【例6-10】甲公司是一家造船企业，与乙公司签订了一份船舶建造合同，按照乙公司的具体要求设计和建造船舶。甲公司在自己的厂区内完成该船舶的建造，乙公司无法控制在建过程中的船舶。甲公司如果想把该船舶出售给其他客户，需要发生重大的改造成本。双方约定，如果乙公司单方面解约，乙公司须向甲公司支付相当于合同总价30%的违约金，且建造中的船舶归甲公司所有。假定该合同仅包含一项履约义务，即设计和建造船舶。

【解析】

在本例中，船舶是按照乙公司的具体要求进行设计和建造的，甲公司需要发生重大的改造成本将该船舶改造之后才能将其出售给其他客户，因此，该船舶具有不可替代的用途。然而，如果乙公司单方面解约，仅须向甲公司支付相当于合同总价30%的违约金，表明甲公司无法在整个合同期间内都有权就累计至今已完成的履约部分收取能够补偿其已发生成本和合理利润的款项。因此，甲公司为乙公司设计和建造船舶不属于在某一时段内履行的履约义务。

▶ 2. 在某一时段内履行的履约义务的收入确认

对于在某一时段内履行的履约义务，企业应当在该段时间内按照履约进度确认收入，但是，履约进度不能合理确定的除外。企业应当考虑商品的性质，采用产出法或投入法确定恰当的履约进度，并且在确定履约进度时，应当扣除那些控制权尚未转移给客户的商品。企业按照履约进度确认收入时，通常应当在资产负债表日按照合同的交易价格总额乘履约进度扣除以前会计期间累计已确认的收入后的金额，确认为当期收入。

1) 产出法

产出法是指根据已转移给客户的商品对于客户的价值确定履约进度，通常可采用实际测量的完工进度、评估已实现的结果、已达到的工程进度节点、时间进度、已完工或交付的产品等产出指标确定履约进度。

【例6-11】2020年8月1日，甲公司与客户签订合同，为该客户拥有的一条铁路更换100根铁轨，合同价格为100万元（不含税价）。截至2020年12月31日，甲公司共更换铁轨60根，剩余部分预计在2021年3月31日之前完成。该合同仅包含一项履约义务，且该履约义务满足在某一时段内的履行的条件。假定不考虑其他情况。

【解析】

在本例中，甲公司提供的更换铁轨的服务属于在某一时段内履行的履约义务，甲公司按照已完成的工作量占预计总工作量的比例确定履约进度。因此，截至2020年12月31日，该合同的履约进度为60%（即60÷100），甲公司应确认的收入为60万元（即100×60%）。

2) 投入法

投入法是指根据企业为履行履约义务的投入确定履约进度，通常可采用投入的材料数量、花费的人工工时或机器工时、发生的成本和时间进度等投入指标确定履约进度。当企业从事的工作或发生的投入是在整个履约期间内平均发生时，企业也可以按照直线法确认收入。

产出法下有关产出指标的信息有时可能无法直接观察获得，或者企业为获得这些信息需要花费很高的成本时，可能需要采用投入法来确定履约进度。

【例 6-12】甲公司于 2021 年 12 月 1 日接受一项设备安装任务，安装期为 3 个月，合同总收入为 600 000 元，至年底已预收安装费 44 000 元，实际发生安装费用为 280 000 元（假定均为安装人员薪酬），估计还将发生安装费用 120 000 元。假定甲公司按实际发生的成本占估计总成本的比例确定安装的履约进度，不考虑增值税等其他因素。

【解析】

甲公司的账务处理如下。

实际发生的成本占估计总成本的比例 = 280 000 ÷ (280 000 + 120 000) × 100% = 70%

2021 年 12 月 31 日确认的劳务收入 = 600 000 × 70% − 0 = 420 000（元）

(1) 实际发生劳务成本

借：合同履约成本——设备安装　　　　　　　　　　　　280 000
　　贷：应付职工薪酬　　　　　　　　　　　　　　　　　　280 000

(2) 预收劳务款

借：银行存款　　　　　　　　　　　　　　　　　　　　440 000
　　贷：合同负债——××公司　　　　　　　　　　　　　　440 000

(3) 2021 年 12 月 31 日，确认劳务收入并结转劳务成本

借：合同负债——××公司　　　　　　　　　　　　　　420 000
　　贷：主营业务收入——设备安装　　　　　　　　　　　　420 000

借：主营业务成本——设备安装　　　　　　　　　　　　280 000
　　贷：合同履约成本——设备安装　　　　　　　　　　　　280 000

对于同一合同下属于在一时段内履行的履约义务涉及与客户结算对价的，在通常情况下，企业对其已向客户转让商品而有权收取的对价金额应当确认为合同资产或应收账款，对于其已收或应收客户对价而应向客户转让商品的义务，应当按照已收或应收的金额确认合同负债。

由于同一合同下的合同资产和合同负债应当以净额列示，企业也可以设置"合同结算"科目（或其他类似科目），以核算同一合同下属于在一时段内履行的履约义务涉及与客户结算对价所产生的合同资产或合同负债，并在此科目下设置"合同结算——价款结算"科目反映定期与客户进行结算的金额，设置"合同结算——收入结转"科目反映按履约进度结转的收入金额。

【重要提示】资产负债表日，"合同结算"科目的期末余额在借方的，根据其流动性，在资产负债表中分别列示为"合同资产"或"其他非流动资产"项目；期末余额在贷方的，根据其流动性，在资产负债表中分别列示为"合同负债"或"其他非流动负债"项目。

（二）在某一时点履行的履约义务

对于不属于在某一时段内履行的履约义务，而属于在某一时点履行的履约义务，企业应当在客户取得相关商品控制权时点确认收入。

在判断控制权是否转移时，企业应当考虑下列5个迹象。

（1）企业就该商品享有现时收款权利，即客户就该商品负有现时付款义务。

（2）企业已将该商品的法定所有权转移给客户，即客户已拥有该商品的法定所有权。如果企业仅仅是为了确保到期收回货款而保留商品的法定所有权，那么企业拥有的该权利通常并不妨碍客户取得对该商品的控制权。

（3）企业已将该商品实物转移给客户，即客户已占有该商品实物。客户占有了某项商品实物并不意味着其就一定取得了该商品的控制权，反之亦然。

① 委托代销安排。这一安排是指委托方和受托方签订代销合同或协议，委托受托方向终端客户销售商品。受托方没有获得对该商品控制权的，企业通常应当在受托方售出商品后，按合同或协议约定的方法计算确定的手续费确认收入。

② 售后代管商品安排。售后代管商品是指根据企业与客户签订的合同，企业已经就销售的商品向客户收款或取得了收款权利，但是直到在未来某一时点将该商品交付给客户之前，企业仍然继续持有该商品实物的安排。

在售后代管商品安排下，除了应当考虑客户是否取得商品控制权的迹象之外，还应同时满足下列四项条件，才表明客户取得了该商品的控制权：一是该安排必须具有商业实质（如该安排是应客户的要求而订立的）；二是属于客户的商品必须能够单独识别（如将属于客户的商品单独存放在指定地点）；三是该商品可以随时应客户要求交付给客户；四是企业不能自行使用该商品或将该商品提供给其他客户。

【例6-13】 20×8年1月1日，甲公司与乙公司签订合同，向其销售M专用零部件。M零部件的制造期为两年。甲公司在完成M零部件的生产之后，能够证明其符合合同约定的规格。假定在该合同下，向客户转让M是单项履约义务，且属于在某一时点履行的履约义务。

20×9年12月31日，乙公司支付了M零部件的合同价款，并对其进行了验收。但是考虑到其自身的仓储能力有限，且其工厂紧邻甲公司的仓库，因此要求将M零部件存放于甲公司的仓库中，并要求按照其指令随时安排发货。乙公司已拥有M零部件的法定所有权，甲公司在其仓库内的单独区域内存放M零部件，且M零部件可明确识别属于乙公司。甲公司不能使用M零部件，也不能将其提供给其他客户使用。

【解析】

在本例中，20×9年12月31日，甲公司已经收取M零部件合同价款，但是乙公司尚未要求发货，乙公司已拥有M零部件的法定所有权并且对其进行了验收，虽然M零部件实物尚由甲公司持有，但是其满足在"售后代管商品"的安排下客户取得商品控制权的条件，M零部件的控制权也已经转移给了乙公司。因此，甲公司应当确认销售M零部件的收入。除此之外，甲公司还为乙公司提供了仓储保管服务，该服务与M零部件可明确区分，构成单项履约义务。

（4）企业已将该商品所有权的主要风险和报酬转移给客户，即客户已取得该商品所有权的主要风险和报酬。

（5）客户已接受该商品。在实务中，定制化程度越高的商品，越难以证明客户验收仅仅是一项例行程序。

第三节 合同成本

一、合同履约成本

企业为履行合同会发生各种成本，企业在确认收入的同时应当对这些成本进行分析，属于本书其他章节（如存货、固定资产以及无形资产等）范围的，应当按照相关章节的要求进行会计处理；不属于本书其他章节范围且同时满足下列条件的，应当作为合同履约成本确认为一项资产。

（1）该成本与一份当前或预期取得的合同直接相关。

预期取得的合同应当是企业能够明确识别的合同，例如，现有合同续约后的合同，尚未获得批准的特定合同等。

（2）该成本增加了企业未来用于履行（或持续履行）履约义务的资源。

（3）该成本预期能够收回。

二、合同取得成本

企业为取得合同发生的增量成本预期能够收回的，应当作为合同取得成本确认为一项资产。增量成本，是指企业不取得合同就不会发生的成本，如销售佣金等。为简化实务操作，该资产摊销期限不超过一年的，可以在发生时计入当期损益。

企业为取得合同发生的、除预期能够收回的增量成本之外的其他支出，例如，无论是否取得合同均会发生的差旅费、投标费及相关费用等，应当在发生时计入当期损益。

【例6-14】甲公司是一家咨询公司，其通过竞标赢得一个新客户，为取得和该客户的合同，甲公司聘请外部律师进行尽职调查支付相关费用为15 000元，为投标而发生的差旅费为10 000元，支付销售人员佣金5 000元。甲公司预期这些支出未来均能收回。此外，甲公司根据其年度销售目标、整体盈利情况及个人业绩等，向销售部门经理支付年度奖金10 000元。

【解析】

在本例中，甲公司因签订该客户合同而向销售人员支付的佣金属于为取得合同发生的增量成本，应当将其作为合同取得成本确认为一项资产。甲公司聘请外部律师进行尽职调查发生的支出、为投标发生的差旅费，无论是否取得合同都会发生，不属于增量成本，因此，应当于发生时直接计入当期损益。甲公司向销售部门经理支付的年度奖金也不是为了取得合同发生的增量成本，这是因为该奖金发放与否以及发放金额还取决于其他因素（包括公司的盈利情况和个人业绩），其并不能直接归属可识别的合同。

企业因现有合同续约或发生合同变更需要支付的额外佣金,也属于为取得合同发生的增量成本。

【重要提示】满足上述条件确认为资产的合同取得成本,初始确认时摊销期限不超过一年或一个正常营业周期的,在资产负债表中列示为其他流动资产;初始确认时摊销期限在一年或一个正常营业周期以上的,在资产负债表中列示为其他非流动资产。

三、合同履约成本和合同取得成本的摊销与减值

(一)摊销

确认为企业资产的合同履约成本[摊销记主营业务成本和其他业务成本]和合同取得成本[摊销记销售费用](以下简称"与合同成本相关的资产"),应当采用与该资产相关的商品收入确认相同的基础(在履约义务履行的时点或按照履约义务的履约进度)进行摊销,计入当期损益。

(二)减值

与合同成本相关的资产,其账面价值高于下列第一项减去第二项的差额的,应按超出部分的金额计提减值准备,并确认为资产减值损失:一是企业因转让与该资产相关的商品预期能够取得的剩余对价;二是为转让该相关商品估计将要发生的成本。以前期间减值的因素之后发生变化,使得第一项减去第二项的差额高于该资产账面价值的,应当转回原已计提的资产减值准备,并计入当期损益,但转回后的资产账面价值不应超过假定不计提减值准备情况下该资产在转回日的账面价值。

在确定上述资产的减值损失时,企业应当首先对相关的其他资产确定减值损失,然后再按上述要求确定上述资产的减值损失。

第四节 关于特定交易的会计处理

一、附有销售退回条款的销售

企业应当在客户取得相关商品控制权时,按照因向客户转让商品而预期有权收取的对价金额(不包含预期因销售退回将退还的金额)确认收入,按照预期因销售退回将退还的金额确认负债;同时,按照预期将退回商品转让时的账面价值,扣除收回该商品预计发生的成本(包括退回商品的价值减损)后的余额,确认一项资产(应收退货成本),按照所转让商品转让时的账面价值,扣除上述资产成本的净额结转成本。

【例6-15】甲公司是一家健身器材销售公司。20×8年10月1日,甲公司向乙公司销售5 000件健身器材,单位销售价格为500元,单位成本为400元,开出的增值税专用发票上注明的销售价格为250万元,增值税税额为32.5万元。健身器材已经发出,但款项尚未收到。根据协议约定,乙公司应于20×8年12月1日之前支付货款,在20×9年3月31日之前有权退还健身器材。甲公司根据过去的经验,估计该批健身器材的退货率约为20%(1 000件)。

在20×8年12月31日,甲公司对退货率进行了重新评估,认为只有10%的健身器材会被退回。甲公司为增值税一般纳税人,健身器材发出时纳税义务已经发生,实际发生退回时取得税务机关开具的红字增值税专用发票。假定健身器材发出时控制权转移给乙公司。

【解析】

甲公司的账务处理如下。

(1) 20×8年10月1日,发出健身器材。

借:应收账款　　　　　　　　　　　　　　　　　　　　　　　　2 825 000
　　贷:主营业务收入　　　　　　　　　　　　　　　　　　　　　2 000 000
　　　　预计负债——应付退货款　　　　　　　　　　　　　　　　　500 000
　　　　应交税费——应交增值税(销项税额)　　　　　　　　　　　　325 000
借:主营业务成本　　　　　　　　　　　　　　　　　　　　　　　1 600 000
　　应收退货成本　　　　　　　　　　　　　　　　　　　　　　　　400 000
　　贷:库存商品　　　　　　　　　　　　　　　　　　　　　　　2 000 000

(2) 20×8年12月1日前,收到货款。

借:银行存款　　　　　　　　　　　　　　　　　　　　　　　　2 825 000
　　贷:应收账款　　　　　　　　　　　　　　　　　　　　　　　2 825 000

(3) 20×8年12月31日,甲公司对退货率进行重新评估。

借:预计负债——应付退货款　　　　　　　　　　　　　　　　　　250 000
　　贷:主营业务收入　　　　　　　　　　　　　　　　　　　　　　250 000
借:主营业务成本　　　　　　　　　　　　　　　　　　　　　　　　200 000
　　贷:应收退货成本　　　　　　　　　　　　　　　　　　　　　　200 000

(4) 20×9年3月31日,发生销售退回,假定实际退货量400件,退货款项已经支付。

借:库存商品　　　　　　　　　　　　　　　　　　　　　　　　　160 000
　　应交税费——应交增值税(销项税额)　　　　　　　　　　　　　　26 000
　　预计负债——应付退货款　　　　　　　　　　　　　　　　　　　250 000
　　贷:应收退货成本　　　　　　　　　　　　　　　　　　　　　　160 000
　　　　主营业务收入　　　　　　　　　　　　　　　　　　　　　　 50 000
　　　　银行存款　　　　　　　　　　　　　　　　　　　　　　　　226 000
借:主营业务成本　　　　　　　　　　　　　　　　　　　　　　　　 40 000
　　贷:应收退货成本　　　　　　　　　　　　　　　　　　　　　　 40 000

注:客户以一项商品换取类型、质量、状况及价格均相同的另一项商品,不应被视为退货。

二、附有质量保证条款的销售

对于客户能够选择单独购买质量保证的,表明该质量保证构成单项履约义务;对于客户虽然不能选择单独购买质量保证,但如果该质量保证在向客户保证所销售的商品符合既定标准之外提供了一项单独服务的,也应当作为单项履约义务。作为单项履约义务的质量保证应当进行相应的会计处理,并将部分交易价格分摊至该项履约义务。对于不能作为单项履约义务的质量保证,企业应当按照或有事项的相关规定进行会计处理。

企业在评估一项质量保证是否在向客户保证所销售的商品符合既定标准之外提供了一项单独的服务时,应当考虑的因素包括以下方面。

(1) 该质量保证是否为法定要求。
(2) 质量保证期限。
(3) 企业承诺履行任务的性质。

三、主要责任人和代理人

在判断时,企业应当首先识别向客户提供的特定商品,然后,应评估该特定商品在转让给客户之前,是否控制这些商品。企业在将特定商品转让给客户之前控制该商品的,企业为主要责任人;相反,企业在特定商品转让给客户之前不控制该商品的,则企业为代理人。

(一)企业作为主要责任人的情况

(1) 企业自第三方取得商品或其他资产控制权后,再转让给客户。
(2) 企业能够主导第三方代表本企业向客户提供服务。
(3) 企业自第三方取得商品控制权后,通过提供重大的服务将该商品与其他商品整合成合同约定的某组合产出转让给客户。

(二)需要考虑的相关事实和情况

实务中,企业在判断其在向客户转让特定商品之前是否已经拥有对该商品的控制权时,应当综合考虑所有相关事实和情况进行判断,这些事实和情况包括但不仅限于以下方面。

(1) 转让商品的主要责任是企业还是第三方。
(2) 该商品的存货风险在商品转让前后由企业还是第三方承担。
(3) 交易商品的价格由企业还是第三方决定。

需要强调的是,企业在判断其是主要责任人还是代理人时,应当以该企业在特定商品转让给客户之前是否能够控制该商品为原则。

【例 6-16】 甲公司于 2018 年 12 月发生的与收入相关的交易或事项如下。

资料一

20×8 年 12 月 1 日,甲公司与客户乙公司签订一项销售并安装合同,合同期限 2 个月,交易价格 270 万元。合同约定,当甲公司履约完毕时,才能从乙公司收取全部合同金额,甲公司对设备质量和安装质量承担责任。该设备单独售价 200 万元,安装劳务单独售价 100 万元。20×8 年 12 月 5 日,甲公司以银行存款 170 万元从丙公司购入并取得该设备的控制权,于当日按合同约定直接运抵乙公司指定地点并安装,乙公司对其验收并取得控制权,此时甲公司向客户乙销售设备履约义务已完成。

资料二

至20×8年12月31日,甲公司实际发生安装费用48万元(均系甲公司员工薪酬),估计还将发生安装费用32万元,甲公司向乙公司提供设备安装劳务属于一个时段履行的履约义务,按实际发生的成本占估计总成本的比例确定履约进度,不考虑增值税及其他因素。

要求:

(1) 判断甲公司向乙公司销售设备时的身份是主要责任人还是代理人,并说明理由。

(2) 计算甲公司将交易价格分摊到设备销售与安装的金额。

(3) 编制20×8年12月5日甲公司销售设备时确认销售收入并结转销售成本会计分录。

(4) 编制甲公司20×8年12月发生设备安装费用的会计分录。

(5) 分别计算甲公司20×8年12月31日设备安装履约进度和应确认设备安装收入金额,并编制确认安装收入和结转安装成本的会计分录。

【解析】

(1) 甲公司是主要责任人。

理由:20×8年12月5日,甲公司从丙公司购入设备并取得该设备的控制权,甲公司对设备质量和安装质量承担责任。因此,甲公司是主要责任人。

(2) 设备销售应分摊的交易价格=270×200/(200+100)=180(万元)

设备安装应分摊的交易价格=270×100/(200+100)=90(万元)

(3) 甲公司销售设备时确认销售收入并结转销售成本。

借:库存商品　　　　　　　　　　　　　　　　　　　170 000
　　贷:银行存款　　　　　　　　　　　　　　　　　　170 000
借:合同资产　　　　　　　　　　　　　　　　　　　180 000
　　贷:主营业务收入——设备销售　　　　　　　　　180 000
借:主营业务成本——设备销售　　　　　　　　　　　170 000
　　贷:库存商品　　　　　　　　　　　　　　　　　　170 000

(4) 甲公司12月发生设备安装费用。

借:合同履约成本——设备安装　　　　　　　　　　　48 000
　　贷:应付职工薪酬　　　　　　　　　　　　　　　　48 000

(5) 20×8年12月31日,甲公司安装履约进度=48/(48+32)×100%=60%;

20×8年12月31日,甲公司应确认安装收入金额=90×60%=54(万元)。

借:合同资产　　　　　　　　　　　　　　　　　　　54 000
　　贷:主营业务收入——设备安装　　　　　　　　　　54 000
借:主营业务成本——设备安装　　　　　　　　　　　48 000
　　贷:合同履约成本——设备安装　　　　　　　　　　48 000

四、附有客户额外购买选择权的销售

企业在销售商品的同时,有时会向客户授予选择权,允许客户据此免费或者以折扣价格购买额外的商品,此种情况称为附有客户额外购买选择权的销售。企业向客户授予的额外购买选择权的形式包括销售激励、客户奖励积分、未来购买商品的折扣券以及合同续约选择权等。

对于附有客户额外购买选择权的销售,企业应当评估该选择权是否向客户提供了一项重大权利。如果客户只有在订立了一项合同的前提下才取得了额外购买选择权,并且客户行使该选择权购买额外商品时,能够享受超过该地区或该市场中其他同类客户所能够享有的折扣,则通常认为该选择权向客户提供了一项重大权利。对于该项重大权利,企业应当将其与原购买的商品单独区分,作为单项履约义务,按照各单项履约义务的单独售价的相对比例,将交易价格分摊至各单项履约义务。

在考虑授予客户的该项权利是否重大时,应根据其金额和性质综合判断。

【例6-17】 20×8年1月1日,甲公司开始推行一项奖励积分计划。根据该计划,客户在甲公司每消费10元可获得1个积分,每个积分从次月开始在购物时可以抵减1元。截至20×8年1月31日,客户共消费100 000元,可获得10 000个积分,根据历史经验,甲公司估计该积分的兑换率为95%。上述金额均不包含增值税,且假定不考虑相关税费影响。

【解析】

在本例中,甲公司认为其授予客户的积分为客户提供了一项重大权利,应当作为单项履约义务。客户购买商品的单独售价合计为100 000元,考虑积分的兑换率,甲公司估计积分的单独售价为9 500元(1×10 000×95%)。甲公司按照商品和积分单独售价的相对比例对交易价格进行分摊。

商品分摊的交易价格=[100 000÷(100 000+9 500)]×100 000=91 324(元)

积分分摊的交易价格=[9 500÷(100 000+9 500)]×100 000=8 676(元)

因此,甲公司应在商品的控制权转移时确认收入9 132元,同时确认合同负债8 676元。

借:银行存款 100 000
　贷:主营业务收入 91 324
　　　合同负债 8 676

截至20×8年12月31日,客户共兑换了4 500个积分,甲公司对该积分的兑换率进行了重新估计,仍然预计客户总共将会兑换9 500个积分。因此,甲公司以客户兑换的积分数占预期将兑换的积分总数的比例为基础确认收入。积分当年应当确认的收入为4 110元(4 500÷9 500×8 676);剩余未兑换的积分价值4 566元(8 676−4 110),仍然作为合同负债。

借:合同负债 4 110
　贷:主营业务收入 4 110

截至20×9年12月31日，客户累计兑换了8 500个积分。甲公司对该积分的兑换率进行了重新估计，预计客户总共将会兑换9 700个积分。积分当年应当确认的收入为3 493元(8 500÷9 700×8 676－4 110)；剩余未兑换的积分价值1 073元(8 676－4 110－3 493)，仍然作为合同负债。

借：合同负债　　　　　　　　　　　　　　　　　　　　　3 493
　　贷：主营业务收入　　　　　　　　　　　　　　　　　　　3 493

五、授予知识产权许可

(一) 授予知识产权许可是否构成单项履约义务

企业向客户授予知识产权许可时，可能也会同时销售商品，企业应当评估该知识产权许可是否构成单项履约义务，不构成单项履约义务的，企业应当将该知识产权许可和所售商品一起作为单项履约义务进行会计处理。

知识产权许可与所售商品不可明确区分的情形包括：一是该知识产权许可构成有形商品的组成部分并且对于该商品的正常使用不可或缺；二是客户只有将该知识产权许可和相关服务一起使用才能够从中获益。

(二) 授予知识产权许可属于在某一时段履行的履约义务

授予客户的知识产权许可构成单项履约义务的，企业应当根据该履约义务的性质，进一步确定其是在某一时段内履行还是在某一时点履行。企业向客户授予的知识产权许可，同时满足下列三项条件的，应当作为在某一时段内履行的履约义务确认相关收入；否则，应当作为在某一时点履行的履约义务确认相关收入。

(1) 合同要求或客户能够合理预期企业将从事对该项知识产权有重大影响的活动。
(2) 该活动对客户将产生有利或不利影响。
(3) 该活动不会导致向客户转让某项商品。

(三) 授予知识产权许可属于在某一时点履行的履约义务

授予知识产权许可不属于在某一时段内履行的履约义务的，应当作为在某一时点履行的履约义务，在履行该履约义务时确认收入。

【例6-18】甲音乐唱片公司(简称"甲公司")将其拥有的一首经典民歌的版权授予乙公司，并约定乙公司在两年内有权在国内所有商业渠道(包括电视、广播和网络广告等)使用该经典民歌。因提供该版权许可，甲公司每月收取1 000元的固定对价。除该版权之外，甲公司无须提供任何其他的商品。该合同不可撤销。

【解析】

在本例中，甲公司除了授予该版权许可外，并无任何义务从事改变该版权的后续活动，该版权也具有重大的独立功能(民歌的录音可直接用于播放)，乙公司主要通过该重大独立功能获利。因此，甲公司应在乙公司能够主导该版权的使用并从中几乎获得全部经济利益时，全额确认收入。此外，由于甲公司履约的时间与客户付款(两年内每月支付)之间间隔的时间较长，甲公司需要判断该项合同中是否存在重大的融资成分，并进行相应的会计处理。

(四) 基于销售或使用情况的特许权使用费

企业向客户授予知识产权许可,并约定按客户实际销售或使用情况(如按照客户的销售额)收取特许权使用费的,应当在客户后续销售或使用行为实际发生与企业履行相关履约义务二者孰晚的时点确认收入。

当企业能够合理预期,客户认为知识产权许可的价值远高于合同中与之相关的其他商品时,该知识产权许可通常占主导地位。

【例6-19】甲电影发行公司(简称"甲公司")与乙公司签订合同,将其拥有的一部电影的版权授权给乙公司,乙公司可在其旗下的影院放映该电影,放映期间为6周。除了将该电影版权授权给乙公司之外,甲公司还同意在该电影放映之前,向乙公司提供该电影的片花,在乙公司的影院播放,并且在该电影放映期间在当地知名的广播电台播放广告。甲公司将获得乙公司播放该电影的票房分成。

【解析】

在本例中,甲公司的承诺包括授予电影版权许可、提供电影片花以及提供广告服务。甲公司在该合同下获得的对价为按照乙公司实际销售情况收取的特许权使用费,与之相关的授予电影版权许可占主导地位,这是因为,甲公司能够合理预期,客户认为该电影版权许可的价值远高于合同中的提供电影片花和广告服务。

因此,甲公司应当在乙公司放映该电影的期间按照约定的分成比例确认收入。如果授予电影版权许可、提供电影片花以及广告服务分别构成单项履约义务,则甲公司应当将该取得的分成收入在这些履约义务之间进行分摊。

六、售后回购

售后回购,是指企业销售商品的同时承诺或有权选择日后再将该商品购回的销售方式。

(一) 企业因存在与客户的远期安排而负有回购义务或企业享有回购权利的

在销售时点,客户并没有取得该商品的控制权,企业应根据下列情况分别进行相应的会计处理:一是回购价格低于原售价的,应当视为租赁交易进行会计处理;二是回购价格不低于原售价的,应当视为融资交易,应当在收到客户款项时确认金融负债,而不是终止确认该商品。

(二) 企业应客户要求回购商品的

应当在合同开始日评估客户是否具有行使该要求权的重大经济动因。客户具有行使该要求权的重大经济动因的,企业应当将回购价格与原售价进行比较,并按照第(一)种情形下的原则将该售后回购作为租赁交易或融资交易进行相应的会计处理。客户不具有行使该要求权的重大经济动因的,企业应当将该售后回购作为附有销售退回条款的销售交易进行相应的会计处理。

当回购价格明显高于该商品回购时的市场价值时,通常表明客户有行权的重大经济动因。

【例6-20】 甲公司向乙公司销售其生产的一台设备，销售价格为2 000万元，双方约定，乙公司在5年后有权要求甲公司以1 500万元的价格回购该设备。甲公司预计该设备在回购时的市场价值将远低于1 500万元。

【解析】

在本例中，假定不考虑时间价值的影响，甲公司的回购价格1 500万元低于原售价2 000万元，但远高于该设备在回购时的市场价值，甲公司判断乙公司有重大的经济动因行使其权利要求甲公司回购该设备。因此，甲公司应当将该交易作为租赁交易进行会计处理。

在企业有权要求回购或者客户有权要求企业回购的情况下，企业或者客户到期未行使权利的，应在该权利到期时终止确认相关负债，同时确认收入。

七、客户未行使的权利

企业应当将预收的款项确认为合同负债，待未来履行了相关履约义务，即向客户转让相关商品时，再将该负债转为收入。

企业所收取的与客户未行使权利相关的款项须转交给其他方的(如法律规定无人认领的财产须上交政府)，企业不应将其确认为收入。

【例6-21】 甲公司经营连锁面包店。2021年，甲公司向客户销售了5 000张储值卡，每张卡的面值为200元，总额为100万元。客户可在甲公司经营的任何一家门店使用该储值卡进行消费。根据历史经验，甲公司预期客户购买的储值卡中将有大约相当于储值卡面值金额5%(即50 000元)的部分不会被消费。截至2021年12月31日，客户使用该储值卡消费的金额为400 000元。假定甲公司为增值税一般纳税人，在客户使用该储值卡消费时发生增值税纳税义务。

【解析】

在本例中，甲公司预期将有权获得与客户未行使的合同权利相关的金额为50 000元，该金额应当按照客户行使合同权利的模式按比例确认为收入。因此，甲公司在2018年销售的储值卡应当确认的收入金额为372 613元[(400 000＋50 000×400 000÷950 000)÷(1＋13%)]。甲公司的账务处理如下。

(1) 销售储值卡。

借：库存现金　　　　　　　　　　　　　　　　　　　　　　　　1 000 000
　　贷：合同负债[1 000 000÷(1＋13%)]　　　　　　　　　　　　　　884 956
　　　　应交税费——待转销项税额　　　　　　　　　　　　　　　　115 044

(2) 根据储值卡的消费金额确认收入，同时将对应的待转销项税额确认为销项税额。

借：合同负债　　　　　　　　　　　　　　　　　　　　　　　　372 613
　　应交税费——待转销项税额[400 000÷(1＋13%)×13%]　　　　460 18
　　贷：主营业务收入　　　　　　　　　　　　　　　　　　　　　372 613
　　　　应交税费——应交增值税(销项税额)　　　　　　　　　　　46 018

八、无须退回的初始费

企业在合同开始(或邻近合同开始)日向客户收取的无须退回的初始费通常包括入会费、接驳费、初装费等。

在合同开始(或邻近合同开始)日,企业通常必须开展一些初始活动,为履行合同进行准备,如一些行政管理性质的准备工作,这些活动虽然与履行合同有关,但并没有向客户转让已承诺的商品,因此,不构成单项履约义务,而是应当将该初始费作为未来转让商品的预收款,在未来转让该商品时确认为收入。

【例6-22】甲公司经营一家会员制健身俱乐部。甲公司与客户签订了为期2年的合同,客户入会之后可以随时在该俱乐部健身。除俱乐部的年费2 000元之外,甲公司还向客户收取了50元的入会费,用于补偿俱乐部为客户进行注册登记、准备会籍资料以及制作会员卡等初始活动所花费的成本。甲公司收取的入会费和年费均无须返还。

【解析】

在本例中,甲公司承诺的服务是向客户提供健身服务(可随时使用的健身场地),而甲公司为会员入会所进行的初始活动并未向客户提供其所承诺的服务,而只是一些内部行政管理性质的工作。因此,甲公司虽然为补偿这些初始活动向客户收取了入会费,但是该入会费实质上是客户为健身服务所支付的对价的一部分,故应当作为健身服务的预收款,与收取的年费一起在2年内分摊确认为收入。

| 本章知识点小结 |

1. 收入的定义

收入,是指企业在日常活动中形成的、会导致所有者权益增加的、与所有者投入资本无关的经济利益的总流入。

2. 收入的确认和计量

(1) 识别与客户订立的合同:客户取得商品控制权时确认收入。

(2) 识别合同中的单项履约义务。

(3) 确定交易价格,考虑因素包括可变对价、合同中的重大融资成分、非现金对价、应付客户对价。

(4) 将交易价格分摊至各单项履约义务:市场调整法、成本加成法、余值法。

(5) 履行每一单项履约义务时确认收入:区分某一时段履行和某一时间点履行的履约义务。

3. 合同成本

(1) 合同履约成本、合同取得成本。

(2) 与合同履约成本和合同取得成本有关的资产摊销与减值。

4. 特定交易会计处理

(1) 附有销售退回条款:按有权收取对价确认收入;商品转让时账面价值(预期退回商品转让时账面价值-收回商品预计发生的成本)确认成本。

（2）附有质量保证条款：提供额外服务的，作为单项履约义务处理，否则，按照或有事项要求处理。

（3）主要责任人和代理人：根据客户转让商品前是否拥有商品控制权判断。

（4）附有客户额外购买选择权：须评估该选择权是否向客户提供了一项重大权利；常见业务有销售激励、客户奖励积分、未来购买商品的折扣券、合同续约选择权。

（5）授予知识产权许可：不构成单项履约义务的将知识产权许可和其他商品一起作为一项履约义务处理；构成单项履约义务的，进一步确定在某一时段履行和某一时间点履行。

（6）售后回购：存在与客户的远期安排，回购价＜原售价，为租赁交易；否则为融资交易。

（7）客户未行使的权利：预收的货款确认为负债，待履行了相关履约义务时确认收入。

（8）无须退回的初始费：合同开始日或者接近合同开始日将其计入交易价格。

课后训练题

一、单项选择题

1. 关于增量成本，下列表述不正确的是（　　）。

    A. 增量成本是指企业不取得合同就不会发生的成本

    B. 增量成本是增加了企业未来用于履行（或持续履行）履约义务的资源的成本

    C. 企业为取得合同发生的增量成本预期能够收回的，应当作为合同取得成本确认为一项资产

    D. 企业为取得合同发生的、除预期能够收回的增量成本之外的其他支出，一般应于发生时计入当期损益

2. 企业应当按照（　　）确定可变对价的最佳估计数。

    A. 固定价格　　　　　　　　　B. 公允价值

    C. 期望值或最可能发生金额　　D. 历史价格

3. 企业合同变更增加了可明确区分的商品及合同价款，且新增合同价款反映了新增商品单独售价的，企业对该合同变更部分进行的正确会计处理是（　　）。

    A. 作为原合同的组成部分继续进行会计处理

    B. 终止原合同，同时将原合同未履约部分与合同变更部分合并为新合同进行会计处理

    C. 作为一份单独的合同进行会计处理

    D. 作为企业损失，直接计入当期损益

4. 当合同中包含两项或多项履约义务时，企业应当在合同开始日，将交易价格分摊各单项履约义务。具体分摊时采用的依据是（　　）。

    A. 直线法平均摊销

B. 各单项履约义务所承诺商品的成本的相对比例

C. 各单项履约义务所承诺商品的净收益的相对比例

D. 各单项履约义务所承诺商品的单独售价的相对比例

5. 对于某一时点履行的履约义务，收入确认时点为（　　）。

A. 收到销售货款时　　　　　　　　B. 发出商品时

C. 客户取得相关商品控制权时　　　D. 发生纳税义务时

6. 20×8年1月1日，甲公司与乙公司签订合同，为乙公司拥有所有权的一栋办公楼更换10部旧电梯，合计总价格为1 000万元。截至20×8年12月31日，甲公司共更换了8部电梯，剩余两部电梯预计在20×9年3月1日之前完成。该合同仅包含一项履约义务，且该履约义务满足在某一时段内履行的条件。甲公司按照已完成的工作量确定履约进度。假定不考虑增值税等其他因素，甲公司于20×8年年末应确认的收入金额为（　　）万元。

A. 0　　　　　　B. 1 000　　　　　　C. 800　　　　　　D. 200

7. 甲公司于20×8年8月接受一项产品安装任务，安装期6个月，合同总收入30万元，年度预收款项4万元，余款在安装完成时收回，当年实际发生成本8万元，预计还将发生成本16万元。假定该安装劳务属于在某一时段内履行的履约义务，且根据累计发生的合同成本占合同预计总成本的比例确认履约进度。则甲公司20×8年度确认收入为（　　）万元。

A. 8　　　　　　B. 10　　　　　　C. 24　　　　　　D. 0

8. 甲公司和乙公司均为增值税一般纳税人，适用的增值税税率为13％，20×8年6月1日，甲公司委托乙公司销售300件商品，协议价为每件80元（不含增值税），该商品的成本为50元。代销协议约定，乙公司企业在取得代销商品后，对消费者承担商品的主要责任，商品已经发出，货款已经收到，则甲公司在20×8年6月1日应确认的收入为（　　）元。

A. 0　　　　　　B. 24 000　　　　　　C. 15 000　　　　　　D. 28 080

9. 2021年12月1日，甲公司向M公司销售一批商品，开出增值税专用发票，注明售价为500万元，增值税税额为65万元，成本为400万元（未计提存货跌价准备）。销售合同约定在2022年4月30日甲公司将以520万元的价格（不含增值税）回购该批商品。假设商品已经发出，不考虑其他因素，下列有关甲公司的会计处理不正确的是（　　）。

A. 2021年12月1日，确认其他应付款500万元

B. 2021年12月31日，确认其他应付款4万元

C. 2021年12月1日，结转主营业务成本400万元

D. 2021年12月31日，确认财务费用4万元

10. 2021年12月31日，甲公司与乙公司签订协议销售一批商品，增值税专用发票上注明价格为675万元，增值税税额为87.75万元。商品已发出，款项已收到。协议规定，该批商品销售价款的25％属于商品售出后5年内提供修理服务的服务费，则甲公司于2021年12月应确认的收入为（　　）万元。

A. 675　　　　　　B. 168.75　　　　　　C. 135　　　　　　D. 506.25

11. 下列关于合同成本的相关表述不正确的是( )。

A. 确认为资产的合同履约成本，初始确认时摊销期限不超过一年或一个正常营业周期的，在资产负债表中列示为其他非流动资产

B. 企业为取得合同发生的增量成本预期能够收回的，应当作为合同取得成本确认为一项资产

C. 确认为资产的合同取得成本，摊销期限不超过一年的，可以在发生时计入当期损益(销售费用)

D. 对于确认为资产的合同履约成本和合同取得成本，企业应当采用与该资产相关的商品收入确认相同的基础进行摊销，计入当期损益

12. 20×8年7月1日，某建筑公司与客户签订一项固定造价合同，承建一幢办公楼，预计20×9年12月31日完工；合同总金额为12 000万元，预计总成本为10 000万元。截至20×8年12月31日，该建筑公司实际发生合同成本3 000万元。假定该固定造价合同整体构成单项履约义务，并属于在某一时段履行的履约义务，该建筑公司采用成本法确定履约进度。不考虑其他因素的影响，20×8年度对该项合同确认的收入为( )万元。

A. 3 000   B. 3 200   C. 3 500   D. 3 600

13. 甲公司和乙公司均为增值税一般纳税人，适用的增值税税率为13%。2021年11月20日，双方约定：甲公司于12月1日交付乙公司商品300件，总成本为280万元；对方支付甲公司价税共计452万元。当月末，甲公司得知乙公司因履行对外担保义务发生重大财务困难，导致该项约定款项收回的可能性很小。为维持良好的企业信誉，甲公司仍按原约定发货，开具增值税专用发票，则甲公司在2021年12月由于该项业务减少的存货为( )万元。

A. 452   B. 400   C. 280   D. 0

二、多项选择题

1. 确定合同交易价格时，应考虑的因素有( )。

A. 可变对价   B. 合同中存在的重大融资成分

C. 非现金对价   D. 应付客户对价

2. 下列各项属于与收入确认有关的步骤的有( )。

A. 识别与客户订立的合同

B. 识别合同中的单项履约义务

C. 将交易价格分摊至各单项履约义务

D. 履行各单项履约义务时确认收入

3. 下列各项不属于判断企业取得商品控制权的要素的有( )。

A. 能力   B. 商品价值

C. 市场环境   D. 能够获得商品大部分的经济利益

4. 下列各项属于企业在履约过程中在建的商品的有( )。

A. 在产品   B. 在建工程

C. 尚未完成的研发项目   D. 正在进行的服务

5. 下列关于附有质量保证条款的销售中的质量保证的会计处理，正确的有（　　）。

A. 法定要求之外的质量保证，通常应作为单项履约义务

B. 企业提供额外服务的，应当作为单项履约义务

C. 企业销售商品提供的质量保证，均应与商品销售作为一项履约义务

D. 企业提供的质量保证属于向客户保证所销售商品符合既定标准的服务的，应作为或有事项进行会计处理

6. 下列各事项通常应作为单项履约义务的有（　　）。

A. 企业向客户转让可明确区分商品（或商品的组合）的承诺

B. 企业向客户转让一系列实质相同且转让模式相同的、不可明确区分商品的承诺

C. 企业向客户转让一系列实质相同且转让模式相同的、可明确区分商品的承诺

D. 企业为销售商品而进行的广告宣传活动

7. 关于合同资产和合同负债的表述，不正确的有（　　）。

A. 合同资产和合同负债应当在利润表中单独列示

B. 同一合同下的合同资产和合同负债不得相互抵销

C. 不同合同下的合同资产和合同负债应当以净额列示

D. 合同资产和合同负债应分别作为流动资产和流动负债列示

8. 企业向客户授予知识产权许可，同时满足下列（　　）条件时，应当作为在某一时段内履行的履约义务确认相关收入。

A. 合同要求或客户能够合理预期企业将从事对该项知识产品有关重大影响的活动

B. 该活动对客户将产品有利或不利影响

C. 该活动对客户一定产生有利影响

D. 该活动不会导致向客户转让商品

9. 下列属于建造合同履约成本中的直接费用的有（　　）。

A. 耗用的材料费用　　　　　　　　B. 耗用的人工费用

C. 耗用的机械使用费　　　　　　　D. 低值易耗品摊销费用

10. 不考虑增值税等因素，下列关于奖励积分说法，正确的有（　　）。

A. 企业在销售产品或提供劳务的同时授予客户奖励积分，应当将销售取得的货款或应收货款在本次商品销售的单独售价与积分的单独售价之间进行分配

B. 在授予奖励积分时，其公允价值应该单独确认为收入

C. 存在奖励积分的情况下，销售产品或提供劳务产生的收入等于取得的货款或应收货款扣除奖励积分公允价值的部分

D. 客户兑换奖励积分时，授予企业应将原计入合同负债的与所兑换积分相关的部分确认为收入

11. 关于企业无须退回的初始费，下列表述正确的有（　　）。

A. 企业在合同开始日（或接近合同开始日）向客户收取的无须退回的初始费应当计入交易价格

B. 该初始费与向客户转让已承诺的商品相关，并且该商品构成单项履约义务的，企

业应当在转让该商品时，按照分摊至该商品的交易价格确认收入

C. 该初始费与向客户转让已承诺的商品相关，但该商品不构成单项履约义务的，企业应当在包含该商品的单项履约义务履行时，按照分摊至该单项履约义务的交易价格确认收入

D. 该初始费与向客户转让已承诺的商品不相关的，该初始费应当作为未来转让商品的预收款，在未来转让该商品时确认为收入

三、判断题

1. 对于确认为资产的合同履约成本和合同取得成本，企业应当采用平均摊销法，在合同年限内进行摊销，摊销额计入当期损益。（　　）

2. 采用预收款方式销售商品时，企业通常应在发出商品时确认收入，在此之前预收的货款应确认为合同负债。（　　）

3. 企业和客户签订的合同如果既有商品销售又有提供劳务服务时，如果商品销售和提供劳务服务具有高度关联，则二者应分别作为单项履约义务处理。（　　）

4. 采用托收承付方式销售商品的，应在发出商品时确认收入。（　　）

5. 包括在商品售价内可区分的服务费，在销售商品确认收入的同时应确认服务费收入。（　　）

6. 企业提供重大权利的，应当作为单项履约义务，按照有关交易价格分摊的要求将交易价格分摊至该履约义务，在客户未来行使购买选择权取得相关商品控制权时，或者该选择权失效时，确认相应的收入。（　　）

7. 合同中存在重大融资成分的，企业应按将来要收取的全部价款确认收入。（　　）

8. 企业存在应付客户对价的，应当将该应付对价冲减交易价格，但是，应付客户对价是为了从客户处取得其他可明确区分商品的除外。（　　）

9. 合同开始日后，非现金对价的公允价值因对价形式以外的原因而发生变动的，该变动金额不应计入交易价格。（　　）

10. 对于构成单项履约义务的授予知识产权许可，企业应当将其直接作为在某一时段内履行的履约义务。（　　）

11. 如果合同中存在两项或两项以上的商品，其销售价格变动幅度较大或尚未确定，则企业需要采用多种方法相结合的方式，对合同所承诺的商品的单独售价进行估计。（　　）

12. 资产负债表日，"合同结算"科目的期末余额在贷方的，应在"合同负债"项目列示。（　　）

四、计算分析题

1. 甲公司为增值税一般纳税人，增值税税率为13％。2021年3月1日，向乙公司销售保健品100件，每件不含税价格10万元，每件成本8万元，增值税发票已开出，当日收到全部货款存入银行。协议约定，购货方应于当日付款；本年6月30日前有权退货。截至2021年3月31日，未发生退货。假定销售退回实际发生退货时的支付货款，且可冲减增值税税额。甲公司根据过去的经验，无法估计该批保健品的退货率。

(1) 编制2021年3月1日销售商品的会计分录。

(2) 假定2021年4月30日若退回5件，货款已经支付，编制其会计分录。

(3) 假定2021年6月30日退回1件，编制其会计分录。

(4) 假定2021年6月30日退回6件，编制其会计分录。

2. 甲股份有限公司(以下简称"甲公司")为增值税一般纳税人，适用的增值税税率为13%。假设销售价款均不含应向客户收取的增值税税额。该公司2×19—2×20年发生如下业务。

(1) 2×19年12月3日，甲公司与乙公司签订产品销售合同。合同约定，甲公司向乙公司销售A产品40件，单位售价为3.5万元(不含增值税)；乙公司应在甲公司发出产品后1个月内支付款项，乙公司收到A产品后3个月内如发现质量问题有权退货。A产品单位成本为2万元。甲公司于2×19年12月10日发出A产品，并开具增值税专用发票。根据历史经验，甲公司估计A产品的退货率为30%。至2×19年12月31日，上述已销售的A产品尚未发生退回，重新预计的退货率为20%。

(2) 甲公司与B公司签订一项购销合同，合同规定甲公司为B公司建造安装两部电梯，合同价款为1 000万元。按合同规定，B公司在甲公司交付电梯前预付不含税价款的20%，其余价款在甲公司将电梯运抵B公司并安装检验合格后才予以支付。甲公司于2×19年12月25日将建造完成的电梯运抵B公司，预计于次年1月31日全部安装完成。该电梯的实际成本为600万元，预计安装费用为20万元。

(3) 2×19年9月10日，甲公司与丙公司签订一项固定造价合同，为丙公司承建一栋办公楼，合同总价款为2 000万元，预计合同总成本为1 500万元。假定该建造服务属于在某一时段内履行的履约义务，并根据累计发生的合同成本占合同预计总成本的比例确定履约进度。至2×19年年末已经发生合同成本600万元。2×20年年初，因丙公司欲更改设计，双方协商之后决定，在原办公楼基础上增加一部分设计作为企业员工食堂，因此丙公司追加合同价款300万元，甲公司预计合同成本将增加140万元。

(4) 2×19年10月1日，甲公司与丁公司签订合同，向丁公司销售100张电脑桌和100把电脑椅，总价款为120万元。合同约定，电脑桌于15日内交付，相关电脑椅于20日内交付，且在电脑桌和电脑椅等所有商品全部交付后，甲公司才有权收取全部合同对价。假定上述两项销售分别构成单项履约义务，全部商品交付给丁公司时，丁公司即取得其控制权。上述电脑桌的单独售价为96万元，电脑椅的单独售价为64万元。甲公司电脑桌和电脑椅均按时交付。假定该事项不考虑增值税影响。

(5) 2×20年1月1日，甲公司与D公司签订销售协议，约定甲公司向D公司销售一批产品，售价为600万元，成本为400万元，双方协商D公司分3年于每年末平均支付，甲公司于每次收到款项时分别开具增值税专用发票。当日，甲公司发出产品，该批产品的现销价格为525万元。假定实际利率为7%。

要求：

(1) 根据资料(1)，编制甲公司2×19年与上述经济业务有关的会计分录。

(2) 根据资料(2)，判断甲公司对此事项是否确认收入，并编制甲公司2×19年与上述经济业务有关的会计分录。

(3) 根据资料(3), 计算甲公司 2×19 年年末的履约进度, 以及应确认的合同收入和成本; 判断 2×20 年年初发生合同变更的业务处理原则, 同时请说明应做的会计处理。

(4) 根据资料(4), 编制甲公司 2×19 年与上述经济业务有关的会计分录。

| 在线测试 |

第七章　递延所得税

学习要点

资产、负债的计税基础
资产、负债的暂时性差异
递延所得税负债的确认和计量
递延所得税资产的确认和计量
所得税费用的确认和计量

学习目标

通过本章的学习，理解资产、负债的计税基础，暂时性差异的内涵，掌握如何确定具体资产、具体负债的计税基础；掌握应纳税暂时性差异、可抵扣暂时性差异的计量方法，掌握递延所得税资产、递延所得税负债的确认和计量，掌握所得税费用的计量方法，了解因合并报表内部交易而产生的递延所得税资产和负债的计算与会计分录。

第一节　计税基础与暂时性差异

一、所得税会计概述

所得税会计是研究处理会计收益和应税收益差异的会计理论和方法。《企业会计准则第 18 号——所得税》规定，企业所得税会计的计算须采用资产负债表债务法核算所得税。

资产负债表债务法是指从资产负债表出发，通过比对资产负债表上列示的资产、负债，按照会计准则规定确定的账面价值与按照税法和相关法规(以下简称"税法")规定确定的计税基础，对于两者之间的差异分为应纳税暂时性差异与可抵扣暂时性差异，确认相关的递延所得税负债与递延所得税资产，并在此基础上确定每一会计期间利润表中的所得税费用。

所得税概念

在采用资产负债表债务法核算所得税的情况下，企业一般应于每一资产负债表日进行所得税核算。发生特殊交易或事项时，如企业合并，在确认因交易或事项产生的资产、负债时即应确认相关的所得税影响。企业进行所得税核算时一般应遵循以下程序。

（1）按照会计准则的规定，确定资产负债表中除了递延所得税资产和递延所得税负债以外的其他资产和负债项目的账面价值。

（2）按照会计准则中对于资产和负债计税基础的确定方法，以适用的税收法规为基础，确定资产负债表中有关资产、负债项目的计税基础。

（3）比较资产、负债的账面价值与其计税基础，对于两者之间存在差异的，分析其性质，除了会计准则中规定的特殊情况外，分别按应纳税暂时性差异与可抵扣暂时性差异，确定该资产负债表日递延所得税负债和递延所得税资产的应有金额，并与期初递延所得税资产和递延所得税负债的余额相比，确定当期应予进一步确认的递延所得税资产和递延所得税负债金额或应予转销的金额，作为构成利润表中所得税费用的递延所得税费用（或收益）。

（4）按照适用的税法规定计算确定当期应纳税所得额，将应纳税所得额与适用的所得税税率计算的结果确认为当期应交所得税，作为利润表中应予确认的所得税费用中的当期所得税部分。

（5）确定利润表中的所得税费用。利润表中的所得税费用包括当期所得税和递延所得税两个组成部分。企业在计算确定当期所得税和递延所得税后，两者之和（或之差），即为利润表中的所得税费用。

【重要提示】 所得税会计的关键在于确定资产、负债的计税基础。企业应当严格遵循税收法规中对于资产的税务处理及可税前扣除的费用等规定，确定有关资产、负债的计税基础。

资产、负债的计税基础，虽然是会计准则中的概念，但实质上与税收法规的规定密切关联。

二、资产的计税基础

资产的计税基础，是指在企业收回资产账面价值的过程中，计算应纳税所得额时按照税法规定可以从应税经济利益中抵扣的金额，即某一项资产在未来期间计税时可以税前扣除的金额。资产的计税基础是假定企业按照税法规定进行核算所提供的资产负债表中资产的应有金额。

资产、负债的计税基础

资产在初始确认时，其计税基础一般为取得成本。在一般情况下，税法认定的资产取得成本为购入时实际支付的金额。在资产持续持有的过程中，可在未来期间税前扣除的金额是指资产的取得成本减去以前期间按照税法规定已经税前扣除金额后的余额，如固定资产、无形资产等长期资产。在某一资产负债表日的计税基础，是指其成本扣除按照税法规定已在以前期间税前扣除的累计折旧额或累计摊销额后的金额。

企业应当按照适用的税收法规规定计算确定资产的计税基础。

【重要提示】 从所得税角度考虑，某一单项资产产生的所得是指该项资产产生的未来经济利益流入扣除其取得成本之后的金额。

（一）固定资产

以各种方式取得的固定资产，初始确认时入账价值基本上是被税法认可的，取得时其账面价值一般等于计税基础。

固定资产在持有期间进行后续计量时，会计上的基本计量模式是"成本——累计折旧——固定资产减值准备"，税收上的基本计量模式是"成本——按照税法规定计算确定的累计折旧"。会计与税收处理的差异主要来自折旧方法、折旧年限的不同以及固定资产减值准备的计提。

▶ 1. 折旧方法、折旧年限产生的差异

会计准则规定，企业可以根据固定资产经济利益的预期实现方式合理选择折旧方法，例如，既可以按年限平均法计提折旧，也可以按照双倍余额递减法、年数总和法等计提折旧，前提是有关的方法能够反映固定资产为企业带来经济利益的实现情况。税法一般会规定固定资产的折旧方法，除了某些按照规定可以加速折旧的情况外，基本上可以税前扣除的是按照直线法计提的折旧。

另外，税法一般规定每一类固定资产的折旧年限，而会计处理时按照会计准则的规定是由企业按照固定资产能够为企业带来经济利益的期限估计确定的。因为折旧年限的不同，也会产生固定资产账面价值与计税基础之间的差异。

▶ 2. 因计提固定资产减值准备产生的差异

持有固定资产的期间内，在对固定资产计提了减值准备以后，因所计提的减值准备在计提当期不允许税前扣除，也会造成固定资产的账面价值与计税基础的差异。

【例7-1】 A公司于2020年1月1日开始计提折旧的某项固定资产，原价为2 000 000元，使用年限为10年，采用年限平均法计提折旧，预计净残值为0。税法规定类似固定资产采用加速折旧法计提的折旧可予税前扣除，该企业在计税时采用双倍余额递减法计提折旧，预计净残值为0。2021年12月31日，企业估计该项固定资产的可收回金额为1 300 000元。

【解析】

2021年12月31日，该项固定资产的账面价值＝2 000 000－200 000×2＝1 600 000（元），可收回金额为1 300 000元，应当计提300 000元固定资产减值准备。计提该减值准备后，固定资产的账面价值为1 300 000元。

计税基础＝2 000 000－2 000 000×20％－1 600 000×20％＝1 280 000（元）

该项固定资产账面价值1 300 000元与其计税基础1 280 000元之间的20 000元差额，代表了于未来期间计入企业应纳税所得额的金额，产生未来期间应交所得税的增加，应确认为递延所得税负债。

【例7-2】 A公司于2018年12月20日取得某设备，成本为10 000 000元，预计使用10年，预计净残值为0，采用年限平均法计提折旧。2021年12月31日，根据该设备生产产品的市场占有情况，A公司估计其可收回金额为5 000 000元。假定税法规定的折旧方法、折旧年限与会计准则相同，企业的资产在发生实质性损失时可予税前扣除。

【解析】

2021年12月31日，A公司该设备的账面价值＝10 000 000－1 000 000×3＝7 000 000（元），可收回金额为5 000 000元，应当计提2 000 000元固定资产减值准备。计提该减值准备后，固定资产的账面价值为 5 000 000 元。

该设备的计税基础＝10 000 000－1 000 000×3＝7 000 000（元）

资产的账面价值 5 000 000 元小于其计税基础 7 000 000 元，产生可抵扣暂时性差异。

（二）无形资产

除了内部研究开发形成的无形资产以外，以其他方式取得的无形资产，初始确认时其入账价值与税法规定的成本之间一般不存在差异。

（1）对于内部研究开发形成的无形资产，会计准则规定有关研究开发的支出分为两个阶段，研究阶段的支出应当费用化计入当期损益，而开发阶段符合资本化条件的支出应当计入所形成无形资产的成本。税法规定，自行开发的无形资产，以开发过程中该资产符合资本化条件后至达到预定用途前发生的支出为计税基础。对于研究开发费用，税法规定可以加计扣除，即企业为开发新技术、新产品、新工艺发生的研究开发费用，未形成无形资产计入当期损益的，在据实扣除的基础上，再按照研究开发费用的 100% 加计扣除；形成无形资产的，按照无形资产成本的 200% 税前摊销（2021 年 1 月 1 日，国家税务总局公告 13 号文）。

【重要提示】对于内部研究开发形成的无形资产，初始确认时按照会计准则的规定确定的成本与其计税基础通常是相同的。对于享受税收优惠的研究开发支出，在形成无形资产时，按照会计准则的规定确定的成本为研究开发过程中符合资本化条件后至达到预定用途前发生的支出，而因税法规定按照无形资产成本的 200% 税前摊销，则其计税基础应在会计上入账价值的基础上加计 100%，因而产生账面价值与计税基础在初始确认时的差异，但如果该无形资产的确认不是产生于企业合并交易，同时在确认时既不影响会计利润也不影响应纳税所得额，按照所得税会计准则的规定，不确认该暂时性差异的所得税影响。

（2）无形资产在后续计量时，会计与税收的差异主要产生于对无形资产是否需要摊销及无形资产减值准备的计提。会计准则规定应根据无形资产使用寿命情况，区分为使用寿命有限的无形资产和使用寿命不确定的无形资产。对于使用寿命不确定的无形资产，不要求摊销，在会计期末应进行减值测试。税法规定，企业取得无形资产的成本，应在一定期限内摊销，有关摊销额允许税前扣除。

【重要提示】在对无形资产计提减值准备的情况下，因所计提的减值准备不允许税前扣除，也会造成其账面价值与计税基础的差异。

【例 7-3】 A 公司当期发生研究开发支出共计 10 000 000 元，其中研究阶段支出 2 000 000 元，开发阶段符合资本化条件前发生的支出为 2 000 000 元，符合资本化条件后发生的支出为 6 000 000 元。假定开发形成的无形资产在当期期末已达到预定用途，但尚未进行摊销。

【解析】

A 公司当年发生的研究开发支出，按照会计规定应予费用化的金额为 4 000 000 元，形成无形资产的成本为 6 000 000 元，即期末所形成无形资产的账面价值为 6 000 000 元。

A 公司于当期发生的 10 000 000 元研究开发支出，按照税法规定可在当期税前扣除的金额为 8 000 000 元（4 000 000×200%）；对于按照会计准则规定形成无形资产的部分，税法规定按照无形资产成本的175%作为计算未来期间摊销额的基础,即该项无形资产在初始确认时的计税基础为12 000 000元(6 000 000×200%)。

该项无形资产的账面价值6 000 000元与其计税基础12 000 000元之间的差额6 000 000元为暂时性差异,该差异产生于无形资产的初始确认,并非产生于企业合并,在初始确认时既不影响会计利润,也不影响应纳税所得额,因此,不确认其所得税影响。

【例7-4】 A公司于2021年1月1日取得某项无形资产,成本为6 000 000元。企业根据各方面情况判断,无法合理预计其带来未来经济利益的期限,作为使用寿命不确定的无形资产。2021年12月31日,对该项无形资产进行减值测试表明未发生减值。企业在计税时,对该项无形资产按照10年的期间摊销,有关摊销额允许税前扣除。

【解析】
该项无形资产作为使用寿命不确定的无形资产,在未发生减值的情况下,其账面价值为取得成本6 000 000元。

该项无形资产在2021年12月31日的计税基础为5 400 000元(6 000 000−600 000)。

该项无形资产的账面价值6 000 000元与其计税基础5 400 000元之间的差额600 000元将计入未来期间的应纳税所得额,产生未来期间企业所得税税款流出的增加,为应纳税暂时性差异。

(三)以公允价值计量且其变动计入当期损益的金融资产

按照《企业会计准则第22号——金融工具确认和计量》(财会〔2017〕7号)的规定,对于以公允价值计量且其变动计入当期损益的金融资产,其于某一会计期末的账面价值为公允价值。如果税法规定按照会计准则确认的公允价值变动损益在计税时不予考虑,即有关金融资产在某一会计期末的计税基础为其取得成本,会造成该类金融资产账面价值与计税基础之间的差异。

【例7-5】 A公司于2021年7月以1 000 000元取得B公司股票100 000股作为以公允价值计量且其变动计入当期损益的金融资产核算,2021年12月31日,A公司尚未出售所持有B公司股票,B公司股票公允价值为每股12元。税法规定,资产在持有期间公允价值的变动不计入当期应纳税所得额,待处置时一并计算应计入应纳税所得额的金额。

【解析】
作为以公允价值计量且其变动计入当期损益的金融资产的B公司股票在2021年12月31日的账面价值为1 200 000元(12×100 000),其计税基础为原取得成本不变,即1 000 000元,两者之间产生200 000元的应纳税暂时性差异。

(四)其他资产

因会计准则的规定与税收法规的规定不同,企业持有的其他资产可能造成其账面价值与计税基础之间的差异。如计提了资产减值准备的其他资产。因所计提的减值准备在资产发生实质性损失前不允许税前扣除,即该项资产的计税基础不会随减值准备的计提发生变化,从而造成该项资产的账面价值与计税基础之间存在差异。再如,投资性房地产,对于采用成本模式进行后续计量的投资性房地产,其账面价值与计税基础的确定与固定资产、无形资产相同;对于采用公允价值模式进行后续计量的投资性房地产,其计税基础的确定类似固定资产或无形资产计税基础的确定。

【例 7-6】 A 公司的 C 建筑物于 2019 年 12 月 30 日投入使用并直接出租,成本为 6 800 000 元。A 公司对投资性房地产采用公允价值模式进行后续计量。2021 年 12 月 31 日,已出租 C 建筑物累计公允价值变动收益为 1 200 000 元,其中本年度公允价值变动收益为 500 000 元。根据税法规定,已出租 C 建筑物以历史成本扣除按税法规定计提折旧后作为其计税基础,折旧年限为 20 年,净残值为 0,自投入使用的次月起采用年限平均法计提折旧。

【解析】
2021 年 12 月 31 日,该投资性房地产的账面价值为 8 000 000 元,计税基础为 6 120 000 元(6 800 000－6 800 000÷20×2)。该投资性房地产账面价值与其计税基础之间的差额 1 880 000 元将计入未来期间的应纳税所得额,形成未来期间企业所得税税款流出的增加,为应纳税暂时性差异。

三、负债的计税基础

负债的计税基础,是指负债的账面价值减去未来期间计算应纳税所得额时按照税法规定可予抵扣的金额。即假定企业按照税法规定进行核算,在按照税法的规定确定的资产负债表上有关负债的应有金额。

负债的确认与偿还一般不会影响企业未来期间的损益,也不会影响其未来期间的应纳税所得额,因此,未来期间计算应纳税所得额时按照税法规定可予抵扣的金额为 0,计税基础即为账面价值,例如企业的短期借款、应付账款等。

【重要提示】 在特殊情况下,负债的确认可能会影响企业的损益,进而影响不同期间的应纳税所得额,使其计税基础与账面价值之间产生差额,例如,按照会计准则规定确认的某些预计负债。

(一)预计负债

对于不能作为单项履约义务的质量保证,企业应当将预计提供售后服务发生的支出在销售当期确认为费用,同时确认预计负债。如果税法规定,与销售产品相关的支出应于发生时税前扣除。因该类事项产生的预计负债在期末的计税基础为其账面价值与未来期间可税前扣除的金额之间的差额,因有关的支出实际发生时可全额税前扣除,其计税基础为 0。

因其他事项确认的预计负债,应按照税法规定的计税原则确定其计税基础。

【重要提示】 在某些情况下,某些事项确认的预计负债,税法规定其支出无论是否实际发生均不允许税前扣除,即未来期间按照税法规定可予抵扣的金额为 0,则其账面价值与计税基础相同。

【例 7-7】 A 公司于 2020 年因销售产品承诺提供 3 年的保修服务,在当年年度利润表中确认了 5 200 000 元销售费用,同时确认为预计负债,当年度发生保修支出 200 000 元,预计负债的期末余额为 5 000 000 元。假定税法规定,与产品售后服务相关的费用可以在实际发生时税前扣除。

【解析】

该项预计负债在 A 公司 2020 年 12 月 31 日的账面价值为 5 000 000 元。

该项预计负债的计税基础＝账面价值－未来期间计算应纳税所得额时按照税法规定可予抵扣的金额＝5 000 000－5 000 000＝0

【例 7-8】 2021 年 10 月 1 日，A 公司因为 B 公司银行借款提供担保，B 公司未如期偿还借款，而被银行提起诉讼，要求其履行担保责任；12 月 31 日，该案件尚未结案。A 公司预计很可能履行的担保责任为 2 000 000 元。假定税法规定，企业为其他单位债务提供担保发生的损失不允许在税前扣除。

【解析】

2021 年 12 月 31 日，该项预计负债的账面价值为 2 000 000 元，计税基础为 2 000 000 元（2 000 000－0）。该项预计负债的账面价值等于计税基础，不产生暂时性差异。

（二）合同负债

企业在收到客户预付的款项时，因不符合收入确认条件，会计上将其确认为负债。税法对于收入的确认原则一般与会计规定相同，即会计上未确认收入时，计税时一般也不计入应纳税所得额，该部分经济利益在未来期间计税时可予税前扣除的金额为 0，计税基础等于账面价值。

【重要提示】如果不符合会计准则规定的收入确认条件，但按照税法规定应计入当期应纳税所得额时，未来期间无须纳税，有关合同负债的计税基础为 0。

（三）应付职工薪酬

会计准则规定，企业为获得职工提供的服务给予的各种形式的报酬以及其他相关支出均应作为企业的成本、费用，在未支付之前确认为负债。税法对于合理的职工薪酬基本允许税前扣除，相关应付职工薪酬负债的账面价值等于计税基础。

（四）其他负债

企业的其他负债项目，如应交的罚款和滞纳金等，在尚未支付之前按照会计规定确认为费用，同时作为负债反映。税法规定，罚款和滞纳金不允许税前扣除，其计税基础为账面价值减去未来期间计税时可予税前扣除的金额 0 之间的差额，即计税基础等于账面价值。

【例 7-9】 A 公司因未按照税法规定缴纳税金，按规定须在 2021 年缴纳滞纳金 1 000 000 元，至 2021 年 12 月 31 日，该款项尚未支付，形成其他应付款 1 000 000 元。税法规定，企业因违反国家法律、法规规定缴纳的罚款、滞纳金不允许税前扣除。

【解析】

因应缴滞纳金形成的其他应付款账面价值为 1 000 000 元，因税法规定该支出不允许税前扣除，其计税基础＝1 000 000－0＝1 000 000（元）

对于罚款和滞纳金支出，会计与税收规定存在差异，但该差异仅影响发生当期，对未来期间计税不产生影响，因而不产生暂时性差异。

四、账面价值与计税基础之间的差异

由于所执行的政策不同，账面价值与计税基础之间有可能形成差异，这些差异有的是无法调节的,即形成了永久性差异,有的差异随着时间的推移,最终对企业的应纳税所得额影响会发生"回复性"调整,对这类差异我们称之为"暂时性"差异。

(一) 永久性差异

永久性差异是由税收法规与会计准则计算口径不一而产生的差异。具体而言,一些会计准则确认的收入或费用,税收法规不予确认;而另一些在会计准则中不属于收入的项目,税收法规却作为应税收入。这些差异一旦发生,便永久存在。永久性差异只影响当期的应税收益,而不影响以后各期的纳税额。因此,永久性差异不会递延到以后各期,不存在账务调整问题。

(1) 违法经营的罚款和被没收财物的损失。会计上作营业外支出处理,但税法上不允许扣减应税利润。

(2) 各项税收的滞纳金和罚款。会计上可列作营业外支出,但税法规定不得抵扣应税利润。

(3) 各种非救济公益性捐赠和赞助支出。会计上可列为营业外支出,但税法规定不得抵扣应税利润。标准不同的项目主要如下。

① 利息支出。会计上可在费用中据实列支,但税法规定向非金融机构借款的利息支出,高于按照金融机构同类、同期贷款利率计算的数额的部分,不准扣减应税利润。

② 工资性支出。会计上将工资、奖金全部列为成本费用,但税法规定由各省、自治区、直辖市人民政府制定计税工资标准,超过计税标准的工资性支出应缴纳所得税。

③ "三项经费"。会计上根据实发工资总额计提职工工会经费、职工福利费、职工教育经费(简称"三项经费"),而税法规定分别按照计税工资总额的2%、14%、8%计算扣除,超额部分不得扣减应税利润。

④ 公益、救济性捐赠。会计上列为营业外支出,但税法规定在年度应纳税所得额3%以内的部分准予扣除,超额部分不得扣除。

⑤ 业务招待费。会计上列为管理费用,但税法规定限额部分应作为应税利润。税法规定的业务招待费扣除限额如下:全年销售净额在1 500万元以下的(不含1 500万元),不超过全年销售净额的5‰;超过1 500万元(含1 500万元),但不足5 000万元的,不超过该部分的3‰;超过5 000万元(含5 000万元),但不足1亿元的,不超过该部分的2‰;超过1亿元(含1亿元)的,不超过该部分的1‰等。

(二) 暂时性差异

暂时性差异是指资产、负债的账面价值与其计税基础不同产生的差额。其中账面价值,是指按照会计准则规定确定的有关资产、负债在资产负债表中应列示的金额。由于资产、负债的账面价值与其计税基础不同,产生了在未来收回资产或清偿负债的期间内,应纳税所得额增加或减少并导致未来期间应交所得税增加或减少的情况,在这些暂时性差异发生的当期,一般应当确认相应的递延所得税负债或递延所得税资产。

暂时性差异

根据暂时性差异对未来期间应纳税所得额的影响,分为应纳税暂时性差异和可抵扣暂时性差异。

▶ 1. 应纳税暂时性差异

该差异在未来期间转回时，会增加转回期间的应纳税所得额，即在未来期间不考虑该事项影响的应纳税所得额的基础上，由于该暂时性差异的转回，会进一步增加转回期间的应纳税所得额和应交所得税金额。在应纳税暂时性差异产生当期，应当确认相关的递延所得税负债。

应纳税暂时性差异通常源于以下情况产生。

（1）资产的账面价值大于其计税基础。一项资产的账面价值代表的是企业在持续使用或最终出售该项资产时会取得的经济利益的总额，而计税基础代表的是一项资产在未来期间可予税前扣除的总金额。资产的账面价值大于其计税基础，该项资产未来期间产生的经济利益不能全部税前抵扣，两者之间的差额需要交所得税，产生应纳税暂时性差异。

（2）负债的账面价值小于其计税基础。一项负债的账面价值为企业预计在未来期间清偿该项负债时的经济利益流出，而其计税基础代表的是账面价值在扣除税法规定未来期间允许税前扣除的金额之后的差额。因负债的账面价值与其计税基础不同产生的暂时性差异，实质上是税法规定就该项负债在未来期间可以税前扣除的金额。负债的账面价值小于其计税基础，则意味着就该项负债在未来期间可以税前抵扣的金额为负数，即应在未来期间应纳税所得额的基础上调增，增加应纳税所得额和应交所得税金额，产生应纳税暂时性差异，应确认相关的递延所得税负债。

▶ 2. 可抵扣暂时性差异

该差异在未来期间转回时会减少转回期间的应纳税所得额，减少未来期间的应交所得税。在可抵扣暂时性差异产生当期，符合确认条件的情况下，应当确认相关的递延所得税资产。

可抵扣暂时性差异一般源于以下情况产生。

（1）资产的账面价值小于其计税基础。从经济含义来看，资产在未来期间产生的经济利益少，按照税法规定允许税前扣除的金额多，则企业在未来期间可以减少应纳税所得额并减少应交所得税。

（2）负债的账面价值大于其计税基础。负债产生的暂时性差异实质上是税法规定就该项负债可以在未来期间税前扣除的金额。一项负债的账面价值大于其计税基础，意味着未来期间按照税法规定构成负债的全部或部分金额可以从未来应税经济利益中扣除，减少未来期间的应纳税所得额和应交所得税。

【重要提示】值得关注的是，对于按照税法规定可以结转以后年度的未弥补亏损及税款抵减，虽不是因资产、负债的账面价值与计税基础不同产生的，但本质上可抵扣亏损和税款抵减与可抵扣暂时性差异具有同样的作用，均能够减少未来期间的应纳税所得额，进而减少未来期间的应交所得税，在会计处理上，视同可抵扣暂时性差异，在符合条件的情况下，应确认相关的递延所得税资产。

某些交易或事项发生以后，因为不符合资产、负债的确认条件而未体现为资产负债表中的资产或负债，但按照税法规定能够确定其计税基础的，其账面价值与计税基础之间的差异也构成暂时性差异。如企业发生的符合条件的广告费和业务宣传费支出，除税法另有规定外，不超过当年销售收入15%的部分准予扣除；超过部分准予在以后纳税年度结转扣除。该类支出在发生时按照会计准则规定即计入当期损益，不形成资产负债表中的资产，但因按照税法规定可以确定其计税基础，两者之间的差异也形成暂时性差异。

【例7-10】 A公司于2021年发生广告费10 000 000元，至年末已全额支付给广告公司。税法规定，企业发生的广告费、业务宣传费不超过当年销售收入15%的部分允许税前扣除，超过部分允许结转以后年度税前扣除。A公司于2021年实现销售收入60 000 000元。

【解析】

因广告费支出形成的资产的账面价值为0，其计税基础＝10 000 000－60 000 000×15%＝1 000 000(元)。

广告费支出形成的资产的账面价值0与其计税基础1 000 000元之间形成1 000 000元可抵扣暂时性差异。

第二节 递延所得税负债、资产的确认与计量

一、递延所得税负债的确认和计量

应纳税暂时性差异在转回期间将增加未来期间的应纳税所得额和应交所得税，从而导致企业经济利益的流出，从其发生当期看，构成企业应支付税金的义务，应作为负债确认。

确认应纳税暂时性差异产生的递延所得税负债时，交易或事项发生时影响会计利润或应纳税所得额的，相关的所得税影响应作为利润表中所得税费用的组成部分；与直接计入所有者权益的交易或事项相关的，其所得税影响应增加或减少所有者权益；企业合并产生的，相关的递延所得税影响应调整购买日确认的商誉或者计入当期损益的金额。

(一) 递延所得税负债的确认

企业在确认因应纳税暂时性差异产生的递延所得税负债时，应遵循以下原则。

(1) 除了会计准则中明确规定可不确认递延所得税负债的情况以外，企业对于所有的应纳税暂时性差异均应确认相关的递延所得税负债。除了直接计入所有者权益的交易或事项以及企业合并外，在确认递延所得税负债的同时，应增加利润表中的所得税费用。

【例7-11】 A公司于2021年1月1日开始计提折旧的某设备，取得成本为2 000 000元，采用年限平均法计提折旧，使用年限为10年，预计净残值为0。假定计税时允许按双倍余额递减法计提折旧，使用年限及预计净残值与会计相同。A公司适用的所得税税率为25%。假定该企业不存在其他会计与税收处理的差异。

【解析】

2021年，该项固定资产按照会计规定计提的折旧额为200 000元，计税时允许扣除的折旧额为400 000元(2 000 000×2/10)，则该固定资产的账面价值1 800 000元与其计税

基础 1 600 000 元的差额构成应纳税暂时性差异，企业应确认递延所得税负债 50 000 元 [(1 800 000－1 600 000)×25％]。

（2）不确认递延所得税负债的特殊情况。在有些情况下，虽然资产、负债的账面价值与其计税基础不同，产生了应纳税暂时性差异，但出于各方面考虑，会计准则规定不确认相关的递延所得税负债，主要包括以下方面。

① 商誉的初始确认。在非同一控制下的企业合并中，企业合并成本大于合并中取得的被购买方可辨认净资产公允价值份额的差额，确认为商誉。因会计与税收的划分标准不同，按照税法规定作为免税合并的情况下，税法不认可商誉的价值，即从税法角度，商誉的计税基础为 0，两者之间的差额形成应纳税暂时性差异。但是，确认该部分暂时性差异产生的递延所得税负债，则意味着将进一步增加商誉的价值。因商誉本身是企业合并成本在取得的被购买方可辨认资产、负债之间进行分配后的剩余价值，确认递延所得税负债进一步增加其账面价值会影响会计信息的可靠性，并且增加了商誉的账面价值以后，可能很快就要计提减值准备，同时其账面价值的增加还会进一步产生应纳税暂时性差异，使得递延所得税负债和商誉价值量的变化不断循环，因此，会计上作为非同一控制下的企业合并，同时按照税法规定作为免税合并的情况下，商誉的计税基础为 0，因其账面价值与计税基础不同而形成的应纳税暂时性差异，会计准则规定不确认相关的递延所得税负债。

【重要提示】应予说明的是，按照会计准则规定在非同一控制下企业合并中确认了商誉，并且按照所得税法规的规定该商誉在初始确认时计税基础等于账面价值的，该商誉在后续计量过程中因会计准则与税法规定不同产生暂时性差异的，应当确认相关的所得税影响。

【例 7-12】 A 公司以增发市场价值为 60 000 000 元的本企业普通股为对价购入 B 公司 100％的净资产，假定该项企业合并符合税法规定的免税合并条件，且 B 公司原股东选择进行免税处理。购买日 B 公司各项可辨认资产、负债的公允价值及其计税基础如表 7-1 所示。

表 7-1　B 公司各项可辨认资产、负债的公允价值及其计税基础　　单位：元

项　　目	公允价值	计税基础	暂时性差异
固定资产	27 000 000	15 500 000	11 500 000
应收账款	21 000 000	21 000 000	0
存货	17 400 000	12 400 000	5 000 000
其他应付款	(3 000 000)	0	(3 000 000)
应付账款	(12 000 000)	(12 000 000)	
不包括递延所得税的可辨认资产、负债的公允价值	50 400 000	36 900 000	13 500 000

【解析】

B 公司适用的所得税税率为 25％，该项交易中应确认递延所得税负债及商誉的金额计

算如下：

　　企业合并成本 60 000 000 元

　　可辨认净资产公允价值 50 400 000 元

　　递延所得税资产 750 000 元（3 000 000×25％）

　　递延所得税负债 4 125 000 元（16 500 000×25％）

　　考虑递延所得税后可辨认资产负债的公允价值

　　47 025 000 元（50 400 000＋3 000 000×25％－16 500 000×25％）

　　商誉＝合并成本－考虑递延所得税后可辨认资产负债的公允价值 12 975 000 元

　　所确认的商誉金额 12 975 000 元与其计税基础 0 之间产生的应纳税暂时性差异，不再进一步确认相关的递延所得税影响。

　　② 在除了企业合并以外的其他交易或事项中，如果该项交易或事项发生时既不影响会计利润，也不影响应纳税所得额，则所产生的资产、负债的初始确认金额与其计税基础不同，形成应纳税暂时性差异的，交易或事项发生时不确认相应的递延所得税负债。该规定主要是考虑到由于交易发生时既不影响会计利润，也不影响应纳税所得额，确认递延所得税负债的直接结果是增加有关资产的账面价值或者降低所确认负债的账面价值，使得资产、负债在初始确认时，违背历史成本原则，影响会计信息的可靠性。

（二）递延所得税负债的计量

　　递延所得税负债应以相关应纳税暂时性差异转回期间适用的所得税税率计量。在我国，除了享受优惠政策的情况以外，企业适用的所得税税率在不同年度之间一般不会发生变化，企业在确认递延所得税负债时，可以现行适用所得税税率为基础计算确定。对于享受优惠政策的企业，如国家需要重点扶持的高新技术企业，享受一定时期的税率优惠，则所产生的暂时性差异应以预计其转回期间的适用所得税税率为基础计量。另外，无论应纳税暂时性差异的转回期间如何，递延所得税负债不要求折现。

二、递延所得税资产的确认和计量

（一）递延所得税资产的确认

▶ 1. 确认的一般原则

　　因资产、负债的账面价值与其计税基础的不同而产生可抵扣暂时性差异的，在估计未来期间能够取得足够的应纳税所得额用以利用该可抵扣暂时性差异时，应当以很可能取得用来抵扣可抵扣暂时性差异的应纳税所得额为限，确认相关的递延所得税资产。同递延所得税负债的确认相同，有关交易或事项发生时，对会计利润或者应纳税所得额产生影响的，所确认的递延所得税资产应作为利润表中所得税费用的调整；有关的可抵扣暂时性差异源于直接计入所有者权益的交易或事项，则确认的递延所得税资产也应计入所有者权益；企业合并时产生的可抵扣暂时性差异的所得税影响，应相应调整企业合并中确认的商誉或者应计入当期损益的金额。

　　确认递延所得税资产时，应关注以下问题。

(1) 递延所得税资产的确认应以未来期间可能取得的应纳税所得额为限。在可抵扣暂时性差异转回的未来期间内，企业无法产生足够的应纳税所得额用以抵减可抵扣暂时性差异的影响，使得与递延所得税资产相关的经济利益无法实现的，该部分递延所得税资产不应确认；企业有确凿的证据表明，其于可抵扣暂时性差异转回的未来期间能够产生足够的应纳税所得额，进而利用可抵扣暂时性差异的，则应以可能取得的应纳税所得额为限，确认相关的递延所得税资产。

【重要提示】在判断企业于可抵扣暂时性差异转回的未来期间能否产生足够的应纳税所得额时，应考虑以下两个方面的影响：一是通过正常的生产经营活动能够实现的应纳税所得额，如企业通过销售商品、提供劳务等所实现的收入，扣除相关费用后的金额；二是以前期间产生的应纳税暂时性差异在未来期间转回时将产生应纳税所得额的增加额。

考虑到受可抵扣暂时性差异转回的期间内可能取得应纳税所得额的限制，因无法取得足够的应纳税所得额而未确认相关的递延所得税资产的，应在财务报表附注中进行披露。

(2) 对于按照税法规定可以结转以后年度的未弥补亏损和税款抵减，应视同可抵扣暂时性差异处理。在预计可利用可弥补亏损或税款抵减的未来期间内能够取得足够的应纳税所得额时，应当以很可能取得的应纳税所得额为限，确认相关的递延所得税资产，同时减少确认当期的所得税费用。

与未弥补亏损和税款抵减相关的递延所得税资产一样，其确认条件与可抵扣暂时性差异产生的递延所得税资产相同，在估计未来期间能否产生足够的应纳税所得额用于利用该部分未弥补亏损或税款抵减时，应考虑以下相关因素的影响。

① 在未弥补亏损到期前，企业是否会因以前期间产生的应纳税暂时性差异转回而产生足够的应纳税所得额。

② 在未弥补亏损到期前，企业是否可能通过正常的生产经营活动产生足够的应纳税所得额。

③ 未弥补亏损是否产生于一些在未来期间不可能再发生的特殊原因。

④ 是否存在其他的证据表明在未弥补亏损到期前能够取得足够的应纳税所得额。

▶ 2. 不确认递延所得税资产的特殊情况

在某些情况下，如果企业发生的某项交易或事项不是企业合并，并且交易发生时既不影响会计利润也不影响应纳税所得额，且该项交易中产生的资产、负债的初始确认金额与其计税基础不同，产生可抵扣暂时性差异的，会计准则规定在交易或事项发生时不确认相关的递延所得税资产。其原因同该种情况下不确认相关的递延所得税负债相同，如果确认递延所得税资产，则须调整资产、负债的入账价值，对实际成本进行调整将有违历史成本原则，影响会计信息的可靠性，在该种情况下不确认相关的递延所得税资产。

【例7-13】A公司于2021年发生资本化研究开发支出8 000 000元，至年末研发项目尚未完成。税法规定，按照会计准则规定资本化的开发支出按其作为计算摊销额的基础。

【解析】

按照会计准则的规定A公司资本化的开发支出为8 000 000元，其计税基础为14 000 000元

（8 000 000×175%），该开发支出及所形成的无形资产在初始确认时其账面价值与计税基础即存在差异，因该差异并非产生于企业合并中，同时在产生时既不影响会计利润也不影响应纳税所得额，按照《企业会计准则第18号——所得税》规定，不确认与该暂时性差异相关的所得税影响。

（二）递延所得税资产的计量

▶ 1. 适用税率的确定

同递延所得税负债的计量原则相一致，在确认递延所得税资产时，应估计相关可抵扣暂时性差异的转回期间，采用转回期间适用的所得税税率为基础计算确定。另外，无论相关的可抵扣暂时性差异转回期间如何，递延所得税资产均不予折现。

▶ 2. 递延所得税资产的减值

与其他资产相一致，资产负债表日，企业应当对递延所得税资产的账面价值进行复核。如果未来期间很可能无法取得足够的应纳税所得额用以利用递延所得税资产的利益，应当减记递延所得税资产的账面价值。对于预期无法实现的部分，一般应确认为当期所得税费用，同时减少递延所得税资产的账面价值；对于原确认时计入所有者权益的递延所得税资产，其减记金额也应计入所有者权益，不影响当期所得税费用。

【重要提示】递延所得税资产的账面价值因上述原因减记以后，继后期间根据新的环境和情况判断能够产生足够的应纳税所得额用以利用可抵扣暂时性差异，使得递延所得税资产包含的经济利益能够实现的，应相应恢复递延所得税资产的账面价值。

三、特定交易或事项涉及递延所得税的确认

与当期及以前期间直接计入所有者权益的交易或事项相关的当期所得税及递延所得税应当计入所有者权益。直接计入所有者权益的交易或事项主要有：对会计政策变更采用追溯调整法或对前期差错更正采用追溯重述法调整期初留存收益，以公允价值计量且其变动计入其他综合收益的金融资产的公允价值的变动计入其他综合收益，自用房地产转为采用公允价值模式计量的投资性房地产时公允价值大于原账面差额计入其他综合收益等。

【例7-14】A公司于2021年4月自公开市场以每股6元的价格取得B公司普通股200万股，作为以公允价值计量且其变动计入其他综合收益的非交易性权益工具投资核算（假定不考虑交易费用），2021年12月31日，A公司该股票投资尚未出售，当日价为每股9元。按照税法规定，资产在持有期间公允价值的变动不计入应纳税所得额，待处置时一并计算计入应纳税所得额。A公司税率为25%，假定在未来期间不会发生变化。

【解析】

A公司在期末的账务处理如下：

借：其他权益工具投资　　　　　　　　　　　　　　　　　　　　　6 000 000
　　贷：其他综合收益　　　　　　　　　　　　　　　　　　　　　　6 000 000
借：其他综合收益　　　　　　　　　　　　　　　　　　　　　　　1 500 000
　　贷：递延所得税负债　　　　　　　　　　　　　　　　　　　　　1 500 000

假定A公司以每股11元的价格将该股票于2020年对外出售,结转该股票出售损益时:

借:银行存款　　　　　　　　　　　　　　　　　　　　　　　　22 000 000
　贷:其他权益工具投资　　　　　　　　　　　　　　　　　　　　18 000 000
　　　留存收益　　　　　　　　　　　　　　　　　　　　　　　　 4 000 000
借:其他综合收益　　　　　　　　　　　　　　　　　　　　　　　 4 500 000
　　递延所得税负债　　　　　　　　　　　　　　　　　　　　　　 1 500 000
　贷:留存收益　　　　　　　　　　　　　　　　　　　　　　　　 6 000 000

四、所得税税率变化对递延所得税资产和递延所得税负债影响的确认与计量

因适用税收法规的变化,导致企业在某一会计期间适用的所得税税率发生变化的,企业应对已确认的递延所得税资产和递延所得税负债进行重新计量。递延所得税资产和递延所得税负债的金额代表的是有关可抵扣暂时性差异或应纳税暂时性差异于未来期间转回时导致应交所得税金额减少或增加的情况。适用所得税税率的变化必然导致应纳税暂时性差异或可抵扣暂时性差异在未来期间转回时产生增加或减少应交所得税金额的变化,应对原已确认的递延所得税资产和递延所得税负债的金额进行调整,反映所得税税率变化带来的影响。

除了直接计入所有者权益的交易或事项产生的递延所得税资产和递延所得税负债其相关的调整金额应计入所有者权益以外,在其他情况下产生的调整金额应确认为当期所得税费用(或收益)。

第三节　所得税费用的确认和计量

企业核算所得税,主要是为了确定当期应交所得税以及利润表中的所得税费用,从而确定各期实现的净利润。确认递延所得税资产和递延所得税负债,最终目的也是解决不同会计期间所得税费用的分配问题。按照在资产负债表债务法进行核算的情况下,利润表中的所得税费用由两个部分组成:当期所得税和递延所得税费用(或收益)。

一、当期所得税

当期所得税是指企业按照税法规定计算确定的针对当期发生的交易和事项,应缴纳给税务机关的所得税金额,即应交所得税。当期所得税应当以适用的税收法规为基础计算确定。企业在确定当期所得税时,对于当期发生的交易或事项,会计处理与税收处理不同的,应在会计利润的基础上,按照适用税收法规的要求进行调整(即纳税调整),算出当期应纳税所得额,按照应纳税所得额与适用所得税税率计算确定当期应交所得税。在一般情况下,应纳税所得额可在会计利润的基础上,考虑会计与税收规定之间的差异,按照以下

公式计算确定：

$$应纳税所得额 = 会计利润 + 纳税调整增加额 - 纳税调整减少额 + 境外应税所得弥补境内亏损 - 弥补以前年度亏损$$

$$当期所得税 = 当期应交所得税 = 应纳税所得额 \times 适用税率 - 减免税额 - 抵免税额$$

二、递延所得税费用（或收益）

递延所得税费用（或收益）是指按照会计准则规定应予确认的递延所得税资产和递延所得税负债在会计期末应有的金额相对于原已确认金额之间的差额，即递延所得税资产和递延所得税负债的当期发生额，但不包括计入所有者权益的交易或事项的所得税影响。用公式表示为：

$$递延所得税费用（或收益） = 当期递延所得税负债的增加 + 当期递延所得税资产的减少 - 当期递延所得税负债的减少 - 当期递延所得税资产的增加$$

值得注意的是，如果某项交易或事项按照会计准则规定应计入所有者权益，由该交易或事项产生的递延所得税资产或递延所得税负债及其变化也应计入所有者权益，不构成利润表中的递延所得税费用（或收益）。

【例7-15】A公司于2021年9月取得的某项以公允价值计量且其变动计入其他综合收益的其他债权投资，成本为2 000 000元。2021年12月31日，其公允价值为2 400 000元。A公司适用的所得税税率为25%。

【解析】

会计期末在确认400 000元（2 400 000－2 000 000）的公允价值变动时：

借：其他债权投资——公允价值变动　　　　　　　　　　　　400 000
　　贷：其他综合收益　　　　　　　　　　　　　　　　　　　400 000

确认应纳税暂时性差异的所得税影响时：

借：其他综合收益（400 000×25%）　　　　　　　　　　　　100 000
　　贷：递延所得税负债　　　　　　　　　　　　　　　　　　100 000

另外，在非同一控制下的企业合并中，因资产、负债的入账价值与其计税基础的不同而产生的递延所得税资产或递延所得税负债，其确认结果直接影响购买日确认的商誉或计入利润表的损益金额，不影响购买日的所得税费用。

三、所得税费用

在计算确定了当期应交所得税及递延所得税费用（或收益）以后，利润表中应予确认的所得税费用为两者之和，即

所得税费用＝当期所得税＋递延所得税费用(或收益)

【例7-16】 2021年，A公司年度利润表中利润总额为12 000 000元，适用的所得税税率为25％，预计未来期间适用的所得税税率不会发生变化，未来期间能够产生足够的应纳税所得额用以抵扣可抵扣暂时性差异。递延所得税资产及递延所得税负债不存在期初余额。

在该公司2021年发生的有关交易和事项中，会计处理与税收处理存在差别如下。

(1) 2020年12月31日，取得的一项固定资产，成本为6 000 000元，使用年限为10年，预计净残值为0，会计处理按双倍余额递减法计提折旧，税收处理按直线法计提折旧。假定税法规定的使用年限及预计净残值与会计规定相同。

(2) 向关联企业捐赠现金2 000 000元。

(3) 当年度发生研究开发支出5 000 000元，较上年度增长20％。其中，3 000 000元予以资本化；截至2021年12月31日，该研发资产仍在开发过程中。税法规定，企业费用化的研究开发支出按175％税前扣除，资本化的研究开发支出按资本化金额的175％确定应予摊销的金额。

(4) 应付违反环保法规定罚款1 000 000元。

(5) 期末对持有的存货计提了300 000元的存货跌价准备。

【解析】

(1) 2021年度当期应交所得税。

应纳税所得额＝12 000 000＋(6 000 000÷10×2－6 000 000÷10)＋2 000 000－(5 000 000－3 000 000)×75％＋1 000 000＋300 000＝14 400 000(元)

应交所得税＝14 400 000×25％＝3 600 000(元)

(2) 2021年度递延所得税。

该公司2021年12月31日有关资产、负债的账面价值、计税基础及相应的暂时性差异如表7-2所示。

表7-2 账面价值与计税基础对比表　　　　　　　　　　　　单位：元

项　目	账面价值	计税基础	差　异	
			应纳税暂时性差异	可抵扣暂时性差异
存货	8 000 000	8 300 000		300 000
固定资产	25 400 000	26 000 000		600 000
开发支出	3 000 000	5 250 000		2 250 000
其他应付款	1 000 000	1 000 000		
合　计				3 150 000

在本例中，由于存货、固定资产的账面价值和其计税基础不同，产生可抵扣暂时性差异900 000元，确认了递延所得税收益225 000元；对于资本化的开发支出3 000 000元，其计税基础为5 250 000元(3 000 000×175％)，该开发支出及所形成的无形资产在初始确

认时其账面价值与计税基础即存在差异,因该差异并非产生于企业合并,同时在产生时既不影响会计利润也不影响应纳税所得额,按照《企业会计准则第18号——所得税》的规定,不确认与该暂时性差异相关的所得税影响。

递延所得税收益=900 000×25%=225 000(元)

(3) 利润表中应确认的所得税费用。

所得税费用=3 600 000-225 000=3 375 000(元)

借:所得税费用   3 375 000
  递延所得税资产   225 000
 贷:应交税费——应交所得税   3 600 000

【例7-17】 B公司于2021年年初的递延所得税资产借方余额为1 900 000元,递延所得税负债贷方余额为100 000元,具体构成项目如表7-3所示。

表7-3 各资产递延所得税分析表   单位:元

项目	可抵扣暂时性差异	递延所得税资产	应纳税暂时性差异	递延所得税负债
应收账款	600 000	150 000		
交易性金融资产			400 000	100 000
其他债权投资	2 000 000	500 000		
预计负债	800 000	200 000		
可税前抵扣的经营亏损	4 200 000	1 050 000		

该公司2021年度利润表中利润总额为16 100 000元,适用的所得税税率为25%,预计未来期间适用的所得税税率不会发生变化,未来期间能够产生足够的应纳税所得额用以抵扣可抵扣暂时性差异。

在该公司2021年发生的有关相关交易和事项中,会计处理与税收处理存在差别如下:

(1) 年末转回应收账款坏账准备200 000元。根据税法规定,转回的坏账损失不计入应纳税所得额。

(2) 年末根据交易性金融资产公允价值变动确认公允价值变动收益200 000元。根据税法规定,交易性金融资产公允价值变动收益不计入应纳税所得额。

(3) 年末根据其他债权投资公允价值变动增加其他综合收益400 000元。根据税法规定,其他债权投资公允价值变动金额不计入应纳税所得额。

(4) 当年实际支付产品保修费用500 000元,冲减前期确认的相关预计负债;当年又确认产品保修费用100 000元,增加相关预计负债。根据税法规定,实际支付的产品保修费用允许税前扣除,但预计的产品保修费用不允许税前扣除。

(5) 当年发生业务宣传费8 000 000元,至年末尚未支付。该公司当年实现销售收入50 000 000元。税法规定,企业发生的业务宣传费支出,不超过当年销售收入15%的部分,准予税前扣除;超过部分,准予结转以后年度税前扣除。

【解析】

(1) 2021年度当期应交所得税。

应纳税所得额＝16 100 000－4 200 000－200 000－200 000－500 000＋100 000＋(8 000 000－50 000 000×15％)＝11 600 000(元)

应交所得税＝11 600 000×25％＝2 900 000(元)

(2) 2021年度递延所得税。

该公司2021年12月31日有关资产、负债的账面价值、计税基础及相应的暂时性差异如表7-4所示。

表7-4 暂时性差异对照表   单位：元

项目	账面价值	计税基础	差异	
			应纳税暂时性差异	可抵扣暂时性差异
应收账款	3 600 000	4 000 000		400 000
交易性金融资产	4 200 000	3 600 000	600 000	
其他债权投资	4 000 000	5 600 000		1 600 000
预计负债	400 000	0		400 000
其他应付款	8 000 000	7 500 000		500 000

递延所得税费用＝(600 000×25％－100 000)－[(400 000＋400 000＋500 000)×25％－(150 000＋200 000＋1 050 000)]＝1 125 000(元)

(3) 利润表中应确认的所得税费用。

所得税费用＝2 900 000＋1 125 000＝4 025 000(元)

递延所得税资产＝(150 000＋200 000＋1 050 000)－(400 000＋400 000＋500 000)×25％＝1 075 000(元)

递延所得税负债＝600 000×25％－100 000＝50 000(元)

其他综合收益＝400 000×25％＝100 000(元)

借：所得税费用　　　　　　　　　　　　　　　　　　　　4 025 000
　　贷：应交税费——应交所得税　　　　　　　　　　　　　2 900 000
　　　　递延所得税资产　　　　　　　　　　　　　　　　　1 075 000
　　　　递延所得税负债　　　　　　　　　　　　　　　　　　　50 000
借：其他综合收益　　　　　　　　　　　　　　　　　　　　　100 000
　　贷：递延所得税资产　　　　　　　　　　　　　　　　　　100 000

四、所得税的列报

企业对所得税的核算结果，除了利润表中列示的所得税费用以外，在资产负债表中形成的应交税费(应交所得税)以及递延所得税资产和递延所得税负债应当遵循《企业会计准则第18号——所得税》和《企业会计准则第30号——财务报表列报》(财会〔2014〕7号)的规定列报。其中,递延所得税资产和递延所得税负债一般应当分别作为非流动资产和非流动负债在资产负债表中列示,所得税费用应当在利润表中单独列示,同时还应在附注中披露与所得税有关的信息。

(1) 同时满足以下条件时,企业应当将当期所得税资产及当期所得税负债以抵销后的净额列示。

① 企业拥有以净额结算的法定权利。

② 意图以净额结算或取得资产、清偿负债同时进行。

【重要提示】对于当期所得税资产与当期所得税负债以净额列示,是指当企业实际缴纳的所得税税款大于按照税法规定计算的应交所得税时,超过部分应当在资产负债表"其他流动资产"项目中列示;当企业实际缴纳的所得税税款小于按照税法规定确定的应交所得税时,差额部分应当在资产负债表的"应交税费"项目中列示。

(2) 同时满足以下条件时,企业应当将递延所得税资产与递延所得税负债以抵销后的净额列示。

① 企业拥有以净额结算当期所得税资产及当期所得税负债的法定权利。

② 递延所得税资产及递延所得税负债是与同一税收征管部门对同一纳税主体征收的所得税相关或者是对不同的纳税主体相关,但在未来每一具有重要性的递延所得税资产及递延所得税负债转回的期间内,涉及的纳税主体意图以净额结算当期所得税资产和当期所得税负债或者同时取得资产、清偿负债。

在一般情况下,在个别财务报表中,当期所得税资产与当期所得税负债及递延所得税资产与递延所得税负债可以以抵销后的净额列示。在合并财务报表中,纳入合并范围的企业中,一方的当期所得税资产或递延所得税资产与另一方的当期所得税负债或递延所得税负债一般不能予以抵销,除非所涉及的企业具有以净额结算的法定权利并且意图以净额结算。

本章知识点小结

1. 资产负债表债务法下所得税会计的一般核算程序包括五步:①确定资产、负债项目的账面价值;②确定资产、负债项目的计税基础;③确定本期应确认或转销的递延所得税;④计算当期应交所得税;⑤确认所得税费用。

2. 资产的计税基础是指资产按照税法规定在未来期间可以税前扣除的金额,其金额为资产的账面价值减去以前期间已经在税前扣除的金额。在通常情况下,资产初始确认时的账面价值与计税基础相等。

3. 负债的计税基础是指负债的账面价值减去未来期间计算应纳税所得额时,按照税法规定可以抵扣的金额,即负债计税基础为负债在未来清偿时不能税前扣除的金额。

4. 暂时性差异的分类,如表7-5所示。

5. 某些交易或事项的发生虽然不会导致资产、负债的产生,但如果按照税法规定能够确定其计税基础,也会构成暂时性差异,应确认相应的递延所得税。

表 7-5 暂时性差异分类

类 型	资 产	负 债
应纳税暂时性差异	资产的账面价值大于计税基础	负债的账面价值小于计税基础
可抵扣暂时性差异	资产的账面价值小于计税基础	负债的账面价值大于计税基础

6. 可抵扣亏损和税款抵减虽然不是资产、负债，也没有计税基础，但所起的作用和可抵扣暂时性差异相同，应确认与其相关的递延所得税资产。

7. 不确认递延所得税负债的特殊情况。

8. 递延所得税负债的确认原则。

9. 递延所得税资产的确认原则。

10. 所得税费用＝当期所得税＋递延所得税

课后训练题

一、单项选择题

1. 所得税中的暂时性差异是指（　　）。
   A. 资产、负债的账面价值与公允价值的差异
   B. 资产、负债的账面价值与计税基础的差异
   C. 资产、负债的公允价值与计税基础的差异
   D. 仅仅是资产的账面价值与计税基础的差异

2. 某企业于2020年12月买入一项金融资产，划分为其他权益投资，成本1 000万元。2021年11月，其公允价值为3 500万元。该项金融资产在2021年11月计税基础为（　　）。
   A. 2 500万元　　　B. 3 500万元　　　C. 0万元　　　D. 1 000万元

3. 某公司于2020年12月购入设备一台并投入使用，原值360万元，净残值60万元。税法允许采用年数总和法，折旧年限5年；会计规定采用年限平均法，折旧年限4年。税前会计利润各年均为1 000万元，2020年所得税税率为33%，2023年所得税税率为25%。2023年12月31日，该项资产的账面价值和计税基础分别是（　　）万元。
   A. 90，72　　　B. 135，120　　　C. 180，144　　　D. 225，240

4. 2021年1月1日，B公司为其100名中层以上管理人员每人授予100份现金股票增值权，这些人员从2021年1月1日起必须在该公司连续服务3年，即可自2023年12月31日起根据股价的增长幅度获得现金，该增值权应在2025年12月31日之前行使完毕。B公司2021年12月31日计算确定的应付职工薪酬的余额为100万元，假设根据税法规定，在实际支付时可以税前扣除。2021年12月31日，该应付职工薪酬的计税基础为（　　）万元。
   A. 100　　　B. 0　　　C. 50　　　D. －100

5. A公司在开始正常生产经营活动之前发生了500万元的筹建费用，在发生时已计入

当期损益,按照税法规定,企业在筹建期间发生的费用,允许在开始正常生产经营活动之后5年内分期计入应纳税所得额。假定企业在2021年开始正常生产经营活动,当期税前扣除了100万元,那么该项费用支出在2021年年末的计税基础为( )万元。

  A. 0   B. 400   C. 100   D. 500

6. 按照我国企业会计准则的规定,下列各事项中会产生可抵扣暂时性差异的是( )。

  A. 期末交易性金融资产的公允价值继续上升

  B. 当期新增一项固定资产,会计上按直线法计提折旧,税法按年数总和法计提折旧,折旧年限均为5年

  C. 企业因销售商品提供售后服务确认的预计负债,税法规定,该损失于实际发生时可以税前列支

  D. 因债务担保于当期确认了100万元的预计负债,税法规定,因债务担保发生的损失不得税前列支

7. A股份公司自2020年2月1日起自行研究开发一项新产品专利技术,2020年度在研究开发过程中发生研究费用300万元,开发支出600万元(符合资本化条件),2021年4月2日,该项专利技术获得成功并申请取得专利权。按照税法规定,未形成无形资产计入当期损益的,可在据实扣除的基础上再加计扣除50%;形成无形资产的,按照无形资产成本的150%摊销。A公司预计该项专利权的使用年限为5年,法律规定的有效年限为10年,预计该项专利为企业带来的经济利益会逐期递减,因此,会计上采用年数总和法进行摊销,税法按照直线法在10年内摊销。2021年年末,该项无形资产产生的暂时性差异为( )万元。

  A. 315   B. 400   C. 450   D. 382.5

8. A公司于2021年年初"预计负债"账面金额为200万元(预提产品保修费用),2021年,产品销售收入为5 000万元,按照2%的比例计提产品保修费用,假设产品保修费用在实际支付时可以抵扣,2021年年末,发生产品保修费用。则2021年12月31日的暂时性差异为( )。

  A. 应纳税暂时性差异200万元   B. 可抵扣暂时性差异300万元

  C. 应纳税暂时性差异300万元   D. 可抵扣暂时性差异100万元

9. A公司于2020年发生经营亏损1 000万元,按照税法规定,该亏损可用于抵减以后5个年度的应纳税所得额。该公司预计其于未来5年期间能够产生的应纳税所得额为800万元。A公司于2021年以前适用的所得税税率为33%,根据2020年通过的企业所得税法,企业自2021年起适用的所得税税率为25%,无其他纳税调整事项,则A公司2020年就该事项的所得税影响,应做的会计处理是( )。

  A. 确认递延所得税资产250万元   B. 确认递延所得税资产264万元

  C. 确认递延所得税资产200万元   D. 确认递延所得税负债200万元

10. A公司于2020年1月1日成立并开始营业,2020年共产生应纳税暂时性差异500万元,可抵扣暂时性差异1 000万元,预期这些暂时性差异将于2021年全部转回,企业预期2021年的应纳税所得额为400万元,A公司适用的所得税税率为25%,不考虑其他因

素，则A公司于2020年年末应确认的递延所得税资产为（　　）万元。

A. 250　　　　　　B. 100　　　　　　C. 225　　　　　　D. 125

11. 某公司于2021年交易性金融资产账面初始成本为2 000万元，12月31日，其公允价值为2 400万元，可供出售金融资产初始成本1 000万元，12月31日，公允价值为1 300万元，该公司于2021年以前没有该类金融资产，则2021年12月31日该企业应确认计入资产负债表的递延所得税负债和计入利润表的递延所得税费用分别为（　　）万元，本公司所得税税率为25%。

A. 100，100　　　B. 175，75　　　C. 175，100　　　D. 100，75

12. 某股份有限公司于2021年年初某项固定资产账面价值为800万元，计税基础为600万元，该公司2021年度对该项固定资产计提的折旧为50万元，按税法规定可从应纳税所得额中扣除的折旧为80万元，从2021年起适用所得税税率从33%调整为25%，无其他调整事项，则该公司于2021年年末资产负债表递延所得税余额和当期递延所得税费用分别为（　　）万元。

A. 100，100　　　B. 175，100　　　C. 75，100　　　D. 100，75

二、多项选择题

1. 根据《企业会计准则第18号——所得税》的规定，下列表述方式正确的有（　　）。

A. 资产的计税基础是指企业在收回资产账面价值的过程中，计算应纳税所得额时按照税法规定可以从应税经济利益中抵扣的金额

B. 负债的计税基础是指负债的账面价值减去未来期间计算应纳税所得额时按照税法规定可予抵扣的金额

C. 在通常情况下，资产在取得时其入账价值与计税基础是相同的，后续计量过程中因企业会计准则规定与税法规定不同，可能造成账面价值与计税基础的差异

D. 在通常情况下，短期借款、应付票据、应付账款等负债的确认和偿还，不会对当期损益和应纳税所得额产生影响，其计税基础即为账面价值

E. 企业应交的罚款和滞纳金等，税法规定不能在税前扣除，所以其计税基础为零

2. 下列有关负债计税基础的判定，正确的是（　　）。

A. 企业因销售商品提供售后三包等原因于当期确认了100万元的预计负债，则该预计负债的账面价值为100万元，计税基础为0

B. 企业因债务担保确认了预计负债1 000万元，则该项预计负债的账面价值为1 000万元，计税基础也是1 000万元

C. 企业收到客户的一笔款项80万元，因不符合收入确认条件，会计上作为预收账款反映，但符合税法规定的收入确认条件，该笔款项已计入当期应纳税所得额，则预收账款的账面价值为80万元，计税基础为0

D. 企业收到客户的一笔款项80万元，因不符合收入确认条件，会计上作为预收账款反映，如果税法规定的收入确认时点与会计准则保持一致，则预收账款的账面价值为80万元，计税基础也是80万元

E. 某企业当期确认应支付的职工工资及其他薪金性质支出计200万元，尚未支付。

按照税法规定的计税工资标准可以于当期扣除的部分为170万元。则"应付职工薪酬"的账面价值为200万元，计税基础也是200万元

3. 下列有关暂时性差异正确的表述有（　　）。

A. 暂时性差异，是指资产或负债的账面价值与其计税基础之间不同的差额

B. 未作为资产和负债确认的项目，该计税基础与其账面价值之间的差额为零

C. 可抵扣暂时性差异在未来期间转回时会减少转回期间的应纳税所得额

D. 应纳税暂时性差异，是指在确定未来收回资产或清偿负债期间的应纳税所得额时，将导致产生应税金额的暂时性差异

E. 可抵扣亏损及税款抵减产生的暂时性差异，不能确认为递延所得税资产

4. 在发生的下列交易或事项中，可能产生应纳税暂时性差异的有（　　）。

A. 企业当年购入并已开始计提折旧的固定资产，预计使用年限相同，会计采用直线法计提折旧，税法规定采用年数总和法计提折旧

B. 企业当期以免税合并方式购入乙公司，乙公司可辨认净资产公允价值与计税基础的差额

C. 企业当期购入的无形资产，作为使用寿命不确定的无形资产进行核算，且当期未经测试和减值

D. 企业当期收到客户预付的款项，尚未确认收入，但按照税法规定，应计入当期应纳税所得额

E. 为关联方提供债务担保而确认的预计负债，按照税法规定，在计提时和实际发生损失时均不允许在税前扣除

5. 根据《企业会计准则——所得税》的规定，下列说法正确的有（　　）。

A. 所有者权益的账面价值与其计税基础之间也会形成暂时性差异

B. 购入交易性金融资产后，公允价值持续增加，将形成可抵扣暂时性差异

C. 在企业合并日，对于企业合并形成的暂时性差异，在确认递延所得税资产或负债的同时，应调整商誉

D. 企业不应当对递延所得税资产和递延所得税负债进行折现

E. 可抵扣暂时性差异，是指在确定未来收回资产或清偿负债期间的应纳税所得额时，将导致产生可抵扣金额的暂时性差异

6. 某公司于2×20年发生亏损200万元，2×20年所得税税率为33%，2×21年所得税税率为25%，公司认为在以后年度可以产生足够应纳税所得额抵扣亏损，则2×20年该公司应（　　）。

A. 增加递延所得税资产50万元　　　　B. 增加递延所得税负债66万元
C. 增加所得税费用66万元　　　　　　D. 减少递延所得税资产50万元
E. 减少所得税费用50万元

7. 按照准则规定，在确认递延所得税资产时，可能计入的项目有（　　）。

A. 所得税费用　　B. 预计负债　　C. 资本公积　　D. 商誉
E. 应收账款

8. 下列说法正确的有（　　）。

A. 资产负债表日，在确凿证据表明未来期间很可能获得足够的应纳税所得额用来抵扣可抵扣暂时性差异的，应当确认以前期间未确认的递延所得税资产

B. 资产负债表日，有确凿证据表明未来期间很可能获得足够的应纳税所得额用来抵扣可抵扣暂时性差异的，应当确认以前期间未确认的递延所得税负债

C. 当某项交易同时具有"该项交易不是企业合并"和"交易发生时既不影响会计利润也不影响应纳税所得额"两个特征时，该项交易中因资产或负债的初始确认所产生的递延所得税资产不予确认

D. 当某项交易同时具有"该项交易不是企业合并"和"交易发生时既不影响会计利润也不影响应纳税所得额"两个特征时，该项交易中因资产或负债的初始确认所产生的递延所得税资产应确认为资产

E. 当某项交易不同时具有"该项交易不是企业合并"和"交易发生时既不影响会计利润也不影响应纳税所得额"两个特征时，该项交易中因资产或负债的初始确认所产生的递延所得税资产应确认为资产

9. 下列说法正确的有（　　）。

A. 当同时满足"暂时性差异在可预见的未来很可能转回"和"未来很可能获得用来抵扣可抵扣暂时性差异的应纳税所得额"两个条件时，应当确认相应的递延所得税资产

B. 当同时满足"暂时性差异在可预见的未来很可能转回"和"未来很可能获得用来抵扣可抵扣暂时性差异的应纳税所得额"两个条件时，应当确认相应的递延所得税负债

C. 当同时满足"暂时性差异在可预见的未来很可能转回"和"未来很可能获得用来抵扣可抵扣暂时性差异的应纳税所得额"两个条件时，企业不应当确认相应的递延所得税资产

D. 企业对于能够结转以后年度的可抵扣亏损和税款抵减，应当以很可能获得用来抵扣可抵扣亏损和税款抵减的未来应纳税所得额为限，确认相应的递延所得税资产

E. 企业对于能够结转以后年度的可抵扣亏损和税款抵减，应当以很可能获得用来抵扣可抵扣亏损和税款抵减的未来应纳税所得额为限，确认相应的递延所得税负债

10. 依据新企业会计准则的规定，下列有关递延所得税会计处理的表述，正确的有（　　）。

A. 应当谨慎地确认递延所得税资产和递延所得税负债

B. 应当足额确认递延所得税资产和递延所得税负债

C. 与直接计入所有者权益的交易或者事项相关的递延所得税的影响，应当计入所有者权益

D. 资产负债表日，对于递延所得税资产和递延所得税负债，应当根据税法规定，按照预期收回该资产或清偿该负债期间适用的税率计算，如果未来期间税率发生变化的，应当按照变化后的新税率计算确定

E. 无论应纳税暂时性差异的转回期间如何，相关的递延所得税负债不要求折现

三、计算及会计处理题

1. A上市公司于2020年1月设立，采用资产负债表债务法核算所得税费用，适用的

所得税税率为25%，该公司2020年利润总额为6 000万元，在当年发生的交易或事项中，会计规定与税法规定存在差异的项目如下。

(1) 2020年12月31日，A公司应收账款余额为5 000万元，对该应收账款计提了500万元坏账准备。税法规定，企业计提的坏账损失不允许税前扣除，应收款项发生实质性损失时才允许税前扣除。

(2) 按照销售合同规定，A公司承诺对销售的X产品提供3年免费售后服务。A公司2020年销售的X产品预计在售后服务期间将发生的费用为400万元，已计入当期损益。税法规定，与产品售后服务相关的支出在实际发生时允许税前扣除。A公司2020年没有发生售后服务支出。

(3) A公司2020年以4 000万元取得一项到期还本付息的国债投资，作为持有至到期投资核算，该投资实际利率与票面利率相差较小，A公司采用票面利率计算确定利息收入，当年确认国债利息收入为200万元，计入持有至到期投资账面价值，该国债投资在持有期间未发生减值。税法规定，国债利息收入免征所得税。

(4) 2020年12月31日，A公司Y产品的账面余额为2 600万元，根据市场情况对Y产品计提跌价准备400万元，计入当期损益。税法规定，该类资产在发生实质性损失时允许税前扣除。

(5) 2020年4月，A公司自公开市场购入基金，作为交易性金融资产核算，取得成本为2 000万元，2020年12月31日，该基金的公允价值为4 100万元，公允价值相对账面价值的变动已计入当期损益，持有期间基金未进行分配，税法规定，该类资产在持有期间公允价值变动不计入应纳税所得额，待处置时一并计算计入应纳税所得额的金额。

(6) 其他相关资料如下。
① 假定预期未来期间A公司适用的所得税税率不发生变化。
② A公司预计未来期间能够产生足够的应纳税所得额用以抵扣可抵扣暂时性差异。

要求：
(1) 确定A公司上述交易或事项中资产、负债在2020年12月31日的计税基础，同时比较其账面价值与计税基础，计算所产生的应纳税暂时性差异或可抵扣暂时性差异的金额。
(2) 计算A公司2020年的应纳税所得额、应交所得税、递延所得税和所得税费用。
(3) 编制A公司2020年确认所得税费用的会计分录(答案中的金额单位用万元表示)。

2. A股份有限公司(本题下称"A公司")为上市公司，2×20年1月1日，递延所得税资产为396万元，递延所得税负债为990万元，适用的所得税税率为33%。自2×21年1月1日起，该公司适用的所得税税率变更为25%。该公司2×20年利润总额为6 000万元，涉及所得税会计的交易或事项如下。

(1) 2×20年1月1日，以2 044.70万元从证券市场购入当日发行的一项3年期到期还本付息国债。该国债票面金额为2 000万元，票面年利率为5%，年实际利率为4%，到期日为2×22年12月31日。A公司将该国债作为持有至到期投资核算。税法规定，国债利息收入免交所得税。

(2) 2×19年12月15日，A公司购入一项管理用设备，支付购买价款、运输费、安装费等共计2 400万元。12月26日，该设备经安装达到预定可使用状态。A公司预计该设备使用年限为10年，预计净残值为0，采用年限平均法计提折旧。税法规定，该类固定资产的折旧年限为20年。假定A公司该设备预计净残值和采用的折旧方法符合税法规定。

(3) 2×20年6月20日，A公司因废水超标排放被环保部门处以300万元罚款，罚款已以银行存款支付。税法规定，企业违反国家法规所支付的罚款不允许在税前扣除。

(4) 2×20年9月12日，A公司从证券市场购入某股票，支付价款500万元（假定不考虑交易费用）。A公司将该股票作为交易性金融资产核算。12月31日，该股票的公允价值为1 000万元。假定税法规定，交易性金融资产持有期间公允价值变动金额不计入应纳税所得额，待出售时一并计入应纳税所得额。

(5) 2×20年10月10日，A公司由于为乙公司银行借款提供担保，乙公司未如期偿还借款，而被银行提起诉讼，要求其履行担保责任。12月31日，该诉讼尚未审结。A公司预计履行该担保责任很可能支出的金额为2 200万元。税法规定，企业为其他单位债务提供担保发生的损失不允许在税前扣除。

(6) 其他有关资料如下。

① A公司预计于2×20年1月1日存在的暂时性差异将在2×21年1月1日以后转回。

② A公司上述交易或事项均按照企业会计准则的规定进行了处理。

③ A公司预计在未来期间有足够的应纳税所得额用于抵扣可抵扣暂时性差异。

要求：

(1) 根据上述交易或事项，填列"A公司2×20年12月31日暂时性差异计算表"，如表7-6所示。

表7-6 A公司2×20年12月31日暂时性差异计算表

项目	账面价值	计税基础	暂时性差异	
			应纳税暂时性差异	可抵扣暂时性差异
债权投资				
固定资产				
交易性金融资产				
预计负债				

(2) 计算A公司2007年应纳税所得额和应交所得税。

(3) 计算A公司2007年应确认的递延所得税和所得税费用。

(4) 编制A公司2007年确认所得税费用的相关会计分录。

在线测试

第八章 会计政策、会计估计变更和差错更正

> **学习要点**
>
> 会计政策变更与会计估计变更的判断
> 会计政策变更追溯调整法
> 前期差错更正的会计处理
> 与资产负债表日后事项等有关业务相联系的前期差错更正的会计处理

> **学习目标**
>
> 通过本章的学习，熟悉并区别会计政策变更和会计估计变更，熟悉前期重要会计差错更正的会计处理，熟悉会计政策变更和会计估计变更的会计处理方法，掌握重要的前期差错更正方法，熟悉会计估计的特点。

第一节 会计政策及其变更

一、会计政策的概念

会计政策，是指企业在会计确认、计量和报告中所采用的原则、基础与会计处理方法。

会计政策、会计估计变更和差错更正概念

会计原则包括一般原则和特定原则。会计政策所指的会计原则是指某一类会计业务的核算所应遵循的特定原则，而不是笼统地指所有的会计原则。例如，借款费用是费用化，还是资本化，即属于特定会计原则。可靠性、相关性、实质重于形式等属于会计信息质量要求，是为了满足会计信息质量要求而制定的原则，是统一的、不可选择的，不属于特定原则。

会计基础包括会计确认基础和会计计量基础。会计计量基础主要包括历史成本、重置成本、可变现净值、现值和公允价值等。由于我国《企业财务准则》规定企业必须采用权责发生制作为会计确认基础，不具备选择性，所以会计政策所指的会计基础，主要是会计计量基础。

会计处理方法，是指企业根据国家统一的会计准则、制度允许选择的，对某一类会计业务的具体处理方法做出的具体选择。

（一）企业会计政策选择和运用的要求

（1）企业应在国家统一的会计准则、制度规定的会计政策范围内选择适用的会计政策。

（2）会计政策应当保持前后各期的一致性。

（二）企业会计政策披露的要求

我国《企业会计准则》规定，企业编制财务报表应当对企业重要事项进行有效披露。需要披露的会计政策项目主要有以下几项。

（1）财务报表的编制基础、计量基础和会计政策的确定依据等。

（2）存货的计价，是指企业存货的计价方法。例如，企业发出存货成本的计量是采用先进先出法，还是采用其他计量方法。

（3）固定资产的初始计量。例如，企业取得的固定资产初始成本是以购买价款，还是以购买价款的现值为基础进行计量。

（4）无形资产的确认。例如，企业内部研究开发项目开发阶段的支出是确认为无形资产，还是在发生时计入当期损益。

（5）投资性房地产的后续计量。例如，企业对投资性房地产的后续计量是采用成本模式，还是公允价值模式。

（6）长期股权投资的核算。例如，企业对被投资单位的长期股权投资是采用成本法，还是采用权益法核算。

（7）收入的确认，是指收入确认所采用的会计方法。

（8）借款费用的处理，是指借款费用的处理方法，即是采用资本化还是采用费用化。

（9）外币折算，是指外币折算所采用的方法以及汇兑损益的处理。

（10）合并政策，是指编制合并财务报表所采用的原则。

二、会计政策变更及其条件

（一）会计政策变更的概念

会计政策变更，是指企业对相同的交易或者事项由原来采用的会计政策改用另一会计政策的行为。在一般情况下，企业在不同的会计期间应采用相同的会计政策，不能随意变更会计政策。

【重要提示】企业不能随意变更会计政策并不意味着企业的会计政策在任何情况下均不能变更。

（二）会计政策变更的条件

会计政策变更，并不意味着以前期间的会计政策是错误的，只是由于情况发生了变化，或者掌握了新的信息，积累了更多的经验，采用新的会计政策能够更好地反映企业的财务状况、经营成果和现金流量。如果以前期间会计政策的选择和运用是错误的，则属于前期差错，应按前期差错更正的会计处理方法进行处理。符合下列条件之一，企业可以变更会计政策。

(1) 法律、行政法规或国家统一的会计制度等要求变更。例如，采用2017年修订的《企业会计准则第14号——收入》的企业，应在履行了合同履约义务，即在客户取得相关商品控制权时确认收入。

(2) 会计政策的变更能够提供更可靠、更相关的会计信息。对会计政策的变更，应经股东大会或董事会等类似机构批准。无充分、合理的证据表明会计政策变更的合理性或者未经股东大会等类似机构批准擅自变更会计政策的，或者连续、反复地自行变更会计政策的，视为滥用会计政策，应按照前期差错更正的方法进行处理。

(三) 不属于会计政策变更的情形

下列情况不属于会计政策变更。

(1) 本期发生的交易或者事项与以前相比具有本质差别而对其采用新的会计政策。例如，将自用的办公楼改为出租，不属于会计政策变更，而是采用新的会计政策。

(2) 对初次发生的或不重要的交易或者事项采用新的会计政策。

【例8-1】 下列关于会计政策及其变更的表述，正确的有（   ）。

A. 会计政策涉及会计原则、会计基础和具体会计处理方法

B. 变更会计政策表明以前会计期间采用的会计政策存在错误

C. 变更会计政策能够更好地反映企业的财务状况和经营成果

D. 本期发生的交易或事项与前期相比具有本质差别而采用新的会计政策，不属于会计政策变更

【解析】ACD。

会计政策变更并不是意味着以前的会计政策是错误的，而是采用变更后的会计政策会使会计信息更加具有可靠性和相关性，所以选项B是不正确的。

三、会计政策变更的会计处理

(1) 企业依据法律、行政法规或者国家统一的会计制度等的要求变更会计政策的，应当按照国家相关规定执行。

会计政策变更的会计处理

(2) 会计政策变更能够提供更可靠、更相关的会计信息的，应当采用追溯调整法处理，将会计政策变更累积影响数调整列报前期最早期初留存收益，其他相关项目的期初余额和列报前期披露的其他比较数据也应当一并调整，但确定该项会计政策变更累积影响数不切实可行的除外（不切实可行的采用未来适用法）。

追溯调整法，是指对某项交易或事项变更会计政策，视同该项交易或事项初次发生时即采用变更后的会计政策，并以此对财务报表相关项目进行调整的方法。

追溯调整法的运用通常由以下几个步骤构成。

① 计算会计政策变更的累积影响数。会计政策变更累积影响数，是指按照变更后的会计政策对以前各期追溯计算的列报前期最早期初留存收益应有金额与现有金额之间的差额。

这里的留存收益，包括当年和以前年度的未分配利润和按照相关法律规定提取并累积的盈余公积，不需要考虑由于会计政策变更使以前期间净利润的变化而需要分派的股利。

会计政策变更的累积影响数，是对变更会计政策所导致的对净利润的累积影响，以及由此导致的对利润分配及未分配利润的累积影响金额，不包括分配的利润或股利。

会计政策变更的累积影响数，通常可以通过以下各步计算获得：

第一步，根据新的会计政策重新计算受影响的前期交易或事项；

第二步，计算两种会计政策下的差异；

第三步，计算差异的所得税影响金额；

第四步，确定前期中每一期的税后差异；

第五步，计算会计政策变更的累积影响数。

② 相关的账务处理（追溯调账）。

③ 调整财务报表相关项目（追溯调表）。

④ 财务报表附注说明。

采用追溯调整法时，会计政策变更的累积影响数应包括在变更当期期初留存收益中。对于比较财务报表可比期间以前的会计政策变更的累积影响数，应调整比较财务报表最早期间的期初留存收益，财务报表其他相关项目的数字也应一并调整。

【例 8-2】 光彩公司于 2020 年、2021 年分别以 4 500 000 元和 1 100 000 元的价格从股票市场购入 A、B 两只以交易为目的的股票（假设不考虑购入股票发生的交易费用），市价一直高于购入成本。公司采用成本与市价孰低法对购入股票进行计量。公司从 2022 年起对其以交易为目的购入的股票由成本与市价孰低改为公允价值计量，公司保存的会计资料比较齐备，可以通过会计资料追溯计算。假设所得税税率为 25%，公司按净利润的 10% 提取法定盈余公积，按净利润的 5% 提取任意盈余公积。

【解析】

两种方法计量的交易性金融资产账面价值如表 8-1 所示。

表 8-1　两种方法计量的交易性金融资产账面价值　　　　单位：元

	成本与市价孰低	2020 年年末公允价值	2021 年年末公允价值
A 股票	4 500 000	5 100 000	5 100 000
B 股票	1 100 000	—	1 300 000

根据上述资料，光彩公司的会计处理如下。

(1) 计算改变交易性金融资产计量方法后的累积影响数如表 8-2 所示。

表 8-2　改变交易性金融资产计量方法后的累积影响数表　　　　单位：元

时间	公允价值	成本与市价孰低	税前差异	所得税影响	税后差异
2020 年年末	5 100 000	4 500 000	600 000	150 000	450 000
2021 年年末	1 300 000	1 100 000	200 000	50 000	150 000
合计	6 400 000	5 600 000	800 000	200 000	600 000

(2) 编制有关项目的调整分录。

借：交易性金融资产——公允价值变动	800 000	
贷：利润分配——未分配利润（替代公允价值变动损益）		800 000
借：利润分配——未分配利润（替代所得税费用）	200 000	
贷：递延所得税负债		200 000
借：利润分配——未分配利润（600 000×15%）	90 000	
贷：盈余公积		90 000

资产负债表调整变化年度（2022年）的年初数：

交易性金融资产调增 800 000 元，递延所得税负债调增 200 000 元，盈余公积调增 90 000 元，未分配利润调增 510 000 元。

利润表调整变化年度（2022年）的上年数：

公允价值变动收益调增 200 000 元，所得税费用调增 50 000 元，净利润调增 150 000 元。

（3）确定会计政策变更对列报前期影响数不切实可行的，应当从可追溯调整的最早期间期初开始应用变更后的会计政策。在当期期初确定会计政策变更对以前各期累积影响数不切实可行的，应当采用未来适用法处理。

① 不切实可行的判断。不切实可行，是指企业在做出所有合理努力后仍然无法采用某项规定。即企业在采取所有合理的方法后，仍然不能获得采用某项规定所必需的相关信息，而导致无法采用该项规定，则该项规定在此时是不切实可行的。

例如，企业因账簿、凭证超过法定保存期限而销毁，或因不可抗力而毁坏、遗失，使当期期初确定会计政策变更对以前各期累积影响数无法计算，即不切实可行，此时会计政策变更应当采用未来适用法进行处理。

② 未来适用法。在未来适用法下，不需要计算会计政策变更产生的累积影响数，也无须重编以前年度的财务报表（不追溯调账，不追溯调表）。

第二节　会计估计及其变更

一、会计估计变更的概念

（一）会计估计的概念

会计估计，是指企业对其结果不确定的交易或事项以最近可利用的信息为基础所做的判断。会计估计具有以下特点。

▶ 1. 会计估计的存在是由于经济活动中内在的不确定性所决定的

但有些交易或事项本身具有不确定性，因而需要根据经验做出估计；同时由于采用权责发生制为基础编制财务报表，也使得有必要充分估计未来交易或事项的影响。在会计核算和信息披露过程中，会计估计是不可避免的。会计估计的存在是由于经济活动中内在的不确定性因素的影响所造成的。

▶ 2. 会计估计应当以最近可利用的信息或资料为基础

在某一期间内按照投入法或产出法确定的履约进度核算建造合同已实现收入的金额。

▶ 3. 会计估计应当建立在可靠的基础上

会计估计是建立在具有确凿证据的前提下，而不是随意的。企业根据当时所掌握的可靠证据做出的最佳估计，不会削弱会计核算的可靠性。

注意：会计估计多为百分比和年限、特殊金额的计算，固定资产折旧方法，无形资产摊销方法等。

下列各项属于常见的需要进行估计的项目。

（1）存货可变现净值的确定。

（2）固定资产的预计使用寿命与净残值，固定资产的折旧方法。

（3）使用寿命有限的无形资产的预计使用寿命与净残值。

（4）可收回金额按照资产组的公允价值减去处置费用后的净额确定的，确定公允价值减去处置费用后的净额的方法；可收回金额按照资产组预计未来现金流量的现值确定的，预计未来现金流量的确定。

（5）建造合同或劳务合同履约进度的确定。

（6）公允价值的确定。

（7）预计负债初始计量的最佳估计数的确定。

【例 8-3】 下列各项属于会计估计的有（　　）。

A. 收入确认时合同履约进度的确定

B. 固定资产预计使用寿命的确定

C. 无形资产预计残值的确定

D. 投资性房地产按照公允价值计量

【解析】ABC。

选项 D，投资性房地产后续计量属于会计政策。

（二）会计估计变更的概念及其原因

会计估计变更，是指由于资产和负债的当前状况及预期经济利益和义务发生了变化，从而对资产或负债的账面价值或者资产的定期消耗金额进行调整。

企业可能由于以下原因而发生会计估计变更。

（1）赖以进行估计的基础发生了变化。例如，企业某项无形资产的摊销年限原定为 15 年，以后获得了国家专利保护，该资产的受益年限已变为 10 年，则应相应调减摊销年限。

（2）取得了新的信息，积累了更多的经验。例如，企业原对固定资产采用年限平均法按 15 年计提折旧，后来根据新得到的信息——使用 5 年后对该固定资产所能生产产品的产量有了比较准确的证据，企业改按工作量法计提固定资产折旧。

二、会计估计变更的会计处理

会计估计变更应采用未来适用法处理，即在会计估计变更当期及以后期间，采用新的会计估计。采用未来适用法既不需要调整以前期间的估计金额，也不需要调整以前期间的报告结果。未来适用法的要求如下：

（1）如果会计估计的变更仅影响变更当期，有关估计变更的影响应于当期确认。

(2) 如果会计估计的变更既影响变更当期又影响未来期间，有关估计变更的影响在当期及以后各期确认。

会计估计变更的影响数应计入变更当期与前期相同的项目中。

【例8-4】 光彩公司于2018年1月1日起对某管理用设备计提折旧，原价为84 000元，预计使用寿命为8年，预计净残值为4 000元，按年限平均法计提折旧。2022年年初（过去了4年），由于新技术发展等原因，需要对原估计的使用寿命和净残值做出修正，修改后该设备预计尚可使用年限为2年，预计净残值为2 000元。光彩公司适用的企业所得税税率为25%。

要求：确定光彩公司对上述会计估计变更的会计处理。

【解析】

光彩公司对该项会计估计变更的会计处理如下。

① 不调整以前各期折旧，也不计算累积影响数。

② 变更日以后改按新的估计计提折旧。

按原估计，每年折旧额为10 000元，已提折旧4年，共计40 000元，该项固定资产账面价值为44 000元，则第5年相关科目的期初余额如下：

固定资产 84 000

减：累计折旧 40 000

固定资产账面价值 44 000

改变预计使用年限后，从2022年起每年计提的折旧费用为21 000元[(44 000－2 000)/2]。2022年不必对以前年度已提折旧进行调整，只需按重新预计的尚可使用年限和净残值计算确定折旧费用，有关账务处理如下。

借：管理费用　　　　　　　　　　　　　　　　　　　　　　　21 000

　　贷：累计折旧　　　　　　　　　　　　　　　　　　　　　21 000

③ 财务报表附注说明。

此估计变更将减少本年度净利润8 250元[(21 000－10 000)×(1－25%)]。

(3) 企业难以对某项变更区分为会计政策变更或会计估计变更的，应当将其作为会计估计变更处理。

第三节　前期差错更正

一、前期差错的概念

前期差错，是指由于没有运用或错误运用下列两种信息，而对前期财务报表造成省略或错报。

其一，编报前期财务报表时预期能够取得并加以考虑的可靠信息。

其二，前期财务报告批准报出时能够取得的可靠信息。

前期差错通常包括以下3个方面。

(1) 会计记录错误。

(2) 应用会计政策错误。如果企业将固定资产达到预定可使用状态后发生的借款费用，计入该项固定资产成本，并予以资本化，则属于应用会计政策错误。

(3) 疏忽或曲解事实以及舞弊产生的影响。例如，企业销售一批商品，商品的控制权已经发生转移，商品销售收入确认条件均已满足，但企业在期末未将已实现的销售收入入账。

二、前期差错更正的会计处理

前期差错按照重要程度分为重要的前期差错和不重要的前期差错。重要的前期差错，是指足以影响财务报表使用者对企业财务状况、经营成果和现金流量做出正确判断的前期差错。不重要的前期差错，是指不足以影响财务报表使用者对企业财务状况、经营成果和现金流量做出正确判断的前期差错。

前期差错更正的
会计处理

(一) 不重要的前期差错的会计处理（未来适用法）

对于不重要的前期差错，应调整发现差错当期与前期相同的相关项目的金额，不要求调整财务报表相关项目的期初数。

【例8-5】 光彩公司在2021年12月31日发现，一台价值9 600元，应计入固定资产，并于2020年2月1日开始计提折旧的管理用设备，在2020年计入了当期费用。该公司固定资产折旧采用直线法，该资产估计使用年限为4年，假设不考虑净残值因素。

【解析】

每月折旧＝9 600/(4×12)＝200(元)

则在2021年12月31日更正此差错的会计分录为：

错误

借：管理费用	9 600
贷：银行存款	9 600

正确

(1) 借：固定资产	9 600
贷：银行存款	9 600
(2) 借：管理费用	4 600
贷：累计折旧	4 600

更正处理：

借：固定资产	9 600
贷：管理费用	5 000
累计折旧	4 600

(二) 重要的前期差错的会计处理

对于重要的前期差错，如果能够合理确定前期差错累计影响数，应采用追溯重述法。追溯重述法是指在发现前期差错时，视同该项前期差错从未发生过，从而对财务报表相关项目进行调整的方法。

如果确定前期差错累积影响数不切实可行,可以从可追溯重述的最早期间开始调整留存收益的期初余额,并对财务报表其他相关项目的期初余额一并进行调整,也可以采用未来适用法。

在编制比较财务报表时,对于比较财务报表期间的重要的前期差错,应调整各该期间的净损益和其他相关项目;对于比较财务报表期间以前的重要的前期差错,应调整比较财务报表最早期间的期初留存收益,财务报表其他相关项目的数字也应一并调整。

【例8-6】 2021年12月31日,光彩公司发现2020年公司漏记一项管理用固定资产的折旧费用300 000元,所得税申报表中也未扣除该项费用。假定2020年光彩公司适用所得税税率为25%,无其他纳税调整事项。该公司按净利润的10%和5%提取法定盈余公积和任意盈余公积。假定税法允许调整应交所得税。

【解析】
(1) 编制有关项目的调整分录。
①补提折旧。

借:以前年度损益调整——管理费用　　　　　　　　　　　　　　300 000
　　贷:累计折旧　　　　　　　　　　　　　　　　　　　　　　　　　　　　300 000

②调整应交所得税[汇算清缴前有此分录]。

借:应交税费——应交所得税　　　　　　　　　　　　　　　　　75 000
　　贷:以前年度损益调整——所得税费用　　　　　　　　　　　　　　　　75 000

③"以前年度损益调整"科目余额转入未分配利润。

借:利润分配——未分配利润　　　　　　　　　　　　　　　　　225 000
　　贷:以前年度损益调整——本年利润　　　　　　　　　　　　　　　　　225 000

④利润减少,调减盈余公积。

借:盈余公积——法定盈余公积　　　　　　　　　　　　　　　　22 500
　　　　　　——任意盈余公积　　　　　　　　　　　　　　　　11 250
　　贷:利润分配——未分配利润　　　　　　　　　　　　　　　　　　　　33 750

(2) 财务报表调整和重述(财务报表略)。

光彩公司在列报2021年度财务报表时,应调整2020年度财务报表的相关项目。

① 资产负债表项目的调整。

调减固定资产300 000元;调减应交税费75 000元;调减盈余公积33 750元,调减未分配利润191 250元。

② 利润表项目的调整。

调增管理费用300 000元,调减所得税费用75 000元,调减净利润225 000元。

③ 所有者权益变动表项目的调整。

调减前期差错更正项目中盈余公积上年金额33 750元,未分配利润上年金额191 250元,所有者权益合计上年金额225 000元。

本章知识点小结

1. 会计政策变更的概念：企业对相同交易或者事项采用的会计政策改用另一种会计政策的行为。

2. 不属于会计政策变更的情形：本期发生的交易或事项与以前比具有本质差别；对初次发生的不重要的交易或者事项采用新的会计政策。

3. 会计政策变更的会计处理：追溯调整法；未来适用法。

4. 会计估计变更的概念：对资产或者负债的账面价值或者资产的定期消耗金额进行调整。

5. 会计估计变更的会计处理：未来适用法。

6. 前期差错更正的类别：计算错误、应用会计政策错误、疏忽或曲解事实及舞弊产生的影响。

7. 前期差错更正会计处理：不重要的直接调整当期与前期项目；重要的采用追溯重述法。

课后训练题

一、单项选择题

1. 下列各项属于会计估计变更的是（　　）。
A. 投资性房地产由成本模式改为公允价值模式进行后续计量
B. 发出存货计价方法的变更
C. 因执行企业会计准则将对子公司的长期股权投资由权益法核算改为成本法核算
D. 因或有事项确认的预计负债根据最新证据进行调整

2. 下列交易或事项应作为会计政策变更处理的是（　　）。
A. 将合同履约进度的确认方法由产出法改为投入法
B. 预计负债初始计量的最佳估计数的确定
C. 因持股比例变化导致长期股权投资从原按权益法核算改为现按成本法核算
D. 低值易耗品摊销方法由一次摊销法变更为分次摊销法

3. 采用追溯调整法算出会计政策变更的累积影响数后，一般应当（　　）。
A. 重新编制以前年度会计报表
B. 调整变更当期期初留存收益，以及会计报表其他相关项目的期初数和上年数
C. 调整变更当期期末及未来各期会计报表相关项目的数字
D. 只需在报表附注中说明其累积影响金额

4. S公司对所得税采用资产负债表债务法核算，适用的所得税税率为25%，2020年10月，以600万元购入W上市公司的股票，作为短期投资，期末按成本法计价。S公司从2021年1月1日起执行新企业准则，并按照新企业准则的规定将该项股权投资划分为交易性金融资产，期末按照公允价值计量。2020年年末，该股票公允价值为450万元，则

该会计政策变更对S公司2021年的期初留存收益的影响金额为(　　)万元。

A. －145　　　　B. －150　　　　C. －112.5　　　　D. －108.75

5. 下列各项不属于会计估计的是(　　)。

A. 固定资产的初始计量

B. 合同履约进度的确定

C. 固定资产预计使用寿命、净残值和折旧方法的确定

D. 预计负债最佳估计数的确定

6. 丙公司适用的所得税税率为25%，2021年年初用于生产产品的无形资产的摊销方法由年限平均法改为产量法。丙公司生产用无形资产2021年年初账面余额为7 000万元，原每年摊销700万元(与税法规定相同)，累计摊销额为2 100万元，未发生减值；按产量法摊销，每年摊销800万元。假定期末存货余额为0。则丙公司2021年年末不正确的会计处理是(　　)。

A. 按照会计估计变更处理

B. 改变无形资产的摊销方法后，2021年年末该项无形资产将产生暂时性差异

C. 将2021年度生产用无形资产增加的100万元摊销额计入生产成本

D. 2021年年末，该业务应确认相应的递延所得税资产200万元

7. 甲公司于2020年1月15日取得一项无形资产，2021年6月7日，甲公司发现2020年对该项无形资产仅摊销了11个月。甲公司2018年度的财务会计报告已于2021年4月12日批准报出。假定该事项涉及的金额较大，不考虑其他因素，则甲公司正确的做法是(　　)。

A. 按照会计政策变更处理，调整2020年12月31日资产负债表的年初数和2018年度利润表、所有者权益变动表的上年数

B. 按照重要会计差错处理，调整2021年12月31日资产负债表的期末数和2021年度利润表、所有者权益变动表的本期数

C. 按照重要会计前期差错处理，调整2021年12月31日资产负债表的年初数和2021年度利润表、所有者权益变动表的上年数

D. 按会计估计变更处理，不须追溯重述

二、多项选择题

1. 会计估计的特点包括(　　)。

A. 会计估计的存在是由于经济活动中内在的不确定性因素的影响

B. 会计估计应当以最近可利用的信息或资料为基础

C. 会计估计相应会削弱会计核算的可靠性

D. 会计估计是企业进行会计核算的基础

2. 在下列各项中，年度财务报表附注中应当披露的信息有(　　)。

A. 重要的会计政策　　　　　　　　B. 会计政策变更

C. 重要的会计估计　　　　　　　　D. 会计估计变更

3. 下列交易或事项属于会计政策变更的有(　　)。

A. 存货期末计价由按成本计价改为按成本与可变现净值孰低计价

B. 投资性房地产由成本模式计量改为公允价值模式计量

C. 固定资产由按直线法计提折旧改为按年数总和法计提折旧

D. 坏账准备的计提比例由应收账款余额的5%改为10%

4. 下列各项应采用未来适用法处理的有（　　）。

A. 企业因账簿超过法定保存期限而销毁，引起会计政策变更累积影响数只能确定账簿保存期限内的部分

B. 企业账簿因不可抗力因素而毁坏，引起累积影响数无法确定

C. 会计政策变更累积影响数能够确定，但法律或行政法规要求对会计政策的变更采用未来适用法

D. 会计估计变更

5. 下列有关会计估计变更的表述正确的有（　　）。

A. 会计估计变更，不改变以前期间的会计估计，也不调整以前期间的报告结果

B. 企业难以对某项变更区分为会计政策变更或会计估计变更的，应当将其作为会计估计变更处理

C. 企业难以对某项变更区分为会计政策变更或会计估计变更的，应当将其作为会计政策变更处理

D. 对于会计估计变更，企业应采用未来适用法进行会计处理

6. 在企业发生的如下情形中，一般属于前期会计差错的有（　　）。

A. 固定资产盘亏

B. 以前期间会计舞弊

C. 以前期间漏提折旧

D. 固定资产盘盈

7. 下列各事项须进行追溯调整或追溯重述的有（　　）。

A. 投资性房地产由成本计量模式改为公允价值计量模式

B. 固定资产经济利益预期消耗方式发生变化从而改变折旧方法

C. 因减少投资使得长期股权投资由成本法核算改为权益法核算

D. 本期发现前期重要差错

三、判断题

1. 会计估计变更应采用未来适用法处理，即在会计估计变更以前期间及变更当期，均采用新的会计估计，把以前期间也改为现在的会计估计。（　　）

2. 确定会计政策变更对列报前期影响数不切实可行的，应当采用未来适用法处理。（　　）

3. 长期股权投资后续计量时采用的成本法和权益法属于会计政策。（　　）

4. 企业的会计政策变更均应该根据累积影响数调整报表期初数。（　　）

5. 无充分合理的证据表明会计政策变更的合理性或者未经股东大会等类似权力机构批准擅自变更会计政策的，或者连续、反复地自行变更会计政策的，视为滥用会计政策，

按照前期差错来进行会计处理。（　　）

四、计算分析题

甲公司是一家股份制有限责任公司，所得税税率为25%，采用资产负债表债务法核算所得税，法定盈余公积按净利润的10%提取。甲公司每年实现税前会计利润800万元。每年的财务报告批准报出日为次年的4月16日。

(1) 2014年1月1日，甲公司采用分期付款的方式购入一台大型设备，合同价款为1 800万元，约定于每年年末支付600万元。当日甲公司收到该设备并投入安装，2014年年末，设备达到预定可使用状态。安装期间，发生安装费用299.97万元。甲公司确定的折现率为6%，已知(P/A，6%，3)＝2.673 0。假定实际支付合同价款时开具增值税专用发票，假定税法认可会计上确认的固定资产入账成本。

(2) 甲公司将分期付款购入的设备用于销售部门，预计净残值为0，会计上采用5年期直线法折旧口径，税务上的折旧口径为10年期直线折旧。2016年年末，该设备的可收回金额为690万元，2018年年末的可收回金额为250万元。固定资产的预计净残值、预计使用寿命和折旧方法始终未变。

(3) 甲公司于2019年7月1日外购取得一项专利权，支付购买价款200万元，另支付专业服务费用32万元和测试费用38万元。甲公司对外购取得的专利权按4年期摊销其价值，假定税务上认可此无形资产的入账口径但摊销期限采用6年期标准。

(4) 2020年2月14日注册会计师在审计甲公司2019年报告时，发现上述专利权自取得后一直未做摊销，提醒甲公司做出差错更正。

其他资料：甲公司为增值税一般纳税人。不考虑除增值税、所得税之外的其他税费影响。（计算结果保留两位小数）

要求：

(1) 计算甲公司购入大型设备的入账成本，并编制2014年与该设备相关的会计分录。

(2) 做出甲公司2016—2019年计提设备折旧及减值准备的会计处理。

(3) 做出甲公司2016—2018年与设备相关的所得税的会计处理。

(4) 做出甲公司与专利权相关的前期差错更正的会计处理。

在线测试

第九章 资产负债表日后事项

学习要点

资产负债表日后事项的性质与意义
资产负债表日后事项的基本分类方法及依据
资产负债表日后事项的调整事项和非调整事项的具体会计处理方法

学习目标

通过本章的学习,熟悉调整事项和非调整事项的区别,掌握调整事项涉及未决诉讼的会计处理,掌握调整事项涉及销售退回的会计处理,掌握资产负债表日后事项的涵盖期间。

第一节 资产负债表日后事项概述

一、资产负债表日后事项的概念

资产负债表日后事项,是指资产负债表日(期末)至财务报告批准报出日之间发生的有利或不利事项。

资产负债表日是指会计年度末和会计中期期末。中期是指短于一个完整的会计年度的报告期间,包括半年度、季度和月度等。我国会计年度采用公历年度,即1月1日至12月31日。年度资产负债表日是指每年的12月31日,中期资产负债表日是指各会计中期期末。

资产负债表日后事项概述

公司制企业的财务报告批准报出日是指董事会批准财务报告报出的日期。对于非公司制企业,财务报告批准报出日是指经理(厂长)会议或类似机构批准财务报告报出的日期。

资产负债表日后事项包括有利事项和不利事项。

资产负债表日后事项不是在这个特定期间内发生的全部事项,而是与资产负债表日存在状况有关的事项(调整事项),或虽然与资产负债表日存在状况无关,但对企业财务状况具有重大影响的事项(非调整事项)。

二、资产负债表日后事项涵盖的期间

资产负债表日后事项涵盖的期间是指自资产负债表日次日起至财务报告批准报出日止的一段时间。

（1）报告期下一期间的第一天至董事会或类似机构批准财务报告对外公布的日期，即以董事会或类似机构批准财务报告对外公布的日期为截止日期。

（2）财务报告批准报出以后，实际报出之前又发生与资产负债表日后事项有关的事项，并由此影响财务报告对外公布日期的，应以董事会或类似机构再次批准财务报告对外公布的日期为截止日期。

【例9-1】 光彩公司2020年的年度财务报告于2021年3月20日编制完成，注册会计师完成年度财务报表审计工作并签署审计报告的日期为2021年4月15日，董事会批准财务报告对外公布的日期为2021年4月17日，财务报告实际对外公布的日期为2021年4月21日，股东大会召开日期为2021年5月12日。

【解析】

光彩公司2020年度财务报告资产负债表日后事项涵盖的期间为2021年1月1日至4月17日。

如果在2021年4月17日至21日之间发生了重大事项，假设经调整或说明后的财务报告再经董事会批准报出的日期为2021年4月26日，实际报出的日期为2021年4月29日，则资产负债表日后事项涵盖的期间为2021年1月1日至4月26日。

三、资产负债表日后事项的内容

资产负债表日后事项包括资产负债表日后调整事项（以下简称"调整事项"）和资产负债表日后非调整事项（以下简称"非调整事项"）。

（一）调整事项（与上期有关的大事）

资产负债表日后调整事项，是指对资产负债表日已经存在的情况提供了新的或进一步证据的事项。

【例9-2】 光彩公司因产品质量问题被客户起诉。2020年12月31日，人民法院尚未判决，考虑到客户胜诉要求光彩公司赔偿的可能性较大，光彩公司为此确认了3 000 000元的预计负债。2021年2月25日，在光彩公司2020年度财务报告批准对外报出之前，人民法院判决客户胜诉，要求光彩公司支付赔偿款6 000 000元。

【解析】本例是调整事项。

值得注意的是，在确定存货可变现净值时，应当以资产负债表日取得最可靠的证据估计的售价为基础并考虑持有存货的目的，资产负债表日至财务报告批准报出日之间存货售价发生波动的，如有确凿证据表明其对资产负债表日存货已经存在的情况提供了新的或进一步的证据，则应当作为调整事项进行处理；否则，应当作为非调整事项。

（二）非调整事项（与上期无关的大事）

资产负债表日后非调整事项，是指表明资产负债表日后发生的情况的事项。资产负债表日后非调整事项虽然不影响资产负债表日的存在的情况，但不加以说明将会影响财务报告使用者做出正确的估计和决策。

【例9-3】 光彩公司2020年度财务报告于2021年3月20日经董事会批准对外公布。2021年2月25日，光彩公司与乙银行签订了80 000 000元的贷款合同，用于生产设备的购置，贷款期限自2021年3月1日起至2022年12月31日止。

【解析】 该事项在2020年12月31日尚未发生，与资产负债表日存在的状况无关，不影响资产负债表日光彩公司的财务报表数字。但是，该事项属于重要事项，会影响光彩公司以后期间的财务状况和经营成果，因此，需要在附注中予以披露。

资产负债表日后发生的某一事项究竟是调整事项还是非调整事项，取决于该事项表明的情况在资产负债表日或资产负债表日以前是否已经存在。若该情况在资产负债表日或之前已经存在，则属于调整事项；反之，则属于非调整事项。

第二节　资产负债表日后调整事项

一、资产负债表日后调整事项的处理原则

企业发生的资产负债表日后调整事项，应当调整资产负债表日的财务报表。

资产负债表日后调整事项的处理原则

对年度财务报告而言：

（1）涉及损益的事项（利润表上的科目），通过"以前年度损益调整"科目核算。

涉及损益的调整事项，如果发生在资产负债表日所属年度（报告年度）所得税汇算清缴前的，应调整报告年度应纳税所得额、应纳所得税税额。

调整完成后，将"以前年度损益调整"科目的贷方或借方余额，转入"利润分配——未分配利润"科目。

涉及损益的调整事项，发生在报告年度所得税汇算清缴后的，应调整本年度（报告年度的次年）应纳所得税税额。

（2）涉及利润分配调整的事项（调整提取盈余公积），直接在"利润分配——未分配利润"科目核算。

（3）不涉及损益及利润分配的事项（资产负债表上的科目），调整相关科目。

（4）通过上述账务处理后，还应同时调整财务报表相关项目的数字，包括以下两方面。

① 资产负债表日（上期）编制的财务报表相关项目的期末数（资产负债表）或本年发生数（利润表）。

② 当期编制的财务报表相关项目的期初数（资产负债表）或上年数（利润表）。

二、资产负债表日后调整事项的具体会计处理方法

本章所有的例子均假定如下:财务报告批准报出日是次年3月31日,所得税税率为25%,按净利润的10%提取法定盈余公积,提取法定盈余公积后不再做其他分配;调整事项按税法规定均可调整应缴纳的所得税;涉及递延所得税资产的,均假定未来期间很可能取得用来抵扣暂时性差异的应纳税所得额;不考虑报表附注中有关现金流量表项目的数字。

(1) 资产负债表日后诉讼案件结案,人民法院判决证实了企业在资产负债表日已经存在现时义务,需要调整原先确认的与该诉讼案件相关的预计负债,或确认一项新负债。

【例9-4】 光彩公司与乙公司签订一项销售合同,约定光彩公司应在2020年8月向乙公司交付A产品3 000件。但光彩公司未按照合同发货,致使乙公司遭受重大经济损失。2020年11月,乙公司将光彩公司告上法庭,要求光彩公司赔偿9 000 000元。2020年12月31日人民法院尚未判决,光彩公司对该诉讼事项确认预计负债6 000 000元,乙公司未确认应收赔偿款。2021年2月8日,经人民法院判决光彩公司应赔偿乙公司8 000 000元,光彩公司、乙公司双方均服从判决。判决当日,光彩公司向乙公司支付赔偿款8 000 000元。光彩公司、乙公司2020年所得税汇算清缴均在2021年3月10日完成(假定该项预计负债产生的损失不允许在预计时税前抵扣,只有在损失实际发生时,才允许税前抵扣)。

【解析】

(1) 光彩公司(被告)的账务处理如下。

① 记录支付的赔偿款。

借:以前年度损益调整——营业外支出　　　　　　　　　　　　2 000 000
　　贷:其他应付款——乙公司　　　　　　　　　　　　　　　　　　2 000 000
借:预计负债——未决诉讼　　　　　　　　　　　　　　　　　　6 000 000
　　贷:其他应付款——乙公司　　　　　　　　　　　　　　　　　　6 000 000
借:其他应付款——乙公司　　　　　　　　　　　　　　　　　　8 000 000
　　贷:银行存款　　　　　　　　　　　　　　　　　　　　　　　　8 000 000

注:资产负债表日后事项如涉及现金收支项目,均不调整报告年度资产负债表的货币资金项目和现金流量表各项目数字(收付实现制的体现)。但在调整会计报表相关数字时,只需调整上述第一笔和第二笔分录,第三笔分录作为2021年的会计事项处理。

② 调整递延所得税资产。

预计负债,调整前账面价值=6 000 000,调整前计税基础=6 000 000-6 000 000=0,账面价值>计税基础,曾经产生可抵扣暂时性差异,曾经确认递延所得税资产。现在予以冲回。

借:以前年度损益调整——所得税费用(6 000 000×25%)　　　1 500 000
　　贷:递延所得税资产　　　　　　　　　　　　　　　　　　　　　1 500 000

③ 调整应交所得税。

借:应交税费——应交所得税(8 000 000×25%)　　　　　　　2 000 000

  贷：以前年度损益调整——所得税费用   2 000 000
④将"以前年度损益调整"科目余额转入未分配利润。
  借：利润分配——未分配利润   1 500 000
   贷：以前年度损益调整——本年利润   1 500 000
⑤因净利润减少，调减盈余公积。
  借：盈余公积——法定盈余公积(1 500 000×10%)   150 000
   贷：利润分配——未分配利润   150 000
⑥调整报告年度财务报表相关项目的数字(财务报表略)。

第一，资产负债表项目的调整。

调减递延所得税资产 1 500 000 元，调减应交税费 2 000 000 元，调增其他应付款 8 000 000 元，调减预计负债 6 000 000 元，调减盈余公积 150 000 元，调减未分配利润 1 350 000 元。

第二，利润表项目的调整。

调增营业外支出 2 000 000 元，调减所得税费用 500 000 元，调减净利润 1 500 000 元。

第三，所有者权益变动表项目的调整。

调减净利润 1 500 000 元，提取盈余公积项目中"盈余公积"一栏调减 150 000 元，"未分配利润"一栏调减 1 350 000 元。

(2)乙公司(原告)的账务处理如下。

①记录收到的赔款。

  借：其他应收款——光彩公司   8 000 000
   贷：以前年度损益调整——营业外收入   8 000 000
  借：银行存款   8 000 000
   贷：其他应收款——光彩公司   8 000 000

注：资产负债表日后事项如涉及现金收支项目，均不调整报告年度资产负债表的货币资金项目和现金流量表各项目数字。但在调整会计报表相关数字时，只需调整上述第一笔分录，第二笔分录作为 2021 年的会计事项处理。

②调整应交所得税。

  借：以前年度损益调整——所得税费用(8 000 000×25%)   2 000 000
   贷：应交税费——应交所得税   2 000 000
③将"以前年度损益调整"科目余额转入未分配利润。
  借：以前年度损益调整——本年利润   6 000 000
   贷：利润分配——未分配利润   6 000 000
④因净利润增加，补提盈余公积。
  借：利润分配——未分配利润   600 000
   贷：盈余公积——法定盈余公积(6 000 000×10%)   600 000
⑤调整报告年度财务报表相关项目的数字(财务报表略)。

第一，资产负债表项目的调整。

调增其他应收款8 000 000元;调增应交税费2 000 000元;调增盈余公积600 000元,调增未分配利润5 400 000元。

第二,利润表项目的调整。

调增营业外收入8 000 000元,调增所得税费用2 000 000元,调增净利润6 000 000元。

第三,所有者权益变动表项目的调整。

调增净利润6 000 000元;提取盈余公积项目中"盈余公积"一栏调增600 000元,"未分配利润"一栏调增5 400 000元。

(2) 资产负债表日后取得确凿证据,表明某项资产在资产负债表日发生了减值或者需要调整该项资产原先确认的减值金额。

【例9-5】 光彩公司2020年6月销售给乙公司一批物资,货款为2 000 000元(含增值税)。乙公司于7月份收到所购物资并验收入库。按合同规定,乙公司应于收到所购物资后3个月内付款。由于乙公司财务状况不佳,到2020年12月31日仍未付款。光彩公司于2020年12月31日按预期信用损失法为该项应收账款计提坏账准备800 000元。2020年12月31日,资产负债表上"应收账款"项目的金额为4 000 000元,其中1 200 000元为该项应收账款。光彩公司于2021年2月3日(所得税汇算清缴前)收到人民法院通知,乙公司已宣告破产清算,无力偿还所欠部分货款。光彩公司预计可收回应收账款的40%。

【解析】

光彩公司的财务处理如下。

(1) 补提坏账准备。

应补提的坏账准备=2 000 000×60%-800 000=400 000(元)

借:以前年度损益调整——信用减值损失　　　　　　　　　　　　　　400 000
　　贷:坏账准备　　　　　　　　　　　　　　　　　　　　　　　　　400 000

(2) 调整递延所得税资产。

资产,账面价值<计税基础,产生可抵扣暂时性差异,确认递延所得税资产。

借:递延所得税资产　　　　　　　　　　　　　　　　　　　　　　　100 000
　　贷:以前年度损益调整——所得税费用(400 000×25%)　　　　　　 100 000

(3) 将"以前年度损益调整"科目的余额转入未分配利润。

借:利润分配——未分配利润　　　　　　　　　　　　　　　　　　　300 000
　　贷:以前年度损益调整——本年利润　　　　　　　　　　　　　　　300 000

(4) 因净利润减少,调减盈余公积。

借:盈余公积——法定盈余公积　　　　　　　　　　　　　　　　　　30 000
　　贷:利润分配——未分配利润(300 000×10%)　　　　　　　　　　 30 000

(5) 调整报告年度财务报表相关项目的数字(财务报表略)。

① 资产负债表项目的调整。

调减应收账款400 000元,调增递延所得税资产100 000元;调减盈余公积30 000元,调减未分配利润270 000元。

② 利润表项目的调整。

调增信用减值损失 400 000 元，调减所得税费用 100 000 元，调减净利润 300 000 元。

③ 所有者权益变动表项目的调整。

调减净利润 300 000 元；提取盈余公积项目中"盈余公积"一栏调减 30 000 元，"未分配利润"一栏调减 270 000 元。

(3) 资产负债表日后进一步确定了资产负债表日前购入资产的成本或售出资产的收入。

资产负债表日后发生的销售退回，既包括报告年度或报告中期销售的商品在资产负债表日后发生的销售退回，也包括以前期间销售的商品在资产负债表日后发生的销售退回。

发生于资产负债表日后至财务报告批准报出日之间的销售退回事项，可能发生于年度所得税汇算清缴之前，也可能发生于年度所得税汇算清缴之后，其会计处理分别如下。

涉及报告年度所属期间的销售退回发生于报告年度所得税汇算清缴之前的，应调整报告年度利润表的收入、成本等，并相应调整报告年度的应纳税所得额以及报告年度应缴纳的所得税等。

【例 9-6】 光彩公司于 2020 年 10 月 25 日销售一批 A 商品给乙公司，预计退货率为 0，取得收入 2 400 000 元（不含增值税），并结转成本 2 000 000 元。2020 年 12 月 31 日，该笔货款尚未收到，光彩公司未对该应收账款计提坏账准备。2021 年 2 月 8 日，由于产品质量问题，本批货物被全部退回。光彩公司于 2021 年 2 月 20 日完成 2020 年所得税汇算清缴。光彩公司适用的增值税税率为 13%。

【解析】

光彩公司的账务处理如下。

(1) 调整销售收入。

借：以前年度损益调整——主营业务收入　　　　　　　　　　　2 400 000
　　应交税费——应交增值税(销项税额)　　　　　　　　　　　　312 000
　　贷：应收账款——乙公司　　　　　　　　　　　　　　　　　2 712 000

(2) 调整销售成本。

借：库存商品——A 商品　　　　　　　　　　　　　　　　　　2 000 000
　　贷：以前年度损益调整——主营业务成本　　　　　　　　　　2 000 000

(3) 调整应缴纳的所得税。

借：应交税费——应交所得税[(2 400 000－2 000 000)×25%]　　　100 000
　　贷：以前年度损益调整——所得税费用　　　　　　　　　　　　100 000

(4) 将"以前年度损益调整"科目的余额转入未分配利润。

借：利润分配——未分配利润　　　　　　　　　　　　　　　　　300 000
　　贷：以前年度损益调整——本年利润　　　　　　　　　　　　　300 000

(5) 因净利润减少，调减盈余公积。

借：盈余公积——法定盈余公积(300 000×10%)　　　　　　　　　30 000
　　贷：利润分配——未分配利润　　　　　　　　　　　　　　　　30 000

(6) 调整报告年度相关财务报表(财务报表略)。

① 资产负债表项目的调整。

调减应收账款 2 712 000 元,调增存货 2 000 000 元,调减应交税费 412 000 元,调减盈余公积 30 000 元,调减未分配利润 270 000 元。

② 利润表项目的调整。

调减营业收入 2 400 000 元,调减营业成本 2 000 000 元,调减所得税费用 100 000 元,调减净利润 300 000 元。

③ 所有者权益变动表项目的调整。

调减净利润 300 000 元;提取盈余公积项目中"盈余公积"一栏调减 30 000 元,"未分配利润"一栏调减 270 000 元。

资产负债表日后事项中涉及报告年度所属期间的销售退回发生于报告年度所得税汇算清缴之后的,应调整报告年度会计报表的收入、成本等,但按照税法规定,在此期间的销售退回所涉及的应缴所得税,应作为本年度的纳税调整事项。

(4) 资产负债表日后发现了财务报表舞弊或差错。

这一事项是指资产负债表日至财务报告批准报出日之间发生的属于资产负债表期间或以前期间存在的财务报表舞弊或差错。这种舞弊或差错应当作为资产负债表日后调整事项,调整报告年度的年度财务报告或中期财务报告相关项目的数字。

【例 9-7】 光彩公司公司系增值税一般纳税人,2020 年度财务报告批准报出日为 2019 年 4 月 20 日。光彩公司在 2021 年 1 月 1 日至 2021 年 4 月 20 日期间发生的相关交易或事项如下。

资料一:

2021 年 1 月 5 日,光彩公司于 2020 年 11 月 3 日销售给乙公司并已确认收入和收讫款项的一批产品,由于质量问题,乙公司提出货款折让要求。经双方协商,光彩公司以银行存款向乙公司退回 100 万元的货款及相应的增值税税款 13 万元,并取得税务机关开具的红字增值税专用发票。

光彩公司按净利润的 10% 计提法定盈余公积。

本题不考虑除增值税以外的税费及其他因素。

要求:

判断光彩公司于 2021 年 1 月 5 日给予乙公司的货款折让是否属于资产负债表日后调整事项,并编制相关的会计分录。

【解析】

属于资产负债表日后调整事项。

借:以前年度损益调整——主营业务收入　　　　　　　　　　100 000
　　　应交税费——应交增值税(销项税额)　　　　　　　　　　13 000
　　贷:应付账款　　　　　　　　　　　　　　　　　　　　　　113 000
借:应付账款　　　　　　　　　　　　　　　　　　　　　　　113 000
　　贷:银行存款　　　　　　　　　　　　　　　　　　　　　　113 000

(该笔分录做在 2021 年,不追溯调表)

借：利润分配——未分配利润 100 000
　　贷：以前年度损益调整 100 000
借：盈余公积 10 000
　　贷：利润分配——未分配利润 10 000

资料二：

2021年2月5日，光彩公司以银行存款55 000万元从非关联方处取得丙公司55%的股权，并取得对丙公司的控制权。在此之前光彩公司已持有丙公司5%的股权，并将其归类为以公允价值计量且其变动计入当期损益的金融资产。原5%股权投资初始入账金额为4 500万元，在2021年2月5日的账面价值和公允价值分别为4 900万元和5 000万元。光彩公司原购买丙公司5%的股权和后续购买55%的股权不构成"一揽子"交易。

要求：

判断光彩公司于2021年2月5日取得丙公司控制权是否属于资产负债表日后调整事项，并编制相关的会计分录。

【解析】

不属于资产负债表日后调整事项。

借：长期股权投资(55 000＋5 000) 60 000
　　贷：交易性金融资产——成本 4 500
　　　　　　　　　　　　——公允价值变动 400
　　　　投资收益 100
　　　　银行存款 55 000

资料三：

2021年3月10日，注册会计师就光彩公司2020年度财务报表审计中发现的固定资产减值问题与光彩公司进行沟通，注册会计师认为光彩公司2020年度多计提固定资产减值准备20 000万元，并要求光彩公司予以调整，光彩公司接受了该意见。

要求：

判断光彩公司于2021年3月10日调整固定资产减值是否属于资产负债表日后调整事项，并编制相关的会计分录。

【解析】

属于资产负债表日后调整事项。

借：固定资产减值准备 20 000
　　贷：以前年度损益调整——资产减值损失 20 000
借：以前年度损益调整 20 000
　　贷：利润分配——未分配利润 20 000
借：利润分配——未分配利润 2 000
　　贷：盈余公积 2 000

第三节 资产负债表日后非调整事项

一、资产负债表日后非调整事项的处理原则

资产负债表日后发生的非调整事项,是指表明资产负债表日后发生的情况的事项,与资产负债表日存在状况无关,不应当调整资产负债表日的财务报表。但有的非调整事项由于事项重大,对财务报告使用者具有重大影响,如不加以说明,将影响财务报告使用者做出正确的估计和决策。

资产负债表日后
非调整事项的
处理原则

二、资产负债表日后非调整事项的具体会计处理方法

对于资产负债表日后发生的非调整事项,应当在报表附注中披露每项重要的资产负债表日后非调整事项的性质、内容,及其对财务状况和经营成果的影响。无法做出估计的,应当说明原因。

资产负债表日后非调整事项的主要例子有以下方面。

(1) 资产负债表日后发生重大诉讼、仲裁、承诺。
(2) 资产负债表日后资产价格、税收政策、外汇汇率发生重大变化。
(3) 资产负债表日后因自然灾害导致资产发生重大损失。
(4) 资产负债表日后发行股票和债券以及其他巨额举债。
(5) 资产负债表日后资本公积转增资本。
(6) 资产负债表日后发生巨额亏损。
(7) 资产负债表日后发生企业合并或处置子企业。
(8) 资产负债表日后,企业利润分配方案中拟分配的以及经审议批准宣告发放的股利或利润。

【重要提示】资产负债表日后,企业利润分配方案中拟分配的以及经审议批准宣告发放的股利或利润,不确认为资产负债表日负债,但应当在财务报表附注中单独披露。

本章知识点小结

1. 资产负债表日后事项的定义:资产负债表日至财务报告批准报出日之间发生的有利或不利事项。

2. 资产负债表日后事项涵盖期间:资产负债表日至财务报告批准报出日。

3. 资产负债表日后事项内容:调整事项和非调整事项。

4. 调整事项:报告年度的事项在日后期间得以证实。处理原则:涉及损益的通过"以前年度损益"科目调整,涉及利润分配的直接调整"利润分配——未分配利润",不涉及损

益和利润分配的直接调整相关科目，可能需要调整递延所得税，但应交所得税是否调整要依是否进行汇算清缴而定。

5. 非调整事项：不调整报表，但需要对外披露。

课后训练题

一、单项选择题

1. 某上市公司2020年度财务报告于2021年2月10日编制完成，注册会计师完成审计并签署审计报告日是2021年4月10日，经董事会批准报表于4月20日对外公布，股东大会召开日为4月25日。按照准则规定，该公司2020年资产负债表日后事项的涵盖期间为（　　）。

A. 2021年1月1日至2021年4月20日

B. 2021年2月10日至2021年4月10日

C. 2021年1月1日至2021年2月10日

D. 2021年2月10日至2021年4月25日

2. 下列有关资产负债表日后事项的表述，不正确的是（　　）。

A. 调整事项是对报告年度资产负债表日已经存在的情况提供了进一步证据的事项

B. 非调整事项是报告年度资产负债表日及之前其状况不存在的事项

C. 调整事项涉及损益调整时均应通过"盈余公积""利润分配"科目进行账务处理

D. 重要的非调整事项只需在报告年度财务报表附注中披露

3. 2020年12月31日，甲公司对一起未决诉讼确认的预计负债为800万元。2021年3月6日，法院对该起诉讼判决，甲公司应赔偿乙公司600万元；甲公司和乙公司均不再上诉。甲公司的所得税税率为25%，按净利润的10%提取法定盈余公积，2020年度财务报告批准报出日为2021年3月31日，预计未来期间能够取得足够的应纳税所得额用以抵扣可抵扣暂时性差异，则该事项导致甲公司2020年12月31日资产负债表"未分配利润"项目"期末余额"调整增加的金额为（　　）万元。

A. 135　　　　B. 150　　　　C. 180　　　　D. 200

4. 甲公司2020年度财务报表于2021年4月20日经董事会批准对外报出，按照净利润的10%提取法定盈余公积。2020年12月31日，应收乙公司账款2 000万元，当日对其计提坏账准备200万元。2021年2月20日，甲公司获悉乙公司已向法院申请破产，应收乙公司账款预计全部无法收回。不考虑其他因素，上述日后事项对2020年未分配利润的影响金额是（　　）万元。

A. -180　　　B. -1 620　　　C. -1 800　　　D. -2 000

5. 2020年财务报告批准报出日为2021年4月30日。2021年3月4日，A公司发现2019年一项财务报表舞弊，A公司应调整（　　）。

A. 2019年资产负债表的期末余额和利润表本期金额

B. 2021年资产负债表的年末余额和利润表上期金额

C. 2020年资产负债表的年初余额和利润表上期金额

D. 2020年资产负债表的年初余额和期末余额及利润表上期金额

6. 报告年度售出并已确认收入的商品于资产负债表日后期间退回时，正确的处理方法是（　　）。

   A. 冲减发生退货当期的主营业务收入

   B. 调整报告年度年初未分配利润

   C. 调整报告年度的主营业务收入和主营业务成本

   D. 计入前期损益调整项目

7. 在资产负债表日后期间董事会提出的利润分配方案中，涉及的现金股利及股票股利分配事项属于（　　）。

   A. 前期差错　　　　　　　　B. 当期一般业务

   C. 非调整事项　　　　　　　D. 调整事项

8. 资产负债表日至财务报告批准报出日之间发生的调整事项在进行调整处理时，不能调整的是（　　）。

   A. 资产负债表　　　　　　　B. 利润表

   C. 现金流量表正表　　　　　D. 所有者权益变动表

二、多项选择题

1. 企业在报告年度已发出的商品，在报告年度资产负债表日后期间发生销售退货。对于这类业务的会计处理，下列说法正确的有（　　）。

   A. 如果企业已在报告年度对所发出的商品已确认销售收入，则发生退货时应该作为日后调整事项处理

   B. 如果企业在报告年度未对所发出的商品确认销售收入，则发生退货时不应作为日后调整事项处理

   C. 如果企业已在报告年度对所发出的商品已确认销售收入，则发生退货时应冲减报告年度的收入和成本

   D. 如果企业在报告年度未对所发出的商品确认销售收入，则发生退货时应调增报告年度的存货项目金额

2. 下列资产负债表日后事项，属于调整事项的有（　　）。

   A. 资产负债表日后发生企业合并或处置子公司

   B. 资产负债表日后，企业利润分配方案中拟分配的以及经审议批准宣告发放的股利或利润

   C. 资产负债表日后进一步确定了资产负债表日前购入资产的成本或售出资产的收入

   D. 资产负债表日后发现了财务报表舞弊或差错

3. 下列各项应在"以前年度损益调整"科目贷方核算的有（　　）。

   A. 补记上年度少计的企业应交所得税

   B. 上年度误将研究费计入无形资产价值

   C. 上年度多计提了存货跌价准备

D. 上年度误将购入设备款计入管理费用

4. 甲公司因违约于2020年10月被乙公司起诉，该项诉讼在2020年12月31日尚未判决，甲公司认为败诉可能性为60%，赔偿的金额为50万元。2021年3月30日，财务报告批准报出之前，法院判决甲公司需要偿付乙公司的经济损失为45万元，甲公司不再上诉并支付了赔偿款项。对于此资产负债表日后事项，甲公司所做的会计处理正确的有（　　）。

A. 按照调整事项处理原则，编制会计分录调整以前年度损益和其他相关科目

B. 调整2021年3月资产负债表的期末数

C. 调整2020年度利润表及所有者权益变动表相关项目

D. 调整2021年3月资产负债表相关项目的年初余额

5. 甲公司的2019年度财务报表于2020年5月31日经董事会批准对外报出，甲公司按照净利润的10%提取法定盈余公积，适用的所得税税率为25%。2019年12月31日，甲公司根据当时所掌握的信息和资料，确定其持有的一批存货的可变现净值为500万元，该批存货的成本为700万元。2020年3月21日，甲公司进一步获得的确凿证据表明，甲公司在2019年年末估计的该批存货的可变现净值不准确，经重新估计后，确定该批存货在2019年年末的可变现净值为400万元。不考虑其他因素，则甲公司的下列会计处理，正确的有（　　）。

A. 该事项属于资产负债表日后调整事项

B. 该事项对甲公司留存收益的影响金额为100万元

C. 甲公司应当调增应交所得税25万元

D. 甲公司应该调减2019年资产负债表中"存货"项目金额100万元

三、判断题

1. 企业在资产负债表日后期间发现报告年度以前存在的重大差错的，应当调整报告年度相关报表项目的期末数等，不需要调整其期初数。（　　）

2. 如果企业在日后期间获得可靠证据证实某项资产在资产负债表日已经发生了减损，企业应将其作为调整事项处理。（　　）

3. 甲公司2020年财务报告的批准报出日为2021年4月25日。在日后期间，甲公司发现其所产的A产品因不符合国家于2021年3月份新制定的环保标准，市场前景黯淡，导致库存A产品的可变现净值低于其账面价值。甲公司应当将其作为调整事项处理，计提存货跌价准备。（　　）

4. 资产负债表日后企业以资本公积转增资本将会改变企业的资本（或股本）结构，影响较大，应当在财务报表附注中进行披露。（　　）

5. 资产负债表日后事项既可以是有利事项，也可以是不利事项。（　　）

6. 资产负债表日后发生的调整事项如涉及现金收支项目，既不需要调整报告年度现金流量表正表，也不需要调整报告年度资产负债表的货币资金项目。（　　）

四、计算分析题

1. 某企业2020年度财务报告批准报出日为2021年4月26日，该企业在2021年1月

1日至4月26日之间发生如下事项。

(1) 2月20日,该企业接到通知,某一债务企业宣告破产,其所欠的应收账款2 000万元全部不能偿还,企业在2020年12月31日之前,已经被告知该债务企业资不抵债,企业按照应收账款的50%计提了坏账准备。税法规定只有在实际发生损失的时候,坏账准备才能够税前扣除。

(2) 3月5日,该企业发生了一场火灾,造成净损失4 000万元。

(3) 3月20日,该企业持有的一项以公允价值计量且其变动计入当期损益的金融资产,账面价值2 500万元,现行市价为1 800万元。

其他资料:

该企业所得税税率为25%,所得税采用资产负债表债务法核算,所得税汇算清缴在2019年4月30日完成,按照净利润的10%提取法定盈余公积。

要求:

(1) 判断该企业资产负债表日后事项涵盖的期间。

(2) 根据上述资料,判断上述资产负债表日后期间发生的事项,哪些属于调整事项,哪些属于非调整事项,并说明理由。

(3) 根据上述资料,对于调整事项,编制相关的调整分录,并说明对2020年度会计报表相关项目的调整数(不考虑现金流量表项目和所有者权益变动表项目)。

2. 甲股份有限公司为境内上市公司(以下简称"甲公司"),属于增值税一般纳税人,2019年度财务会计报告于2020年3月31日批准对外报出。甲公司2019年度的所得税汇算清缴日为2020年4月5日,适用的所得税税率为25%。甲公司在2020年3月25日发现如下事项。

事项一:

2020年1月8日,由于产品质量问题,乙公司将其从甲公司购入的一批商品全部退回。该批商品系甲公司于2019年10月25日销售给乙公司的,预计退货率为0,售价为1 000万元,成本为700万元,截至退回时,货款尚未收到,甲公司对该应收账款计提了坏账准备100万元。

甲公司在2020年1月8日的账务处理如下。

借:主营业务收入　　　　　　　　　　　　　　　　　　　1 000
　　应交税费——应交增值税(销项税额)　　　　　　　　　　130
　　贷:应收账款　　　　　　　　　　　　　　　　　　　　　　　1130
借:库存商品　　　　　　　　　　　　　　　　　　　　　　700
　　贷:主营业务成本　　　　　　　　　　　　　　　　　　　　　700

事项二:

2020年2月4日,甲公司收到某供货单位的通知,被告知该供货单位于2020年1月20日发生火灾,大部分设备和厂房被毁,不能按期交付甲公司所订购货物,且无法退还甲公司预付的购货款200万元。甲公司已通过法律途径要求该供货单位偿还预付的货款并要求承担相应的赔偿责任。甲公司将预付账款转入其他应收款处理,并按200万元全额计提坏账准备。

甲公司在 2020 年 2 月 4 日的账务处理如下。

借：其他应收款	200
贷：预付账款	200
借：以前年度损益调整——信用减值损失	200
贷：坏账准备	200
借：递延所得税资产	50
贷：以前年度损益调整——所得税费用	50
借：盈余公积	15
利润分配——未分配利润	135
贷：以前年度损益调整	150

与此同时对 2018 年度会计报表有关项目进行了调整。

事项三：

2019 年 10 月 6 日，A 公司向法院提起诉讼，要求甲公司赔偿专利侵权损失 550 万元，至 2019 年 12 月 31 日，法院尚未判决。经向律师咨询，甲公司就该诉讼事项于 2019 年度确认预计负债 380 万元。2020 年 2 月 5 日，法院判决甲公司应赔偿 A 公司专利侵权损失 500 万元，同时支付诉讼费 5 万元。甲公司同意支付该赔偿款，且赔款已经支付。假定不考虑其他相关因素。

甲公司在 2020 年 2 月 5 日的账务处理如下。

借：预计负债	380
营业外支出	120
管理费用	5
贷：其他应付款	505
借：其他应付款	505
贷：银行存款	505

事项四：

2020 年 2 月 17 日，由于产品包装存在问题，甲公司同意对其销售给丙公司的一批产品在销售价格上（不含增值税额）给予 10% 的减让，2020 年 2 月 17 日，甲公司已取得税务机关开具的红字增值税专用发票；该批产品系甲公司于 2019 年 12 月 1 日销售给丙公司的，售价为 500 万元，成本为 300 万元，增值税税额为 80 万元，甲公司已于 2019 年 12 月份确认收入，款项尚未收到，甲公司未对该应收账款计提坏账准备。

甲公司 2020 年 2 月 17 日的账务处理如下。

借：以前年度损益调整	50
应交税费——应交增值税（销项税额）	6.5
贷：应收账款	56.5
借：库存商品	30
贷：以前年度损益调整	30

借：盈余公积 2
　　利润分配——未分配利润 18
　　贷：以前年度损益调整 20

其他资料：

假定甲公司所售资产均未计提减值准备。销售商品均为正常的生产经营活动，交易价格为公允价格；商品销售价格均不含增值税；商品销售成本在确认销售收入时逐笔结转。甲公司按净利润的10%提取法定盈余公积。

要求：

（1）逐项判断上述交易或事项是否属于日后调整事项，并判断其处理是否正确（分别注明其序号即可）。

（2）对于上述事项中处理不正确的，分别编制相应的更正分录（涉及"利润分配——未分配利润""盈余公积——法定盈余公积""应交税费——应交所得税"的调整会计分录分开编制）。

在线测试

第十章 政府补助

学习要点

政府补助的特征及分类
区分与收益相关的政府补助和与资产相关的政府补助
政府补助的确认与会计处理方法

学习目标

通过本章的学习,理解政府补助的概念,掌握政府补助的分类方法,重点学习总额法与净额法在政府补助中的运用。

第一节 政府补助概述

一、政府补助的概念及特征

政府为了鼓励特定行业、地区或领域的发展,会给企业提供经济上的支持,包括无偿的货币性资产或者非货币性资产,但并非所有来源于政府的经济资源都适用《企业会计准则第 16 号——政府补助》,在实务中应根据事项的实质对其进行判断,进行相应的会计处理。

政府补助概述

（一）政府补助的概念

政府补助是指企业从政府无偿取得货币性资产或非货币性资产。政府补助主要形式包括政府对企业的无偿拨款、税收返还、财政贴息,以及无偿给予非货币性资产等。在通常情况下,直接减征、免征、增加计税抵扣额、抵免部分税额等不涉及资产直接转移的经济资源,不适用政府补助准则。

需要说明的是,增值税出口退税不属于政府补助。根据税法规定,在对出口货物取得的收入免征增值税的同时,退回出口货物前道环节发生的进项税额,增值税出口退税实际上是政府退回企业事先垫付的进项税,不属于政府补助。

（二）政府补助的特征

▶ 1. 政府补助具有无偿性

政府补助是无偿的,这是政府补助的基本特征。企业取得源于政府的经济资源,不需要向政府交付商品或服务等对价,政府以投资者身份向企业投入资本,享有相应的所有权权益,政府与企业之间是投资者与被投资者的关系,属于互惠性交易,不适用政府补助准则。企业从政府取得的经济资源,如果与企业销售商品或提供劳务等活动密切相关,且是企业商品或服务的对价或者是对价的组成部分,应当按照《企业会计准则第14号——收入》的规定进行会计处理,不适用政府补助准则。

▶ 2. 政府补助是源于政府的经济资源

政府主要是指行政事业单位及类似机构。对企业收到的源于其他方的补助,如有确凿证据表明政府是补助的实际拨付者,其他方只是起到代收代付的作用,则该项补助也属于源于政府的经济资源。

【例10-1】甲公司为新能源汽车整车生产销售企业,根据中央和地方执行的新能源汽车补贴标准计算,按每辆新能源轿车售价25万元(其中补贴10万元),新能源客车售价120万元(其中补贴70万元)计算。2020年,甲公司新能源轿车销售量为4 000辆,新能源客车销售量为2 000辆,货款已经全部收到;每辆新能源轿车产品成本为16万元,新能源客车产品成本为85万元。

【解析】

在本例中,甲公司从财政部门取得的款项与具有明确商业实质的交易相关,不是公司从国家无偿取得的现金流入,所以不属于政府补助,而应作为企业正常销售价款的一部分,按照收入准则的规定进行会计处理。

二、政府补助的分类

根据政府补助准则规定,按照政府补助给企业带来经济利益或者弥补相关成本或费用的形式不同,在会计处理上,政府补助应当分为与资产相关的政府补助和与收益相关的政府补助两种。

(一) 与资产相关的政府补助

与资产相关的政府补助是指企业取得的、用于购建或以其他方式形成长期资产的政府补助,这种长期资产会在较长时间内给企业带来经济利益,因此相应的政府补助收益期也比较长。与资产相关的政府补助在会计处理上,有两种方法:一种处理方法是将与资产相关的政府补助确认为递延收益,随着资产的使用而逐步结转入损益;另外一种处理方法是将补助冲减资产的账面价值,以反映长期资产的实际取得成本。

(二) 与收益相关的政府补助

与收益相关的政府补助是指除了与资产相关的政府补助以外的政府补助,与收益相关的政府补助主要用于弥补企业已发生或即将发生的费用或损失,通常在满足补助所附条件时计入当期损益或冲减相关资产的账面价值。

第二节 政府补助的会计处理

一、政府补助的确认与计量

（一）政府补助的确认

政府补助应该在同时满足以下两个条件时予以确认：一是企业能够满足政府补助所附条件，二是企业能够收到政府补助。

政府补助的会计处理原则

（二）政府补助的计量

政府补助的计量总原则是：政府补助为货币性资产的，应当按照收到或应收的金额计量。如果企业已经实际收到补助资金，则应当按照实际收到的金额计量；如果资产负债表日企业尚未收到补助资金，但企业在符合相关政策规定后就相应获得了收款权，且与之相关的经济利益很可能流入企业，则企业应当在这项补助成为应收款时按照应收的金额计量。

但是，如果政府补助为非货币性资产的，应当按照公允价值计量；公允价值不能可靠取得的，按照名义金额计量。

二、会计处理方法

（一）基本会计处理方法

政府补助有两种处理方法：总额法和净额法。

总额法是指在确认政府补助时，将其全额一次或分次确认为收益，而不是作为相关资产的账面价值或者成本费用等的扣减。净额法是指将政府补助确认为对相关资产账面价值或者所补偿费用的扣减。

企业应当根据经济业务的实质，判断某一类政府补助业务是采用总额法还是采用净额法。在通常情况下，对同类或类似政府补助业务只能选用一种方法，同时，企业对该业务应当一贯地运用该方法，不得随意变更。企业对某些补助只能采用一种方法，例如，对一般纳税人增值税即征即退只能采用总额法进行会计处理。

（二）具体处理原则

如果政府补助与企业日常活动相关，则应当按照经济业务实质，计入其他收益或冲减相关成本费用；如果政府补助与企业日常活动无关，则应该将政府补助计入营业外收支。

在通常情况下，若政府补助补偿的成本费用是营业利润之中的项目，或该补助与日常销售行为密切相关，如增值税即征即退等，则认为该政府补助与日常活动相关。企业选择总额法对与日常活动相关的政府补助进行会计处理的，应增设"其他收益"科目进行核算。"其他收益"科目核算总额法下与日常活动相关的政府补助以及其他与日常活动相关且应直接计入本科目的项目。对于总额法下与日常活动相关的政府补助，企业在实际收到或应收时，或者将先确认为"递延收益"的政府补助分摊计入损益时，借记"银行存款""其他应收款""递延收益"等科目,贷记"其他收益"科目。

三、与资产相关的政府补助

企业在取得与资产相关的政府补助时,应当选择下列方法之一进行会计处理。一是总额法,即按照补助资金的金额借记"银行存款"等科目,贷记"递延收益"科目,然后在相关资产使用寿命内按合理、系统的方法分期计入损益。如果企业先收到补助资金,再购建长期资产,则应当在开始对相关资产计提折旧或摊销时开始将递延收益分期计入损益;如果企业先开始购建长期资产,再取得补助,则应当在相关资产的剩余使用寿命内按照合理、系统的方法将递延收益分期计入损益。企业对与资产相关的政府补助选择总额法后,为避免出现前后方法不一致的情况,结转递延收益时不得冲减相关成本费用,而是将递延收益分期转入其他收益或营业外收入,借记"递延收益"科目,贷记"其他收益"或"营业外收入"科目。相关资产在使用寿命结束时 或结束前被处置(出售、报废等),尚未分摊的递延收益余额应当一次性转入资产处置当期的损益,不再予以递延。二是净额法,按照补助资金的金额冲减相关资产的账面价值,企业按照扣减了政府补助后的资产价值对相关资产计提折旧或进行摊销。

政府补助之
具体会计处理

在实务中,存在政府无偿给予企业长期非货币性资产的情况,如无偿给予的土地使用权和天然起源的天然林等,企业应当按照公允价值计量,公允价值不能可靠取得的,按照名义金额(1元)计量。企业在收到非货币性资产的政府补助时,应当借记有关资产科目,贷记"递延收益"科目,然后在相关资产使用寿命内按合理、系统的方法分期计入损益,借记"递延收益"科目,贷记"其他收益"或"营业外收入"科目。但是,对以名义金额计量的政府补助,在取得时计入当期损益。

【重要提示】在实务中,企业通常先收到补助资金,再按照政府要求将补助资金用于购建固定资产或无形资产等长期资产。

【例10-2】 按照国家有关政策,企业购置环保设备可以申请补贴,以补偿其环保支出。甲公司于2013年1月向政府有关部门提交了600万元的补助申请,作为对其购置环保设备的补贴。2013年3月1日,甲公司收到政府补助600万元。2013年4月20日,甲公司购入不需要安装环保设备用于产品生产,实际成本为900万元,使用寿命10年,采用直线法计提折旧,不考虑净残值。2021年4月,甲公司将该设备出售,取得价款100万元。本例中不考虑增值税。假定直线法为分摊政府补助的合理方法。

要求:针对上述事项,分别采用总额法和净额法编制甲公司的相关会计分录。

【解析】

方法一:甲公司选择总额法进行会计处理

(1)2013年3月1日,实际收到财政拨款确认递延收益。

借:银行存款   600
　　贷:递延收益   600

(2)2013年4月20日,购入设备。

借：固定资产	900	
贷：银行存款		900

(3) 自 2013 年 5 月起，每个资产负债表日（月末）计提折旧，同时分摊的递延收益。

借：制造费用	7.5	
贷：累计折旧（900÷10÷12）		7.5
借：递延收益（600÷10÷12）	5	
贷：其他收益		5

(4) 2021 年 4 月出售设备，同时转销递延收益余额。

借：固定资产清理	180	
累计折旧（900÷10×8）	720	
贷：固定资产		900
借：递延收益（600−600÷10×8）	120	
贷：固定资产清理		120
借：银行存款	100	
贷：固定资产清理		60
资产处置损益		40

方法二：甲公司选择净额法进行会计处理

(1) 2013 年 3 月 1 日，实际收到财政拨款确认递延收益。

借：银行存款	600	
贷：递延收益		600

(2) 2013 年 4 月 20 日，购入设备。

借：固定资产	900	
贷：银行存款		900
借：递延收益	600	
贷：固定资产		600

(3) 自 2013 年 5 月起，每个资产负债表日（月末）计提折旧。

借：制造费用	2.5	
贷：累计折旧[(900−600)÷10÷12]		2.5

(4) 2021 年 4 月出售设备，同时转销递延收益余额。

借：固定资产清理	60	
累计折旧（300÷10×8）	240	
贷：固定资产		300
借：银行存款	100	
贷：固定资产清理		60
资产处置损益		40

四、与收益相关的政府补助

对于与收益相关的政府补助,企业应当选择采用总额法或净额法进行会计处理。总额法下应当将政府补助计入"其他收益"或"营业外收入"。选择净额法的,应当冲减相关成本费用或"营业外支出"。与收益相关的政府补助如果用于补偿企业以后期间的相关成本费用或损失,企业应当将其确认为"递延收益",并在确认相关费用或损失的期间,根据政府补助是否与企业日常活动相关,计入当期损益或冲减相关成本;与收益相关的政府补助如果用于补偿企业已发生的相关成本费用或损失,企业应当将其直接计入当期损益或冲减相关成本费用。

(一)用于补偿企业以后期间的相关成本费用或损失

【例10-3】 甲公司为高新技术企业,2019年3月15日,与企业所在地开发区政府签订合作协议,根据协议约定,当地政府向甲公司提供600万元奖励基金,用于企业的人才激励和人才引进奖励。甲公司必须按年向当地政府报送详细的资金使用计划,并按规定用途使用资金。协议同时还约定,甲公司自获得奖励起6年内注册地不迁离本区,否则政府有权追回奖励资金。甲公司于2019年9月6日收到600万元补助资金。该资金分3年使用,分别在2019年12月、2020年12月、2021年12月分别使用了300万元、200万元、100万元发放给总裁级别高管年度奖金。

要求:编制甲公司2019年的相关会计分录。

【解析】

(1) 2019年9月6日,甲公司实际收到补助资金。

借:银行存款 600
  贷:递延收益 600

(2) 2019年12月,甲公司确认职工薪酬和以补贴资金发放高管奖金时。

方法一:总额法

借:管理费用 300
  贷:应付职工薪酬 300

借:应付职工薪酬 300
  贷:银行存款 300

借:递延收益 300
  贷:其他收益 300

方法二:净额法

借:管理费用 300
  贷:应付职工薪酬 300

借:应付职工薪酬 300
  贷:银行存款 300

借:递延收益 300
  贷:管理费用 300

（二）用于补偿企业已发生的相关成本费用或损失

这一类补助，通常与企业已经发生的行为有关，是对企业已发生的成本费用或损失的补偿，或是对企业过去行为的奖励。用于补偿企业已发生的相关成本费用或损失的，直接计入当期损益或冲减相关成本。

【例10-4】丙企业2020年11月遭受重大自然灾害，并于2020年12月30日收到了政府补助资金200万元。

要求：编制丙企业的相关会计分录。

【解析】由于是与企业日常活动无关的政府补助，所以计入营业外收支。

方法一：总额法

借：银行存款　　　　　　　　　　　　　　　　　　　　　　　200 000

　　贷：营业外收入　　　　　　　　　　　　　　　　　　　　　200 000

方法二：净额法

借：银行存款　　　　　　　　　　　　　　　　　　　　　　　300 000

　　贷：营业外支出　　　　　　　　　　　　　　　　　　　　　300 000

【例10-5】乙企业销售其自主开发生产的动漫软件。按照国家有关规定，该企业的这种产品适用增值税即征即退政策，按13%的税率征收增值税后，对其增值税实际税负超过3%的部分，实行即征即退。乙企业于2021年8月在进行纳税申报时，对属于7月的增值税即征即退提交退税申请，经主管税务机关审核后的退税额为10万元。

【解析】在本例中，软件企业即征即退增值税与企业日常销售密切相关，属于与企业的日常活动相关的政府补助。乙企业于2021年8月申请退税并确定了增值税退税额，账务处理如下。

借：其他应收款　　　　　　　　　　　　　　　　　　　　　　100 000

　　贷：其他收益　　　　　　　　　　　　　　　　　　　　　　100 000

五、综合性项目政府补助的会计处理

对于同时包含与资产相关部分和与收益相关部分的政府补助，企业应当将其进行分解，并分别进行会计处理；难以区分的，企业应当将其整体归类为与收益相关的政府补助进行会计处理。

【例10-6】2021年6月15日，某市科技创新委员会与甲企业签订了科技计划项目合同书，拟对甲企业的新药临床研究项目提供研究补助资金。该项目总预算为600万元，其中，市科技创新委员会资助200万元，甲企业自筹400万元。市科技创新委员会资助的200万元用于补助设备费60万元，材料费15万元，测试化验加工费95万元，会议费30万元，假定除设备费外的其他各项费用都属于研究支出。市科技创新委员会应当在合同签订之日起30日内将资金拨付给甲企业。

甲企业于2021年7月10日收到补助资金，在项目期内按照合同约定的用途使用了补助资金。甲企业于2021年7月25日按项目合同书的约定购置了相关设备，设备成本150万元，其中使用补助资金60万元，该设备使用年限为10年，采用直线法计提折旧（不考

虑净残值)。

假设本例中不考虑相关税费等其他因素。

【解析】在本例中，甲企业收到的政府补助是综合性项目政府补助，需要区分与资产相关的政府补助和与收益相关的政府补助并分别进行处理。

假设甲企业对收到的与资产相关的政府补助选择净额法进行会计处理。甲企业的账务处理如下。

(1) 2021年7月10日，甲企业实际收到补贴资金。

借：银行存款　　　　　　　　　　　　　　　　　　　　　　　2 000 000
　　贷：递延收益　　　　　　　　　　　　　　　　　　　　　　2 000 000

(2) 2021年7月25日，购入设备。

借：固定资产　　　　　　　　　　　　　　　　　　　　　　　1 500 000
　　贷：银行存款　　　　　　　　　　　　　　　　　　　　　　1 500 000
借：递延收益　　　　　　　　　　　　　　　　　　　　　　　　 600 000
　　贷：固定资产　　　　　　　　　　　　　　　　　　　　　　　600 000

(3) 自2021年8月起每个资产负债表日(月末)计提折旧，折旧费用计入研发支出。

借：研发支出[(1 500 000－600 000)÷10÷12]　　　　　　　　　 7 500
　　贷：累计折旧　　　　　　　　　　　　　　　　　　　　　　　 7 500

对其他与收益相关的政府补助，甲企业应当按照相关经济业务的实质确定是计入其他收益还是冲减相关成本费用，在企业按规定用途实际使用补助资金时计入损益，或者在实际使用的当期期末根据当期累计使用的金额计入损益：

借：递延收益
　　贷：有关损益

六、政府补助退回的会计处理

已确认的政府补助需要退回的，应当在需要退回的当期分情况按照以下规定进行会计处理：初始确认时冲减相关资产账面价值的，调整资产账面价值；存在相关递延收益的，冲减相关递延收益账面余额，超出部分计入当期损益；属于其他情况的，直接计入当期损益。对于属于前期差错的政府补助退回，应当按照《企业会计准则第28号——会计政策、会计估计变更和差错更正》作为前期差错更正进行追溯调整。

【例10-7】甲公司位于中关村高新技术开发区，于2019年11月与中关村科技园管委会签订合作协议，在开发区内投资设立生产基地，协议约定，开发区政府自协议签订之日起6个月内向甲企业提供600万元产业补贴资金，用于奖励该企业在开发区内投资。甲企业自获得补贴起5年内注册地址不迁离本区。如果甲企业在此期间内提前搬离开发区，开发区政府允许甲公司按照实际留在本区的时间，保留部分补贴并按剩余时间追回补贴资金。甲企业于2020年1月3日收到补贴资金。

假设甲企业在实际收到补贴资金时，客观情况表明甲企业在未来5年内搬离开发区可能性很小。甲公司采用总额法核算该政府补助。

要求：根据上述资料，编制甲企业的相关会计分录。

【解析】甲企业应当在收到补助资金时计入"递延收益"科目。由于协议约定如果甲企业提前搬离开发区，开发区政府有权追回部分补贴，说明企业每年留在开发区一年，就有权取得与这一年相关的补助，与这一年补助有关的不确定性基本消除。补贴收益得以实现，所以应当将补贴在5年内平均摊销结转计入损益。甲企业账务处理如下。

(1) 2020年1月3日，甲企业实际收到补贴资金。

借：银行存款　　　　　　　　　　　　　　　　　　　　　　　600
　　贷：递延收益　　　　　　　　　　　　　　　　　　　　　　　　600

(2) 2020年12月31日及以后年度，甲企业分期将递延收益结转计入当期损益。

借：递延收益(600÷5)　　　　　　　　　　　　　　　　　　　120
　　贷：其他收益　　　　　　　　　　　　　　　　　　　　　　　　120

(3) 假设2022年1月，因甲企业重大战略调整，搬离开发区，开发区政府根据协议要求甲企业退回补贴款360万元。

借：递延收益(600－120×2)　　　　　　　　　　　　　　　　360
　　贷：其他应付款　　　　　　　　　　　　　　　　　　　　　　　360

本章知识点小结

1. 政府补助包括政府对企业的无偿拨款、税收返还、财政贴息，以及无偿给予非货币性资产等。直接减征、免征、增加计税抵扣额、抵免部分税额等不适用政府补助准则。

2. 政府补助分为与资产相关的政府补助和与收益相关的政府补助。

3. 总额法是指在确认政府补助时，将其全额一次或分次确认为收益，而不是作为相关资产的账面价值或者成本费用等的扣减。净额法是指将政府补助确认为对相关资产的账面价值或者所补偿费用的扣减。

课后训练题

一、单项选择题

1. 下列各项应作为政府补助核算的是(　　)。
   A. 增值税直接减免　　　　　　　　B. 增值税即征即退
   C. 增值税出口退税　　　　　　　　D. 所得税加计抵扣额

2. 下列关于政府补助会计处理的说法，不正确的是(　　)。
   A. 净额法是指将政府补助确认为对相关资产的账面价值或者所补偿费用的扣减
   B. 总额法在确认政府补助时将其确认为其他收益或者营业外收入
   C. 与企业日常活动相关的政府补助，应当按照经济业务实质，计入其他收益或冲减相关成本费用
   D. 与收益相关的政府补助，在收到政府补助时，一定先计入递延收益

3. 甲公司为从事集成电器设计和生产的高新技术企业。适用增值税先征后返政策。

2019年3月31日，甲公司收到政府即征即退的增值税税额300万元。2019年3月12日，甲公司收到当地财政部门为支持其购买实验设备拨付的款项120万元，2019年9月26日，甲公司购买不需要安装的实验设备一台并投入使用，实际成本为240万元，资金来源为财政拨款及其借款，该设备采用年限平均法计提折旧，预计使用10年。预计无净残值，甲公司采用总额法核算政府补助。不考虑其他因素，甲公司2019年度因政府补助应确认的收益是（　　）。

A. 303万元　　B. 300万元　　C. 420万元　　D. 309万元

4. 2015年1月10日，甲公司收到专项财政拨款60万元，用以购买研发部门使用的某特种仪器。2015年6月20日，甲公司购入该仪器后立即投入使用。该仪器预计使用年限为10年，预计净残值为0，采用年限平均法计提折旧。甲公司采用总额法核算政府补助，不考虑其他因素，2015年度，甲公司应确认其他收益为（　　）万元。

A. 3　　B. 3.5　　C. 5.5　　D. 6

5. 根据税法规定，甲动漫公司销售其自主开发的动漫软件可享受增值税即征即退政策，2018年12月10日，该公司收到即征即退的增值税税额40万元。在下列各项中，甲动漫公司对该笔退税款的会计处理正确的是（　　）。

A. 冲减管理费用　　　　　　　B. 确认为递延收益
C. 确认为其他收益　　　　　　D. 确认为营业外收入

二、多项选择题

1. 对于补偿已发生的成本费用或损失的政府补助，若采用总额法核算，则在收到补助资金时可能进行的会计处理有（　　）。

A. 计入递延收益　　　　　　　B. 计入其他收益
C. 计入营业外收入　　　　　　D. 冲减管理费用

2. 下列各项与资产相关的政府补助会计处理的表述，正确的有（　　）。

A. 总额法下企业提前处置使用无须退回的政府补助购建的固定资产，尚未摊销完毕的递延收益应当转入当期损益

B. 总额法下企业收到政府补助时确认递延收益，在相关资产使用寿命内按合理、系统的方法分期转入损益

C. 净额法下企业在购入相关资产时，应将原已收到并确认递延收益的政府补助冲减所购资产账面价值

D. 净额法下企业已确认的政府补助退回时，应当调整相关资产的账面价值

3. 下列各项表述，正确的有（　　）。

A. 收到先征后返的增值税，属于政府补助
B. 收到先征后返的所得税，属于政府补助
C. 收到增值税出口退税，不属于政府补助
D. 收到行政无偿划拨的土地使用权，属于政府补助

4. 下列各项不属于与资产相关的政府补助的有（　　）。

A. 企业收到的先征后返的增值税

B. 企业获得的债务豁免

C. 政府对企业用于建造固定资产的相关贷款给予的财政补贴

D. 政府拨付的用于企业购买无形资产的财政拨款

三、判断题

1. 政府鼓励企业安置职工就业而给予的奖励款项不属于政府补助。（　　）

2. 与收益相关的政府补助用于补偿企业以后期间的相关成本费用或损失的，直接计入当期损益。（　　）

3. 企业按照名义金额计量的政府补助，应计入当期损益。（　　）

4. 企业收到政府无偿划拨的公允价值不能可靠取得的非货币性长期资产，应当按照名义金额"1元"计量。（　　）

四、计算分析题

甲公司对政府补助采用总额法进行会计核算，其与政府补助的相关资料如下。

资料一

2017年4月1日，根据国家相关政策，甲公司向政府补助有关部门提交了购置A环保设备的补贴申请，2017年5月20日，甲公司收到政府补贴款12万元并存入银行。

资料二

2017年6月20日，甲公司以银行存款60万元购入A环保设备并立即投入使用，预计使用年限为5年，预计净残值为0，按年限平均法计提折旧。

资料三

2018年6月30日，因自然灾害导致A环保设备报废且无残值，相关政府补助无须退回。

本题不考虑增值税等相关税费及其他因素。

要求：

（1）编制甲公司于2017年5月20日收到政府补贴款的会计分录。

（2）编制甲公司于2017年6月20日购入A环保设备的会计分录。

（3）计算甲公司于2017年7月对该环保设备应计提的折旧金额并编制会计分录。

（4）计算甲公司于2017年7月政府补贴款分摊计入当期损益的金额并编制会计分录。

（5）编制甲公司于2018年6月30日A环保设备报废的会计分录。

在线测试

扫描封底刮刮卡　获取答题权限

主要参考文献

1. 财政部会计资格评价中心. 2021年全国会计专业技术资格考试辅导教材：中级会计实务[M]. 北京：经济科学出版社，2021.
2. 中国注册会计师协会. 2021年度注册会计师全国统一考试辅导教材：会计[M]. 北京：中国财政经济出版社，2021.
3. 中国注册会计师协会. 2021年度注册会计师全国统一考试辅导教材：税法[M]. 北京：中国财政经济出版社，2021.
4. 财政部. 企业会计准则汇编2021[M]. 北京：经济科学出版社，2021.
5. 财政部. 企业会计准则——应用指南[M]. 北京：中国财政经济出版社，2018.
6. 企业会计准则编审委员会. 企业会计准则详解与实务[M]. 北京：人民邮电出版社，2021.
7. 企业会计准则编审委员会. 企业会计准则案例讲解[M]. 北京：立信会计出版社，2021.
8. 财政部会计司. 企业会计准则第2号——长期股权投资[M]. 北京：经济科学出版社，2021.
9. 财政部会计司. 企业会计准则第22号——金融工具确认和计量[M]. 北京：经济科学出版社，2021.
10. 财政部会计司. 企业会计准则第14号——收入[M]. 北京：经济科学出版社，2021.

教师服务

感谢您选用清华大学出版社的教材！为了更好地服务教学，我们为授课教师提供本书的教学辅助资源，以及本学科重点教材信息。请您扫码获取。

▶▶ 教辅获取

本书教辅资源，授课教师扫码获取

▶▶ 样书赠送

会计学类重点教材，教师扫码获取样书

清华大学出版社

E-mail: tupfuwu@163.com
电话：010-83470332 / 83470142
地址：北京市海淀区双清路学研大厦 B 座 509

网址：http://www.tup.com.cn/
传真：8610-83470107
邮编：100084